Der Schuldzinsenabzug bei Personengesellschaften, insbesondere nach Maßgabe von § 4 Abs. 4a EStG

Europäische Hochschulschriften
Publications Universitaires Européennes
European University Studies

Reihe II
Rechtswissenschaft

Série II Series II
Droit
Law

Bd./Vol. 4137

PETER LANG
Frankfurt am Main · Berlin · Bern · Bruxelles · New York · Oxford · Wien

Pia Friedemann

Der Schuldzinsenabzug bei Personengesellschaften, insbesondere nach Maßgabe von § 4 Abs. 4a EStG

PETER LANG
Europäischer Verlag der Wissenschaften

Bibliografische Information Der Deutschen Bibliothek
Die Deutsche Bibliothek verzeichnet diese Publikation in der Deutschen Nationalbibliografie; detaillierte bibliografische Daten sind im Internet über <http://dnb.ddb.de> abrufbar.

Zugl.: Hamburg, Univ., Diss., 2004

D 18
ISSN 0531-7312
ISBN 3-631-53675-5

www.peterlang.de

Danksagung

Die vorliegende Arbeit wurde im Wintersemester 2004 / 2005 von der Universität Hamburg als Promotion angenommen. Das Manuskript wurde im April abgeschlossen und berücksichtigt die bis dahin erschienene Literatur.

Mein besonderer Dank gilt meinem Doktorvater, Frau Professor Dr. Monika Jachmann, die mir die Möglichkeit zur Promotion gewährte und mit jederzeitiger und unproblematischer Hilfestellung die Erstellung der Arbeit förderte. Insbesondere danke ich ihr für ihre Offenheit und vorbehaltlose Unterstützung in jeder Phase der Promotion.

Ebenfalls bedanke ich mich bei Herrn Professor Dr. Heribert Hirte für die zügige Erstellung des Zweitgutachtens und bei Herrn Professor Dr. Hans-Joachim Koch, Herrn Professor Dr. Gerrit Frotscher und Frau Professor Dr. Monika Jachmann für die kurzfristige Durchführung des Rigorosums. Mein weiterer Dank gebührt Professor Dr. Arndt Raupach von der Ludwig-Maximilian-Universität München für seinen wertvollen Ratschlag, der mich in meinem Entschluss bestärkt hat, diese Arbeit zu erstellen.

Im weiteren bin ich meinem Ehemann, meinen Geschwistern und Freunden für ihr stetes Interesse und ihre Anteilnahme an der Entwicklung dieser Arbeit sehr dankbar.

Mein uneingeschränkter Dank gebührt meinen Eltern, ohne deren vorbehaltlose und uneingeschränkte Unterstützung die Anfertigung der vorliegenden Arbeit nicht möglich gewesen wäre. Ihnen widme ich diese Arbeit.

Inhaltsverzeichnis

A. Problemstellung ... 15

B. Der Abzug von Schuldzinsen nach der Rechtsprechung des BFH ... 17

I. Ausgangslage ... 17

II. Beschluss des Großen Senats des BFH vom 4. Juli 1990: Abzugsfähigkeit von Schuldzinsen beim gemischten Kontokorrentkredit ... 18

III. Beschluss des BFH vom 5. März 1991: Kreditaufnahme zur Finanzierung einer Entnahme ... 21

IV. Beschluss des Großen Senats des BFH vom 8. Dezember 1997: Das sog. Zwei-Konten-Modell ... 22

V. Der Schuldzinsenabzug bei Personengesellschaften ... 24

VI. Der Schuldzinsenabzug bei den Einkünften aus Vermietung und Verpachtung, Kapitalvermögen und nichtselbständiger Arbeit ... 25

1. Anwendung der BFH-Rechtsprechung zum gemischten Kontokorrentkonto und zum sog. Zwei-Konten-Modell bei den Überschusseinkunftsarten ... 25

2. Einkunftsartabhängige Unterschiede beim Schuldzinsenabzug ... 25

a. Das sog. Zwei-Konten-Modell bei Einkünften aus nichtselbständiger Arbeit ... 25

b. Ersatz von Eigenkapital durch Fremdkapital bei den Einkünften aus Vermietung und Verpachtung sowie bei den Einkünften aus Kapitalvermögen ... 27

VII. Die freie Wahl der Finanzierung einer Einkunftsquelle ... 28

1. Inhalt und Bedeutung der Finanzierungsfreiheit ... 28

2. Grenzen der Finanzierungsfreiheit ... 29

C. Struktur und Aufbau des § 4 Abs. 4a EStG ... 33

I. Gesetzliche Neuregelung ... 33

1. Regelungsgehalt des § 4 Abs. 4a EStG ... 33

2. Zweck der Norm ... 34

a. Einschränkung des sog. Zwei-Konten-Modells ... 34

b. Wertung des § 4 Abs. 4a EStG: eigenkapitalbezogene Betrachtungsweise ... 35

c. Die Begrenzung der Finanzierungsfreiheit ... 35

II. Persönlicher Anwendungsbereich des § 4 Abs. 4a EStG ... 37

III. Schuldzinsen i.S.d. § 4 Abs. 4a EStG ... 38

IV. Rechtssystematische Stellung des § 4 Abs. 4a EStG ... 39
1. Notwendigkeit einer Veranlassungsprüfung ... 39
2. Folgen der Veranlassungsprüfung ... 41
3. Das umgekehrte Mehr-Konten-Modell ... 44

V. Die Ermittlung der Über- bzw. Unterentnahmen i.S.v. § 4 Abs. 4a EStG ... 46
1. Bedeutung der Begriffe Überentnahmen und Unterentnahmen: periodenübergreifende Betrachtung ... 46
2. Entnahmen und Einlagen i.S.d. § 4 Abs. 4a EStG ... 48
a. Begriffsbestimmung ... 48
b. Betriebseröffnung, Betriebsveräußerung und Betriebsaufgabe ... 49
c. Entnahme bzw. Einlage fremdfinanzierter Wirtschaftsgüter ... 52
3. Gewinn i.S.d. § 4 Abs. 4a EStG ... 54
a. Nicht abziehbare Betriebsausgaben gemäß § 4 Abs. 5 EStG ... 55
b. Steuerfreie Gewinne ... 56
c. Steuerfreie Rücklagen ... 56
d. Steuerfreie Entnahmen ... 56
e. Hinzurechnungsbetrag nach § 4 Abs. 4a EStG ... 57
f. Betriebsaufgabe/Betriebsveräußerung ... 58
g. Verluste ... 59
aa. Verluste als negative Gewinne bei der Ermittlung der Überentnahmen ... 59
bb. Praktische Anwendung der Verlustverrechnung ... 62
aaa. Entstehung von Über- bzw. Unterentnahmen im Verlustjahr ... 62
bbb. Verrechnung von Verlusten mit Unterentnahmen vorangegangener Wirtschaftsjahre ... 62
ccc. Verrechnung von Verlusten mit Unterentnahmen zukünftiger Wirtschaftsjahre ... 63

VI. Typisierte Berechnung der nicht abziehbaren Schuldzinsen ... 65
1. Berechnungsschema nach § 4 Abs. 4a Satz 3 EStG ... 65
2. Über- bzw. Unterentnahmen vor 1999 ... 67
a. Veranlagungszeiträume 1999 und 2000 ... 68
b. Veranlagungszeitraum 2001 ... 70

VII. Gewinnhinzurechnung und Höchstbetrag gemäß § 4 Abs. 4a Satz 4 EStG ... 71

VIII. Darlehen zur Anschaffung oder Herstellung von Wirtschaftsgütern des Anlagevermögens gemäß § 4 Abs. 4a Satz 5 EStG ... 72
1. Berechnung des Höchstbetrages der Hinzurechnung ... 73

2. Darlehen oder Kontokorrentkredit 74
3. Übertragung fremdfinanzierter Wirtschaftsgüter 75

IX. Schema zur Ermittlung der nicht abziehbaren Schuldzinsen 76

X. Anwendung des § 4 Abs. 4a EStG bei der Gewinnermittlung gemäß § 4 Abs. 3 EStG 77
1. Ermittlung der Über bzw. Unterentnahme für das Wirtschaftsjahr 1999 78
2. Nichterfüllung der Aufzeichnungspflicht...78

D. Anwendung des § 4 Abs. 4a EStG auf Personengesellschaften.........81

I. Personengesellschaften im Rahmen der Überschusseinkunftsarten 81

II. Struktur der Personengesellschaft 81
1. Rechtsnatur der Personengesellschaft 81
2. Gewinnermittlung bei Personengesellschaften 84
a. Gewinnermittlung auf der ersten Stufe 84
b. Gewinnermittlung auf der zweiten Stufe 85
3. Das einkommensteuerliche Subjektsteuerprinzip 86
a. Bedeutung des Subjektsteuerprinzips für § 4 Abs. 4a EStG 86
b. Inhalt des Subjektsteuerprinzips..87
c. Verwirklichung des Subjektsteuerprinzips durch den Gesetzgeber bei § 6 Abs. 5, § 6b und § 16 Abs. 3 EStG 90
aa. § 6 Abs. 5 EStG...90
bb. § 6b EStG 92
cc. § 16 Abs. 3 EStG...95
dd. Zwischenergebnis..97
d. § 4 Abs. 4a EStG und das Subjektsteuerprinzip: gesellschafts- versus gesellschafterbezogene Betrachtungsweise 98
aa. Problemstellung...98
bb. § 4 Abs. 4a EStG als Gewinnermittlungsvorschrift: betriebsbezogene Betrachtungsweise 100
cc. Verstoß gegen das Subjektsteuerprinzip 103

III. Abstellen auf das Ergebnis der Gesellschaftsbilanz inklusive der Ergänzungs- und Sonderbilanzen der Gesellschafter....................104

IV. Der Begriff der Schuldzinsen i.S.v. § 4 Abs. 4a EStG bei Personengesellschaften...104
1. Schuldzinsen im Gesamthandsvermögen..104
2. Schuldzinsen im Sonderbetriebsvermögen 105
3. Schuldzinsen für ein Gesellschafterdarlehen 105
4. Schuldzinsen für ein Gesellschaftsdarlehen..106

V. Der Begriff des Gewinns, der Entnahme und Einlage bei der Anwendung des § 4 Abs. 4a EStG auf Personengesellschaften 106
1. Gewinn i.S.d. § 4 Abs. 4a EStG 106
2. Entnahmen und Einlagen i.S.d. § 4 Abs. 4a EStG 106
a. Der finale Entnahme- und Einlagebegriff der Rechtsprechung bei der Überführung bzw. Übertragung von Einzelwirtschaftgütern 107
aa. Der Entnahme- und Einlagebegriff beim Einzelunternehmer ... 107
bb. Der Entnahme- und Einlagebegriff im Zusammenhang mit Personengesellschaften 108
aaa. Der Entnahmebegriff nach dem sog. Mitunternehmererlass 109
bbb. Der Entnahmebegriff des § 6 Abs. 5 EStG 111
ccc. Zwischenergebnis 114
b. Besonderheiten des Entnahmebegriffs bei der Überführung eines Wirtschaftsguts zwischen verschiedenen Betriebsvermögen desselben Steuerpflichtigen 116
aa. Problemstellung 116
bb. Gesonderte Berechnung der Überentnahmen gemäß § 4 Abs. 4a EStG für jeden Einzelbetrieb eines Steuerpflichtigen 117
cc. Ansatz einer Entnahme bzw. einer Einlage bei der Überführung eines Wirtschaftsguts zwischen verschiedenen Betriebsvermögen desselben Steuerpflichtigen 119
dd. Der Wert der anzusetzenden Einlage bzw. Entnahme 122
c. Besonderheiten des Entnahmebegriffs bei der Überführung bzw. Übertragung von Wirtschaftsgütern bei Personengesellschaften 123
aa. Problemstellung 123
bb. Übertragung bzw. Überführung eines Wirtschaftsguts zwischen verschiedenen Betriebsvermögen 125
cc. Übertragung eines Wirtschaftsguts innerhalb des Betriebsvermögens einer Personengesellschaft 126
dd. Zwischenergebnis 127
d. Entnahmen und Einlagen im Rahmen des § 4 Abs. 4a EStG im Betriebsvermögen einer Personengesellschaft 128
aa. Entnahmen und Einlagen im Gesamthandsvermögen 128
bb. Entnahmen und Einlagen in der Ergänzungsbilanz 131
cc. Entnahmen und Einlagen im Sonderbetriebsvermögen 133
aaa. Einlagen in das Sonderbetriebsvermögen 133
bbb. Entnahmen aus dem Sonderbetriebsvermögen 135

VI. Die Behandlung von Verlusten bei Personengesellschaften 137
1. Gesellschaftsbezogene Betrachtung 137
2. Gesellschafterbezogene Betrachtung 139

VII. Der Bagatellbetrag gemäß § 4 Abs. 4a Satz 4 EStG bei Personengesellschaften 140
VIII. Die Berechnung des Höchstbetrages gemäß § 4 Abs. 4a Satz 4 und Satz 5 EStG bei Personengesellschaften 141
IX. Die Aufteilung des Hinzurechnungsbetrages auf die einzelnen Gesellschafter 143
X. Die Ermittlung der nicht abziehbaren Schuldzinsen gemäß § 4 Abs. 4a EStG bei einer Personengesellschaft anhand eines Beispielfalls 145
1. Gewinnermittlung 146
2. Ermittlung der Entnahmen und Einlagen 146
3. Berechnung der Überentnahmen 147
4. Berechnung der nicht abziehbaren Schuldzinsen 148
a. Typisierte Ermittlung der nicht abziehbaren Schuldzinsen 148
b. Berechnung des Höchstbetrages nach § 4 Abs. 4a Satz 4 und Satz 5 EStG 151
aa. Gesellschaftsbezogene Ermittlung 151
bb. Gesellschafterbezogene Ermittlung 152

E. Ausgewählte Sachverhalte bei Personengesellschaften unter dem Aspekt des § 4 Abs. 4a EStG 155

I. Übertragung bzw. Überführung von Einzelwirtschaftsgütern bei Personengesellschaften 155
1. Übertragung von Einzelwirtschaftsgütern aus dem Privatvermögen eines Gesellschafters in das Gesamthandsvermögen der Personengesellschaft 156
a. Übertragung eines Wirtschaftsguts aus dem Privatvermögen eines Gesellschafters in das Gesamthandsvermögen der Personengesellschaft gegen Gewährung oder Erweiterung von Gesellschaftsrechten (offene Sacheinlage) 156
b. Übertragung eines Wirtschaftsguts aus dem Privatvermögen eines Gesellschafters in das Gesamthandsvermögen der Personengesellschaft ohne Gewährung von Gesellschaftsrechten (verdeckte Sacheinlage) 158
c. Entgeltliche Veräußerung 158
d. Gutschrift auf dem Darlehenskonto 159
2. Übertragung von Einzelwirtschaftsgütern aus dem Einzelbetriebsvermögen eines Gesellschafters in das Gesamthandsvermögen der Personengesellschaft 160
a. Übertragung eines Wirtschaftsguts aus dem Einzelbetriebsvermögen eines Gesellschafters in das Gesamthandsvermögen

der Personengesellschaft gegen Gewährung oder Erweiterung von Gesellschaftsrechten (offene Sacheinlage) 160
b. Übertragung eines Wirtschaftsguts aus dem Einzelbetriebsvermögen eines Gesellschafters in das Gesamthandsvermögen der Personengesellschaft ohne Gewährung von Gesellschaftsrechten (verdeckte Sacheinlage) 162
c. Entgeltliche Veräußerung 163
d. Gutschrift auf dem Darlehenskonto 164
3. Übertragung von Einzelwirtschaftsgütern aus dem Sonderbetriebsvermögen eines Gesellschafters in das Gesamthandsvermögen derselben Personengesellschaft oder einer anderen Personengesellschaft, an der der Gesellschafter beteiligt ist 165
a. Übertragung eines Wirtschaftsguts aus dem Sonderbetriebsvermögen eines Gesellschafters in das Gesamthandsvermögen derselben Personengesellschaft oder einer anderen Personengesellschaft, an der der Gesellschafter beteiligt ist, gegen Gewährung oder Erweiterung von Gesellschaftsrechten (offene Sacheinlage) 165
aa. Übertragung in das Gesamthandsvermögen derselben Personengesellschaft 166
bb. Übertragung in das Gesamthandsvermögen einer anderen Personengesellschaft, an der der Gesellschafter beteiligt ist 167
b. Übertragung eines Wirtschaftsguts aus dem Sonderbetriebsvermögen eines Gesellschafters in das Gesamthandsvermögen derselben Personengesellschaft oder einer anderen Personengesellschaft, an der der Gesellschafter beteiligt ist, ohne Gewährung von Gesellschaftsrechten (verdeckte Sacheinlage) 168
aa. Übertragung in das Gesamthandsvermögen derselben Personengesellschaft 168
bb. Übertragung in das Gesamthandsvermögen einer anderen Personengesellschaft, an der der Gesellschafter beteiligt ist 170
c. Entgeltliche Veräußerung 171
d. Gutschrift auf dem Darlehenskonto 171
4. Übertragung von Einzelwirtschaftsgütern aus dem Gesamthandsvermögen einer Personengesellschaft in das Privatvermögen eines Gesellschafters 172
a. Übertragung eines Wirtschaftsguts aus dem Gesamthandsvermögen einer Personengesellschaft in das Privatvermögen eines Gesellschafters gegen Minderung von Gesellschaftsrechten (offene Sachentnahme) 172
b. Übertragung eines Wirtschaftsguts aus dem Gesamthandsvermögen einer Personengesellschaft in das Privatvermögen

eines Gesellschafters ohne Minderung von Gesellschaftsrechten (verdeckte Sachentnahme) 174
c. Entgeltliche Veräußerung 174
d. Belastung des Darlehenskontos 174
5. Übertragung von Einzelwirtschaftsgütern aus dem Gesamthandsvermögen einer Personengesellschaft in das Sonderbetriebsvermögen eines Gesellschafters bei derselben Personengesellschaft oder bei einer anderen Personengesellschaft, an der der Gesellschafter beteiligt ist 176
a. Übertragung eines Wirtschaftsguts aus dem Gesamthandsvermögen einer Personengesellschaft in das Sonderbetriebsvermögen eines Gesellschafters bei derselben Personengesellschaft oder bei einer anderen Personengesellschaft, an der der Gesellschafter beteiligt ist, gegen Minderung von Gesellschaftsrechten (offene Sachentnahme) 176
aa. Übertragung in das Sonderbetriebsvermögen eines Gesellschafters bei derselben Personengesellschaft 176
bb. Übertragung in das Sonderbetriebsvermögen eines Gesellschafters bei einer anderen Personengesellschaft, an der der Gesellschafter beteiligt ist 177
b. Übertragung eines Wirtschaftsguts aus dem Gesamthandsvermögen einer Personengesellschaft in das Sonderbetriebsvermögen eines Gesellschafters bei derselben Personengesellschaft oder bei einer anderen Personengesellschaft, an der der Gesellschafter beteiligt ist, ohne Minderung von Gesellschaftsrechten (verdeckte Sachentnahme) 178
aa. Übertragung in das Sonderbetriebsvermögen eines Gesellschafters bei derselben Personengesellschaft 178
bb. Übertragung in das Sonderbetriebsvermögen eines Gesellschafters bei einer anderen Personengesellschaft, an der der Gesellschafter beteiligt ist 179
c. Entgeltliche Veräußerung 180
d. Belastung des Darlehenskontos 181
6. Übertragung von Einzelwirtschaftsgütern aus dem Gesamhandsvermögen einer Personengesellschaft in das Einzelbetriebsvermögen eines Gesellschafters 182
a. Übertragung eines Wirtschaftsguts aus dem Gesamthandsvermögen einer Personengesellschaft in das Einzelbetriebsvermögen eines Gesellschafters gegen Minderung von Gesellschaftsrechten (offene Sachentnahme) 182
b. Übertragung eines Wirtschaftsguts aus dem Gesamthandsvermögen einer Personengesellschaft in das Einzelbetriebs-

vermögen eines Gesellschafters ohne Minderung von Gesellschaftsrechten (verdeckte Sachentnahme) ... 183
c. Entgeltliche Veräußerung ... 184
d. Belastung des Darlehenskontos ... 185
7. Überführung eines Wirtschaftsguts aus dem Einzelbetriebsvermögen eines Steuerpflichtigen in dessen Sonderbetriebsvermögen bei einer Personengesellschaft ... 187
8. Überführung eines Wirtschaftsguts aus dem Sonderbetriebsvermögen eines Gesellschafters in dessen Einzelbetriebsvermögen ... 188
9. Überführung eines Wirtschaftsguts zwischen verschiedenen Sonderbetriebsvermögen desselben Steuerpflichtigen bei verschiedenen Personengesellschaften ... 188
10. Überführung eines Wirtschaftsguts aus dem Privatvermögen eines Gesellschafters in dessen Sonderbetriebsvermögen ... 189
11. Überführung eines Wirtschaftsguts aus dem Sonderbetriebsvermögen eines Gesellschafters in dessen Privatvermögen ... 190
12. Übertragung eines Wirtschaftguts zwischen den jeweiligen Sonderbetriebsvermögen verschiedener Gesellschafter derselben Personengesellschaft ... 190
a. Entgeltliche Veräußerung ... 190
b. Unentgeltliche Übertragung ... 191

II. Die Übertragung eines Gesellschaftsanteils auf einen neu eintretenden Gesellschafter und seine Auswirkung auf § 4 Abs. 4a EStG ... 192
1. Entgeltliche Übertragung ... 192
2. Unentgeltliche Übertragung ... 193

III. Veränderung der Unternehmensform ... 194
1. Einbringung eines Betriebs, Teilbetriebs oder eines Mitunternehmeranteils in eine Personengesellschaft gemäß § 24 UmwStG ... 194
2. Umwandlung einer Kapitalgesellschaft in eine Personengesellschaft oder umgekehrt ... 195
a. Umwandlung einer Kapitalgesellschaft in eine Personengesellschaft gemäß § 3 UmwStG ... 195
b. Umwandlung einer Personengesellschaft in eine Kapitalgesellschaft gemäß § 20 UmwStG ... 196

F. Schlussbemerkung ... 197

Literaturverzeichnis ... 201

Abkürzungsverzeichnis ... 207

A. Problemstellung

Der Schuldzinsenabzug im Einkommensteuerrecht ist in der Vergangenheit intensiv und kontrovers diskutiert worden. Es stellte sich immer die Frage, unter welchen Voraussetzungen Schuldzinsen einkommensteuerlich - sei es als Werbungskosten oder als Betriebsausgaben - abzugsfähig sind. Der Große Senat des BFH beendete diesen Streit zunächst mit dem Beschluss vom 4. Juli 1990[1], in dem er ausschließlich auf die betriebliche Veranlassung der Schuldzinsen abstellte. In seinem späteren Beschluss vom 8. Dezember 1997[2] führte der BFH seine Rechtsprechung zum Schuldzinsenabzug fort und erkannte das sog. „Zwei-Konten-Modell" ausdrücklich an. Im Steuerbereinigungsgesetz 1999[3] beschloss der Gesetzgeber den neuen § 4 Abs. 4a EStG[4], der nunmehr den Schuldzinsenabzug bei den Gewinneinkunftsarten einschränkt. Danach sind Schuldzinsen nicht mehr unbeschränkt abziehbar, wenn Überentnahmen getätigt worden sind. Eine Überentnahme ist gemäß § 4 Abs. 4a Satz 2 EStG der Betrag, um den Entnahmen die Summe des Gewinns und der Einlagen eines Wirtschaftsjahres übersteigen.

Bei der Anwendung des § 4 Abs. 4a EStG treten viele Probleme auf, wie die Frage, ob trotz der Existenz des § 4 Abs. 4a EStG die betriebliche Veranlassung von Schuldzinsen zu prüfen ist (s.u. C. IV.), wie der Begriff der Entnahmen und Einlagen im Rahmen des § 4 Abs. 4a EStG auszulegen ist (s.u. C. V. 2. und D. V. 2.) und wie Verluste im Rahmen des § 4 Abs. 4a EStG zu behandeln sind (s.u. C. V. 3. g.). Besondere Schwierigkeiten entstehen, wenn § 4 Abs. 4a EStG bei Personengesellschaften zur Anwendung kommt. Denn einerseits sind bei Personengesellschaften mehrere Gesellschafter an der Einkünfteerzielung beteiligt, von denen jeder ein eigenes Steuersubjekt gemäß § 1 Abs. 1 Satz 1 EStG ist. Andererseits können neben der Gesamthandsbilanz der Gesellschaft auch Ergänzungs- und Sonderbilanzen der einzelnen Gesellschafter vorhanden sein. Hier stellt sich unter anderem das Problem, welche Schuldzinsen im Rahmen der Vorschrift zu berücksichtigen sind (s.u. D. IV.), ob § 4 Abs. 4a EStG auf der Ebene der Gesellschaft oder auf der Ebene der Gesellschafter eingreift (s.u. D. II. 3. d.), wie der Begriff der Entnahmen und Einlagen bei Vermögensübertragungen innerhalb einer Gesellschaft auszulegen ist (s.u. D. V. 2. c.) und ob der Bagatellbetrag von 2.050 Euro nur einmal der gesamten Personengesellschaft oder jedem Gesellschafter in voller Höhe zu gewähren ist (s.u. D. VII).

---

[1] BFH vom 4. Juli 1990, GrS 2-3/88, BStBl II 1990, S. 817 ff.

[2] BFH vom 8. Dezember 1997, GrS 1-2/95, BStBl II 1998, S. 193 ff.

[3] Gesetz zur Bereinigung von steuerlichen Vorschriften (Steuerbereinigungsgesetz (StBereinG) 1999) vom 22. Dezember 1999, BGBl I 1999, S. 2601 ff.

[4] § 4 Abs. 4a EStG i.d.F. des StBereinG 1999 wurde durch das Steueränderungsgesetz (StÄndG) 2001 (Gesetz vom 20. Dezember 2001, BGBl I 2001, S. 3794 ff.) geändert.

Ausgangspunkt für diese Arbeit ist zunächst die Rechtslage vor Einführung des § 4 Abs. 4a EStG, da sie – wie noch zu zeigen sein wird - auch nach der Neuregelung ihre Gültigkeit hat und für das Verständnis der Vorschrift von Bedeutung ist. Danach folgen allgemeine Ausführungen zu § 4 Abs. 4a EStG, um zu Fragen, die nicht nur bei Personengesellschaften auftreten, vorab Stellung nehmen zu können. Dieses Vorgehen dient der Übersichtlichkeit der Arbeit und ermöglicht es, grundsätzliche Probleme bei der Anwendung des § 4Abs. 4a EStG klären zu können, ohne auf die Besonderheiten bei Personengesellschaften eingehen zu müssen.

Anschließend folgt der Schwerpunkt der Arbeit, die Relevanz des § 4 Abs. 4a EStG für Personengesellschaften, wobei zwischen den Personengesellschaften im Rahmen der Gewinneinkunftsarten und den Personengesellschaften im Rahmen der Überschusseinkunftsarten zu differenzieren ist. Wie bei anderen Vorschriften im Steuerrecht stellt sich auch bei der Anwendung des § 4 Abs. 4a EStG die Frage, ob auf den einzelnen Gesellschafter oder auf die Personengesellschaft als solche abzustellen ist. Dieses Spannungsverhältnis zwischen Einheit der Gesellschaft und Vielheit der Gesellschafter ist entscheidend dafür, ob § 4 Abs. 4a EStG gesellschaftsbezogen oder gesellschafterbezogen auszulegen ist. Grundlage für dieses Problem sind das sog. Subjektsteuerprinzip, wonach alle Einkünfte von demjenigen Steuerpflichtigen zu versteuern sind, der sie erzielt hat, und die sog. partielle Steuerrechtsfähigkeit von Personengesellschaften. Danach werden der Entnahme- und Einlagebegriff bei der Anwendung des § 4 Abs. 4a EStG näher untersucht. Aufgrund der Systematik des § 4 Abs. 4a EStG ist denkbar, dass normbezogen der Begriff der Entnahme und Einlage im Rahmen des § 4 Abs. 4a EStG anders auszulegen ist, als dies in § 4 Abs. 1 EStG der Fall ist. Zur Veranschaulichung der gefundenen Ergebnisse folgt ein einfacher Beispielsfall, anhand dessen der Aufbau und die Wirkung des § 4 Abs. 4a EStG dargestellt werden können.

Im letzten Abschnitt werden ausgewählte Sachverhalte bei Personengesellschaften unter dem Aspekt des § 4 Abs. 4a EStG behandelt. Eingegangen wird hier auf die Übertragung bzw. Überführung von Einzelwirtschaftsgütern zwischen der Personengesellschaft und ihren Gesellschaftern, die Übertragung eines Gesellschaftsanteils auf einen neu eintretenden Gesellschafter, die Einbringung eines Betriebs, Teilbetriebs oder eines Mitunternehmeranteils in eine Personengesellschaft gemäß § 24 UmwStG und die Umwandlung einer Kapitalgesellschaft in eine Personengesellschaft oder umgekehrt.

B. Der Abzug von Schuldzinsen nach der Rechtsprechung des BFH

I. Ausgangslage

Schuldzinsen waren in Deutschland bis zum Steueränderungsgesetz 1973[5] auch dann abzugsfähig, wenn die zugrunde liegende Verbindlichkeit nicht der Finanzierung einer Einkunftsquelle diente, sondern privat veranlasst war. Denn § 10 EStG[6] sah in seiner damaligen Fassung vor, dass private Schuldzinsen Sonderausgaben waren. Schuldzinsen, die durch eine Einkunftsquelle veranlasst waren, waren dagegen entweder als Betriebsausgaben gemäß § 4 Abs. 4 EStG oder als Werbungskosten gemäß § 9 EStG abziehbar. Die Zuordnung von Verbindlichkeiten zur privaten oder betrieblichen Sphäre war somit in der Regel[7] nicht von großer Bedeutung. Im Jahre 1973 wurde die Abzugsfähigkeit privater Schuldzinsen abgeschafft. Ab diesem Zeitpunkt sind Schuldzinsen nur noch abziehbar, wenn sie entweder als Betriebausgaben oder als Werbungskosten angesehen werden können. Gehören die Schuldzinsen dagegen zur Privatsphäre eines Steuerpflichtigen, so sind sie steuerlich grundsätzlich[8] irrelevant.
Die Frage, ob Schuldzinsen einer Einkommensquelle oder dem Privatbereich zuzuordnen sind, ist nicht immer leicht zu beantworten. Vor allem dann, wenn eine Kontokorrentverbindlichkeit sowohl durch betriebliche als auch durch privat veranlasste Auszahlungen entsteht, treten Abgrenzungsschwierigkeiten auf. Selbst innerhalb des BFH waren die einzelnen Senate[9] bis zum Beschluss des Großen Senats des BFH vom 4. Juli 1990[10] unterschiedlicher Auffassung.

[5] Steueränderungsgesetz 1973, BGBl I 1973, S. 676 ff.
[6] § 10 Abs. 1 Nr. 1 EStG 1971, BGBl I 1971, S. 1887/1899.
[7] Zu Ausnahmen, z.B. bei beschränkter Steuerpflicht, siehe Beiser, Der Abzug von Schuldzinsen in der Einkommensteuer, II. Fn. 4 und III. A. 2.
[8] Ausnahmen können allenfalls im Bereich der außergewöhnlichen Belastungen und der Sonderausgaben auftreten, die hier nicht von Interesse sind.
[9] Entscheidungen des I. Senats: BFH vom 17. April 1985, I R 101/81, BStBl II 1985, S. 510 ff.; BFH vom 5. Juni 1985, I R 289/81, BStBl II 1985, S. 619 ff.; Entscheidungen des IV. Senats, wobei der IV. Senat zwischen der Gewinnermittlung nach §§ 5 Abs. 1, 4 Abs. 1 EStG und § 4 Abs. 3 EStG unterschied: BFH vom 23. Juni 1983, IV R 192/80, BStBl II 1983, S. 725 ff.; BFH vom 24. Mai 1984, IV R 221/83, BStBl II 1984, S. 706 ff.; zur Gewinnermittlung nach § 4 Abs. 3 EStG: BFH vom 23. Juni 1983, IV R 185/81, BStBl II 1983, S. 723 ff.; Entscheidungen des VIII. Senats: BFH vom 12. September 1985, VIII R 336/82, BStBl II 1986, S. 255 ff.; BFH vom 25. Juni 1985, VIII R 338/82, BFH/NV 1986, S. 88 ff.
[10] BFH vom 4. Juli 1990, GrS 2-3/88, BStBl II 1990, S. 817 ff.

II. Beschluss des Großen Senats des BFH vom 4. Juli 1990[11]: Abzugsfähigkeit von Schuldzinsen beim gemischten Kontokorrentkredit

Der Entscheidung des Großen Senats vom 4. Juli 1990 lagen folgende zwei Sachverhalte zugrunde:
Im ersten Fall hat ein Steuerberater, der seinen Gewinn nach § 4 Abs. 1 EStG ermittelte, Schuldzinsen für eine in seiner Bilanz angesetzte Verbindlichkeit im vollem Umfang als Betriebsaugaben geltend gemacht. Laut Schätzung des Finanzamts betrug der betriebliche Teil der Kontokorrentschuld aber nur 27 v. H., so dass die Zinsaufwendungen nur insoweit anerkannt wurden. Im zweiten Fall ermittelte ein Arzt seinen Gewinn nach § 4 Abs. 3 EStG. Die Kontokorrentzinsen für ein Konto, über das sowohl berufliche als auch private Zahlungsvorgänge abgewickelt wurden, zog er insgesamt in seiner Einkommensteuer als Betriebsausgaben ab. Auch in diesem Fall erkannte das Finanzamt den Abzug der Zinsen nur insoweit an, als die Zinsaufwendungen betrieblich veranlasst waren. Der BFH hatte nun die Frage zu beantworten, ob Schuldzinsen einer Kontokorrentverbindlichkeit, die sowohl durch betrieblich als auch durch privat veranlasste Auszahlungen entstanden ist (gemischtes Kontokorrentkonto), im vollem Umfang oder nur in Höhe des betrieblich veranlassten Teils als Betriebsausgaben abziehbar sind.

Ausgangspunkt für den Großen Senat ist das in § 4 Abs. 4 EStG verankerte Veranlassungsprinzip. Danach liegen Betriebsausgaben bzw. Werbungskosten[12] nur vor, wenn zwischen den Aufwendungen und der jeweiligen Einkunftsart ein Veranlassungszusammenhang besteht. Daraus folgert der BFH[13], dass Schuldzinsen nur dann als Betriebsausgaben oder Werbungskosten anzuerkennen sind, wenn sie in einem wirtschaftlichen Zusammenhang mit einer Einkunftsart des Einkommensteuergesetzes stehen. Allein die Buchung einer Privatausgabe über ein betriebliches Konto erzeugt weder einen Veranlassungszusammenhang, noch eine Vermutung[14] dafür.

„ Das Vorliegen eines solchen wirtschaftlichen Zusammenhangs zwischen den Schuldzinsen und dem Betrieb ist nach ständiger Rechtsprechung des BFH und nach Ansicht des Großen Senats grundsätzlich danach zu beurteilen, ob die Zin-

---

[11] Sog. Kontokorrentkontobeschluss: BFH vom 4. Juli 1990, GrS 2-3/88, BStBl II 1990, S. 817 ff.

[12] Bei Werbungskosten gilt dies über den unmittelbaren Wortlaut des § 9 Abs. 1 EStG hinaus: BFH vom 27. November 1978, GrS 8/77, BStBl II 1979, S. 213/216; BFH vom 28. November 1977, GrS 2-3/77, BStBl II 1978, S. 105.

[13] BFH vom 4. Juli 1990, GrS 2-3/88, BStBl II 1990, S. 817/823.

[14] Dieser Ansicht war bereits der 4. Senat des BFH: BFH vom 23. Juni 1983, IV R 192/80, BStBl II 1983, S. 725 ff.

sen für eine Verbindlichkeit geleistet werden, die durch den Betrieb veranlasst ist und deshalb zum Betriebsvermögen gehört. Maßgebend ist somit der tatsächliche Verwendungszweck des Darlehens.[15]"

Der Große Senat stellt für die Frage der Abzugsfähigkeit von Schuldzinsen auf die tatsächliche Verwendung der Kreditmittel ab (Maßgeblichkeit der Mittelverwendung). Schuldzinsen können nur dann abgezogen werden, wenn es sich bei der Verbindlichkeit um eine Betriebsschuld handelt, die Verbindlichkeit der Finanzierung von betrieblichen Ausgaben dient. Werden Darlehensmittel nur teilweise für betriebliche Zwecke, im übrigen aber für Kosten der Lebensführung verwendet, so kann die Verbindlichkeit nur in dem der Verwendung des Darlehens für betriebliche Zwecke entsprechenden Umfang bilanziert werden[16]. Dies hat zur Folge, dass die für den Kredit entrichteten Zinsen nur anteilig als Betriebsausgaben abziehbar sind[17]. Gleichzeitig erkennt der BFH[18] die Freiheit des Steuerpflichtigen an, seinen Betrieb eigen oder fremd zu finanzieren. Die so genannte Finanzierungsfreiheit, die bereits damals ständige Rechtsprechung des BFH[19] war, beinhaltet den Grundsatz der freien Wahl der Finanzierung. Danach kommt es für die Frage, ob eine Betriebsschuld oder eine Privatschuld vorliegt, nicht darauf an, ob ein Unternehmer seinen Betrieb mit Fremd- oder mit Eigenkapital finanziert. Finanziert er seinen Betrieb nur mit Fremdkapital, so sind für Betriebszwecke aufgenommene Verbindlichkeiten auch dann Betriebsschulden, wenn der Betriebsinhaber Privatvermögen hat, das er zur Finanzierung des Betriebes hätte verwenden können. Dasselbe muss nach Ansicht des BFH aber auch gelten, wenn ein Unternehmer die dem Betrieb zugeführten Eigenmittel entnimmt und den Betrieb dann in vollem Umfang mit Fremdkapital finanziert. Denn auch in diesem Fall, werden die Darlehensmittel für betriebliche Aufwendungen verwendet, so dass die Darlehensschulden betriebliche Verbindlichkeiten und die hierauf entfallenden Zinsen Betriebsausgaben sind[20].

Für die dem Verfahren zugrunde liegenden Fälle gilt Folgendes:
Werden über ein betriebliches Kontokorrentkonto sowohl betriebliche als auch private Aufwendungen getätigt, sind die hierauf entrichteten Schuldzinsen entsprechend aufzuteilen. Nur die auf den betrieblichen Teil des Kontokorrentkre-

---

[15] BFH vom 4. Juli 1990, GrS 2-3/88, BStBl II 1990, S. 817/823.
[16] BFH vom 4. Juli 1990, GrS 2-3/88, BStBl II 1990, S. 817/824.
[17] BFH vom 28. Januar 1987, I R 85/80, BStBl II 1987, S. 616; BFH vom 4. Juli 1990, GrS 2-3/88, BStBl II 1990, S. 817/824.
[18] BFH vom 4. Juli 1990, GrS 2-3/88, BStBl II 1990, S. 817/825.
[19] BFH vom 23. Juni 1983, IV R 192/80, BStBl II 1983, S. 725; BFH vom 17. April 1985, I R 101/81, BStBl II 1985, S. 510; BFH vom 6. Februar 1987, III R 203/83, BStBl II 1987, S. 423/426.
[20] Bereits BFH vom 23. Juni 1983, IV R 192/80, BStBl II 1983, S. 725 ff.; BFH vom 4. Juli 1990, GrS 2-3/88, BStBl II 1990, S. 817/825.

dits entfallenden Zinsen dürfen als Betriebsausgaben abgezogen werden. Die Aufteilung erfolgt grundsätzlich nach der sog. Zinszahlenstaffelmethode[21], für die das gemischte Konto in ein privates und ein betriebliches Unterkonto zu zerlegen ist. Ist bei einem Kontokorrentkonto mit umfangreichem Zahlungsverkehr eine Zinszahlenstaffelrechnung nicht möglich, kann der betriebliche Zinsanteil durch die Finanzbehörde geschätzt werden. Diese Grundsätze gelten nach Ansicht des BFH für alle Einkunftsarten, also auch bei der Gewinnermittlung nach § 4 Abs. 3 EStG und bei den Überschusseinkünften[22] (§ 2 Abs. 1 Nr. 4 bis 7 EStG). Darüber hinaus macht der BFH[23] einen Vorschlag, wie man eine Aufteilung der Schuldzinsen nach der komplizierten Zinszahlenstaffelmethode bzw. eine Schätzung vermeiden kann: Der Steuerpflichtige führt zwei getrennte Konten, wobei die betrieblich und die außerbetrieblich veranlassten Auszahlungen über unterschiedliche Konten abgewickelt werden. Das Konto für die außerbetrieblichen Auszahlungen gehört regelmäßig zum Privatvermögen, während das dem betrieblichen Zahlungsverkehr gewidmete Konto dem Betriebsvermögen zuzuordnen ist, so dass dessen Zinsen uneingeschränkt abgezogen werden können. Eine Aufteilung der Schuldzinsen in private und betriebliche Aufwendungen entfällt, selbst wenn Guthaben von einem auf das andere Konto überwiesen werden.

„... Unter dieser Voraussetzung sind die auf dem betrieblichen Kontokorrentkonto anfallenden Schuldzinsen regelmäßig auch dann Betriebsausgaben, wenn Beträge vom betrieblichen auf das private Kontokorrentkonto überwiesen werden, dadurch auf dem privaten Kontokorrentkonto Verbindlichkeiten getilgt werden und ein negatives betriebliches Kontokorrentkonto entsteht. Bei den Überweisungen vom betrieblichen auf das private Kontokorrentkonto handelt es sich um Entnahmen aus dem Betriebsvermögen, die die betriebliche Veranlassung des dadurch ausgelösten Mittelbedarfs grundsätzlich nicht berühren.[24]*“*

---

[21] Zur Berechnung siehe BFH vom 4. Juli 1990, GrS 2-3/88, BStBl II 1990, S. 817/826 ff.

[22] Bei Einkünften aus Vermietung und Verpachtung (§ 21 EStG) waren Schuldzinsen bisher nur abzugsfähig, wenn die Verschuldung ausschließlich auf Zahlungen zurückzuführen war, die der Vermietung und Verpachtung dienten. Eine Aufteilung in private Zinsen und Zinsen, die zur Einkunftsart des § 21 EStG gehörten, war nicht möglich: BFH vom 18. November 1980, VIII R 194/78, BStBl II 1981, S. 510/515.

[23] BFH vom 4. Juli 1990, GrS 2-3/88, BStBl II 1990, S. 817/829 f.: Aus dieser Passage wird später von der Literatur und Praxis das sog. „Zwei-Konten-Modell“ entwickelt.

[24] BFH vom 4. Juli 1990, GrS 2-3/88, BStBl II 1990, S. 817/830.

III. Beschluss des BFH vom 5. März 1991[25]: Kreditaufnahme zur Finanzierung einer Entnahme

In der Entscheidung vom 5. März 1991[26] geht es um eine Personengesellschaft, die durch ihren Geschäftsführer ein Darlehen in Höhe von 300.000 DM zur Finanzierung einer Entnahme aufgenommen hat. Der an die Gesellschaft ausgezahlte Darlehensbetrag wurde für die Bezahlung eines vom Geschäftsführer privat angeschafften Motorbootes verwendet. Bei Erstellung der Jahresabschlüsse wurden die entsprechenden Schuldzinsen als Betriebsausgaben behandelt. Im Anschluss an eine Betriebsprüfung sah das Finanzamt die Zinsen als nicht abziehbare Kosten der Lebensführung an und erließ geänderte Gewinnfeststellungsbescheide. Der BFH musste nun klären, ob die Zinsen, die durch die Entnahme entstanden sind, als Betriebsausgaben abgezogen werden durften.
Zunächst stellt der BFH klar, dass die vom Großen Senat im Beschluss vom 4. Juli 1990[27] für Einzelgewerbetreibende entwickelten Grundsätze in gleicher Weise gelten, wenn eine Personengesellschaft Schuldzinsen als Betriebsausgaben abzieht. Auch hier ist das Veranlassungsprinzip gemäß § 4 Abs. 4 EStG zu beachten, so dass die tatsächliche Kreditmittelverwendung entscheidend ist. Durch den Betrieb der Gesellschaft sind Schuldzinsen deshalb nur dann veranlasst, wenn die Darlehensmittel der Finanzierung betrieblich veranlasster Aufwendungen dienen. In dem durch den BFH zu entscheidenden Fall wurden die Darlehensmittel zur Tilgung einer privaten Kaufpreisschuld des Geschäftsführers verwendet, so dass die angefallenen Schuldzinsen nicht gewinnmindernd geltend gemacht werden durften. Mit diesem Urteil stellt der BFH klar, dass Schuldzinsen dann nicht als Betriebsausgaben abgezogen werden dürfen, wenn die Darlehensmittel aus dem Betriebsvermögen für private Zwecke entnommen werden, also der Finanzierung einer Entnahme dienen.

„Etwas Gegenteiliges ergibt sich nicht aus den Ausführungen unter C. II. 5. i) des Beschlusses des Großen Senats des BFH in BFHE 161, 290, BStBl II 1990, 817, 830[28]. Dort ist hinsichtlich des sog. Zwei-Konten-Modells ausgeführt worden: „Unter dieser Voraussetzung sind die auf dem betrieblichen Kontokorrentkonto anfallenden Schuldzinsen regelmäßig auch dann Betriebsausgaben, wenn Beträge vom betrieblichen auf das private Kontokorrentkonto überwiesen werden, dadurch auf dem privaten Kontokorrentkonto Verbindlichkeiten getilgt werden und ein negatives betriebliches Kontokorrentkonto entsteht." Der zitierte Satz mag für sich missverständlich sein. Durch ihn soll jedoch die Grundaussage des Beschlusses nicht eingeschränkt oder gar umgekehrt werden... Aus dem

[25] BFH vom 5. März 1991, VIII R 93/84, BStBl II 1991, S. 516 ff.
[26] BFH vom 5. März 1991, VIII R 93/84, BStBl II 1991, S. 516 ff.
[27] BFH vom 4. Juli 1990, GrS 2-3/88, BStBl II 1990, S. 817 ff.
[28] BFH vom 4. Juli 1990, GrS 2-3/88, BStBl II 1990, S. 817 ff.

Zusammenhang ergibt sich vielmehr, dass die Schuldzinsen in diesem Fall nur dann Betriebsausgaben sein können, wenn der negative Saldo auf dem betrieblichen Konto durch spätere betriebliche Aufwendungen entstanden ist... Entsteht oder erhöht sich dagegen ein Sollsaldo auf einem betrieblichen Kontokorrentkonto durch eine Entnahme, sind damit die Voraussetzungen eines sog. gemischten Kontos gegeben...[29]"

IV. Beschluss des Großen Senats des BFH vom 8. Dezember 1997[30]: Das sog. Zwei-Konten-Modell

Anlass für die Entscheidung des Großen Senats vom 8. Dezember 1997 waren die Vorlagebeschlüsse des XI.[31] und X.[32] Senats. Beiden Fällen lag folgender Sachverhalt zugrunde: Ein Steuerpflichtiger unterhielt zwei getrennte betriebliche Konten, wobei die Betriebseinnahmen auf das eine Konto eingezahlt, die betrieblichen Ausgaben von dem zweiten Konto beglichen wurden. Von dem Einnahmenkonto, das einen positiven Saldo auswies, tätigte der Steuerpflichtige Auszahlungen für private Zwecke (Entnahmen). Das Betriebsausgabenkonto hingegen wies einen negativen Saldo aus. Die dort angefallenen Schuldzinsen zog der Steuerpflichtige als Betriebsausgaben ab. Das Finanzamt verneinte in beiden Fällen nach einer Außenprüfung die betriebliche Veranlassung der Schuldzinsen mit der Begründung, dass die Darlehensmittel wirtschaftlich der Entnahmefinanzierung gedient hätten.
Der BFH musste nun über die Zulässigkeit des sog. Zwei-Konten-Modells entscheiden, das von der Literatur[33] und Praxis infolge des BFH-Beschlusses vom 4. Juli 1990[34] nach folgenden Grundsätzen entwickelt wurde: Der Steuerpflichtige errichtet zwei Konten. Das eine Konto ist ein gemischtes Konto, auf dem sämtliche Betriebseinnahmen eingehen und von dem aus alle Privatentnahmen, wie z. B. die Tilgung eines privaten Kredits, getätigt werden. Auf diesem Konto muss sich immer ein Guthaben befinden, da die ansonsten anfallenden Schuldzinsen wegen privater Mittelverwendung keine Betriebsausgaben darstellen. Die betrieblichen Aufwendungen dagegen werden ausschließlich von einem zweiten Konto bezahlt. Bei diesem Konto handelt es sich um ein rein betriebliches Kon-

---

[29] BFH vom 5. März 1991, VIII R 93/84, BStBl II 1991, S. 516/517.
[30] Sog. Kontentrennungsbeschluss: BFH vom 8. Dezember 1997, GrS 1-2/95, BStBl II 1998, S. 193 ff.
[31] BFH vom 28. Juni 1995, XI R 34/93, BStBl II 1995, S. 877 ff.
[32] BFH vom 19. Juli 1995, X R 48/94, BStBl II 1995, S. 882 ff.
[33] Söffing, DStR 1991, S. 665/669 f.; Pfalzgraf/Meyer, DStR 1993, S. 1501/1505; Wagenknecht, DStR 1994, S. 1679 ff; Pfalzgraf/Meyer, Schuldzinsenabzug im Einkommensteuerrecht, S. 22; Siegel, DStR 1996, S. 1496 ff.
[34] BFH vom 4. Juli 1990, GrS 2-3/88, BStBl II 1990, S. 817/829 f.

to, so dass die Schuldzinsen in voller Höhe als Betriebsausgaben abziehbar sind. Da betriebliche Aufwendungen nicht aus den Betriebseinnahmen, sondern aus Fremdmitteln bestritten werden, stehen die Betriebseinnahmen in voller Höhe für Entnahmen zur Verfügung. Auf diese Weise werden Privatausgaben mit Mitteln, die aus dem Betrieb stammen, eigenfinanziert, wohingegen die Betriebsausgaben im Betrieb fremdfinanziert werden müssen.

Ausgehend von dem Grundsatz, dass der Unternehmer in seiner Entscheidung frei ist, ob er sein Unternehmen unter Einsatz von Eigenkapital oder Fremdkapital führt, ist nach Ansicht des BFH für die Frage der Abzugsfähigkeit von Schuldzinsen allein der Veranlassungszusammenhang nach § 4 Abs. 4 EStG, das heißt die tatsächliche Kreditmittelverwendung, maßgebend. Danach sind Schuldzinsen immer abzugsfähig, wenn die Zinsen für eine Verbindlichkeit geleistet werden, die durch den Betrieb veranlasst ist. Andere Gesichtspunkte, z.B. welcher Art die privaten Aufwendungen sind, für die die Barmittel entnommen werden, sind für den Großen Senat unerheblich.

„Unerheblich ist daher, weshalb der Steuerpflichtige evtl. vorhandene eigene Mittel nicht zur Bestreitung der betrieblichen Aufwendungen eingesetzt hat, ob also für die Kreditaufnahme neben der Absicht, eine betriebliche Ausgabe zu finanzieren, weitere private Überlegungen mitursächlich waren... Der Steuerpflichtige ist frei, wie er Fremdkapital und Eigenkapital verwendet; seine tatsächlich durchgeführte Entscheidung ist der Besteuerung zugrunde zu legen. Daher wird zum einen die betriebliche Veranlassung von Schuldzinsen nicht dadurch beeinträchtigt, dass der betriebliche Fremdmittelbedarf auf Entnahmen zurückgeht. Zum anderen sind Schuldzinsen nicht etwa deshalb als Betriebsausgaben abziehbar, weil Eigenmittel für betriebliche Zwecke eingesetzt worden sind und aus diesem Grunde Fremdmittel für private Zwecke aufgenommen werden mussten...[35]*“*

Aus diesen Erwägungen erkennt der Große Senat das sog. Zwei-Konten-Modell an. Er weist jedoch wie schon im Beschluss vom 5. März 1991[36] darauf hin, dass der betriebliche Schuldzinsenabzug ausgeschlossen ist, wenn ein Darlehen nicht zur Finanzierung betrieblicher Aufwendungen, sondern tatsächlich zur Finanzierung einer Entnahme und damit für private Zwecke verwendet wird. Ein solcher Fall liegt immer dann vor, wenn dem Betrieb keine entnahmefähigen Barmittel zur Verfügung stehen und die Entnahme von Barmittel erst dadurch möglich wird, dass Darlehensmittel in das Unternehmen fließen[37].

---

[35] BFH vom 8. Dezember 1997, GrS 1-2/95, BStBl II 1998, S. 193/197.
[36] BFH vom 5. März 1991, VIII R 93/84, BStBl II 1991, S. 516/517.
[37] BFH vom 8. Dezember 1997, GrS 1-2/95, BStBl II 1998, S. 193/199.

V. Der Schuldzinsenabzug bei Personengesellschaften

Im Urteil vom 5. März 1991[38] hat der BFH klargestellt, dass die im Beschluss vom 4. Juli 1990[39] wiedergegebenen Grundsätze zum Schuldzinsenabzug (gemischtes Kontokorrentkonto) in gleicher Weise anwendbar sind, wenn eine Personengesellschaft Schuldzinsen als Betriebsausgaben geltend macht. Auch bei einer Personengesellschaft sind die Schuldzinsen nicht bereits deshalb Betriebsausgaben, weil die Verbindlichkeit zivilrechtlich von der Gesellschaft eingegangen worden ist[40].

„ Der Umstand, dass die Personengesellschaft Darlehensnehmerin ist, hat nicht ohne weiteres zur Folge, dass die Darlehensschuld zum (negativen) Betriebsvermögen der Gesellschaft gehört...[41] "

Vielmehr ist auch bei Personengesellschaften die unmittelbare Kreditmittelverwendung maßgebend. Die Darlehensschuld einer Gesellschaft gehört nur dann zu ihrem Betriebsvermögen, wenn die Darlehensmittel der Finanzierung betrieblicher Aufwendungen dienen. Ebenso sind die Grundsätze des Kontentrennungsbeschlusses[42] bei Personengesellschaften anwendbar[43]. Zwar wurde das sog. Zwei-Konten-Modell im Beschluss vom 4. Juli 1990[44] ursprünglich nur für Einzelunternehmer und Selbständige entwickelt. Diese Rechtsgrundsätze gelten jedoch in gleicher Weise auch bei Personengesellschaften[45].

„ Die Sozietät hat eine Kontentrennung vorgenommen, indem sie für die Gehaltsaufwendungen ein eigenes reines Ausgabenkonto eingerichtet hat... Sie (die Kontentrennung) hat wegen des Charakters des Kontos als reines Betriebsausgabenkonto zur Folge, dass ein Sollsaldo auf diesem Konto eine betrieblich veranlasste Verbindlichkeit ausweist... Die betriebliche Veranlassung der Kreditzinsen wird nach den Grundsätzen des Beschlusses des Großen Senats des BFH... nicht dadurch in Frage gestellt, dass H (Gesellschafter) in zeitlicher Nähe mit der Zuführung der Kreditmittel auf das Betriebsausgabenkonto vom Betriebseinnahmenkonto der Sozietät gleich hohe Beträge entnommen hat, um sein Einfamilienhaus zu finanzieren...[46] "

---

[38] BFH vom 5. März 1991, VIII R 93/84, BStBl II 1991, S. 516.
[39] BFH vom 4. Juli 1990, GrS 2-3/88, BStBl II 1990, S. 817 ff.
[40] BFH vom 5. März 1991, VIII R 93/84, BStBl II 1991, S. 516.
[41] BFH vom 5. März 1991, VIII R 93/84, BStBl II 1991, S. 516.
[42] BFH vom 8. Dezember 1997, GrS 1-2/95, BStBl II 1998, S. 193 ff.
[43] BFH vom 4. März 1998, XI R 64/95, BStBl II 1998, S. 511/512 f.
[44] BFH vom 4. Juli 1990, GrS 2-3/88, BStBl II 1990, S. 817 ff.
[45] BFH vom 4. März 1998, XI R 64/95, BStBl II 1998, S. 511/512 f.
[46] BFH vom 4. März 1998, XI R 64/95, BStBl II 1998, S. 511/513.

VI. Der Schuldzinsenabzug bei den Einkünften aus Vermietung und Verpachtung, Kapitalvermögen und nichtselbständiger Arbeit

1. Anwendung der BFH-Rechtsprechung zum gemischten Kontokorrentkonto und zum sog. Zwei-Konten-Modell bei den Überschusseinkunftsarten

Die Rechtsprechung des BFH zum Schuldzinsenabzug bei Gewerbetreibenden und Selbständigen gilt auch für die Überschusseinkunftsarten[47]. Ebenso wie eine Aufteilung in betrieblich und privat veranlasste Schuldzinsen beim gemischten Kontokorrentkonto möglich ist, sind auch die nicht betrieblich veranlassten Schuldzinsen in solche, die durch eine Einkunftsart und solche, die durch keine Einkunftsart veranlasst sind, aufzuteilen[48]. Auch die Gestaltungsmöglichkeiten nach den Rechtsgrundsätzen des sog. Zwei-Konten-Modells stehen Steuerpflichtigen mit Überschusseinkünften offen[49]. Vor allem bei den Einkünften aus Vermietung und Verpachtung kann eine Kontentrennung von Bedeutung sein. So kann ein Steuerpflichtiger die Schuldzinsen für den Erwerb eines vermieteten Grundstücks uneingeschränkt als Werbungskosten abziehen, während er die Mieteinnahmen auf einem getrennten Konto für private Ausgaben verwendet. Auch bei Arbeitnehmern sind Gestaltungen nach dem sog. Zwei-Konten-Modell denkbar, wenn teuere Arbeitsmittel angeschafft werden müssen[50]. So können die Anschaffungskosten über ein eigenes Kreditkonto finanziert werden, während die privaten Aufwendungen ausschließlich über das Konto abgewickelt werden, auf dem der Arbeitslohn gutgeschrieben wird.

2. Einkunftsartabhängige Unterschiede beim Schuldzinsenabzug

a. Das sog. Zwei-Konten-Modell bei Einkünften aus nichtselbständiger Arbeit

Rechtlich werden Arbeitnehmer und Bezieher anderer Einkunftsarten gleich behandelt (s.o. B. VI. 1.). Bei allen Einkunftsarten werden die als Werbungskosten

---

[47] BFH vom 28. Juni 1995, XI R 34/93, BStBl II 1995, S. 877/881; BFH vom 8. Dezember 1997, GrS 1-2/95, BStBl II 1998, S. 193/200: dies ist schon aus Gründen der Gleichbehandlung erforderlich (Art. 3 GG); a.A. Drenseck, DStR 1993, S. 1429/1436.

[48] BFH vom 4. Juli 1990, GrS 2-3/88, BStBl II 1990, S. 817/830; eine Aufteilung war nach früherer Rechtsprechung nicht möglich: Schuldzinsen waren nur als Werbungskosten abziehbar, wenn die Verschuldung ausschließlich auf Zahlungen zurückzuführen war, die der Einkunftsquelle des § 21 EStG dienten: BFH vom 18. November 1980, VIII R 194/78, BStBl II 1981, S. 510/515.

[49] BFH vom 8. Dezember 1997, GrS 1-2/95, BStBl II 1998, S. 193/199.

[50] BFH vom 21. Oktober 1988, VI R 18/86, BStBl II 1989, S. 356.

bzw. Betriebsausgaben abziehbaren Schuldzinsen nach den gleichen Rechtsgrundsätzen von den nicht abziehbaren privaten Schuldzinsen abgegrenzt[51]. Auch die Gestaltungsmöglichkeiten des sog. Zwei-Konten-Modells stehen Steuerpflichtigen mit Einkünften aus nichtselbständiger Arbeit offen. Trotzdem könnten Bezieher von Einkünften aus nichtselbständiger Arbeit anderen Steuerpflichtigen gegenüber benachteiligt[52] werden, da Steuerpflichtige mit Einkünften aus nichtselbständiger Arbeit der Nichtabziehbarkeit privater Schuldzinsen grundsätzlich nicht ausweichen können, während die Bezieher anderer Einkunftsarten Zinsaufwendungen in großem Umfang in den einkommensteuerrelevanten Bereich verlagern und somit steuermindernd geltend machen können.

Eine solche Benachteiligung liegt aber nicht vor[53]. Zwar geht auch der BFH[54] davon aus, dass der Anwendungsbereich des sog. Zwei-Konten-Modells bei den Einkünften aus nichtselbständiger Arbeit geringer ist als bei den Gewinneinkünften. Dieser unterschiedliche Anwendungsbereich des sog. Zwei-Konten-Modells ist aber auf das System der verschiedenen Einkunftsarten zurückzuführen. Während ein Unternehmer seinen „Verdienst" im Unternehmen lässt, um seinen Betrieb mit Eigenmittel zu finanzieren, wird dem Arbeitnehmer der Lohn monatlich ausgezahlt. In beiden Fällen aber muss es unter dem Gesichtspunkt der Gleichbehandlung möglich sein, das „Erworbene" für private Zwecke zu nutzen. Deshalb müssen Entnahmen aus dem Betriebsvermögen und damit verbunden eine betriebliche Fremdfinanzierung zulässig sein. Außerdem ist zu berücksichtigen, dass bei Einkünften aus nichtselbständiger Arbeit die Verwertung der eigenen Arbeitskraft im Vordergrund steht. Bei allen anderen Einkunftsarten dagegen ist der Einsatz von Kapital bedeutsam. Wird vom Steuerpflichtigen aber so gut wie kein Kapital zur Erzielung von Einkünften eingesetzt, sind Kapitalumschichtungen nur sehr begrenzt möglich. Steuerrechtlich relevante Schuldzinsen können nur in sehr geringem Umfang anfallen.

---

[51] Drenseck, DStR 1993, S. 1429/1436: Obwohl Drenseck von einer tatsächlichen Ungleichbehandlung ausgeht, erkennt er an, dass rechtlich alle Einkunftsarten gleich behandelt werden.
[52] Jehner, BB 1984, Beilage 16, S. 1/6; Rudolph, DStZ 1991, S. 199/202; Drenseck, DStR 1993, S. 1429/1436: Der Autor erkennt in der gegenwärtigen Gesetzeslage nicht nur eine Benachteiligung der Arbeitnehmer. Er hält darüber hinaus die Abschaffung des privaten Schuldenzinsenabzugs und die Rechtsprechung zum sog. Zwei-Konten-Modell für verfassungswidrig. Seiner Meinung nach werden Steuerpflichtige mit Einkünften aus nichtselbständiger Arbeit tatsächlich ungleich behandelt, so dass ein Verstoß gegen Art. 3 GG vorliegt; von einer tatsächlichen Ungleichbehandlung geht auch Bader, FR 1998, S. 449/460, aus.
[53] So auch schon das BVerfG vom 13. März 1979, 2 BvR 72/76, BStBl II 1979, S. 322; BFH vom 8. Dezember 1997, GrS 1-2/95, BStBl II 1998, S. 193/199/200; BFH vom 29. Juli 1998, X R 105/92, BStBl II 1999, S. 81; BFH vom 15. Oktober 1999, IX R 84/95, BFH/NV 2000, S. 429.
[54] BFH vom 8. Dezember 1997, GrS 1-2/95, BStBl II 1998, S. 193/199/200.

b. Ersatz von Eigenkapital durch Fremdkapital bei den Einkünften aus Vermietung und Verpachtung sowie bei den Einkünften aus Kapitalvermögen

Auch bei den Einkünften aus Vermietung und Verpachtung sowie bei den Einkünften aus Kapitalvermögen steht dem Steuerpflichtigen die Wahl der Finanzierung grundsätzlich offen[55]. Er kann den Kauf eines Mietobjekts bzw. von Aktien teilweise oder vollständig fremdfinanzieren und die anfallenden Schuldzinsen als Werbungskosten gemäß § 9 Abs. 1 Satz 3 Nr. 1 EStG absetzen. Schwierigkeiten treten auf, wenn der Steuerpflichtige den Darlehensmittelanteil nachträglich erhöhen will. Der Ersatz von Eigenkapital durch Fremdkapital ist z.B. bei einem vermieteten Grundstück im nachhinein nicht mehr möglich[56]. Nur in Höhe der laufend anfallenden Reparatur- und Renovierungsaufwendungen ist die Finanzierungswahlfreiheit noch gegeben. Die einmal eingesetzten Eigenmittel hinsichtlich eines bestimmten Investitionsobjekts aber dürfen nachträglich nicht mehr durch fremde Mittel ersetzt werden. Der Steuerpflichtige muss sich deshalb beim Erwerb bzw. Herstellung des der Einkünfteerzielung dienenden Wirtschaftsguts entscheiden, ob er Eigenkapital oder Fremdkapital einsetzen will. Sind bei einem kreditfinanzierten Wirtschaftsgut alle Darlehensraten abbezahlt, ist eine Fremdfinanzierung ausgeschlossen. Bei den Gewinneinkünften dagegen ist nach Ansicht des BFH[57] der Steuerpflichtige ausgehend von dem Grundsatz der Finanzierungsfreiheit berechtigt, Eigenkapital durch Fremdkapital zu ersetzen, selbst wenn er seinen Betrieb zunächst mit Eigenmitteln finanziert hat.

Diese offenbare Ungleichbehandlung der Einkünfte aus §§ 20, 21 EStG entpuppt sich bei genauerer Betrachtung als zwingende Folge der unterschiedlichen tatsächlichen Verhältnisse der verschiedenen Einkunftsarten. Bei allen Einkunftsarten wird für die Frage der Zuordnung von Schulden streng auf das Veranlassungsprinzip gemäß § 4 Abs. 4 EStG abgestellt. Finanzierungsverbindlichkeiten gehören nur dann zu einer bestimmten Einkunftsquelle, wenn mit den Darlehensmitteln durch eine Einkunftsart veranlasste Aufwendungen getätigt werden[58]. Fremdkapital kann bei einer Einkunftsart somit nur entstehen, wenn

---

[55] Beater, Die Umwandlung von Privatschulden in Betriebsschulden im Zusammenhang mit dem Schuldzinsenabzug, S. 68: Beater spricht bei den Überschusseinkünften von einem Finanzierungsfreiraum, der der Finanzierungsfreiheit nicht unähnlich ist.

[56] Rieger, FR 1982, S. 181/187; Beater, Die Umwandlung von Privatschulden in Betriebsschulden im Zusammenhang mit dem Schuldzinsenabzug, S. 68; bzgl. Einkünfte aus Kapitalvermögen: BFH vom 28. März 1984, I R 101/80, BStBl II 1984, S. 652 ff.

[57] BFH vom 15. November 1990, IV R 63/88, BStBl II S. 238/240; BFH vom 8. Dezember 1997, GrS 1-2/95, BStBl II 1998, S. 193/197.

[58] BFH vom 4. Juli 1990, GrS 2-3/88, BStBl II 1990, S. 817/824: auch bei den Gewinneinkünften ist es nicht möglich, ein bereits abgezahltes, betrieblich genutztes Grundstück nachträglich fremd zu finanzieren. Es fehlt der erforderliche Veranlassungszusammenhang. Viel-

Betriebsausgaben bzw. Werbungskosten anfallen. Der Höhe nach ist der Ersatz von Eigenkapital durch Fremdkapital deshalb auf die tatsächlich getätigten Betriebsausgaben bzw. Werbungskosten beschränkt. Im Unterschied zu den Gewinneinkunftsarten können bei den Einkünften nach § 20 EStG und § 21 EStG Werbungskosten im großen Umfang nur beim Erwerb der Einkunftsquelle in Form von Anschaffungskosten auftreten. Als spätere Werbungskosten kommen etwa bei Einkünften aus Vermietung und Verpachtung nur Reparatur- und Renovierungsaufwendungen in Betracht. Bei den Gewinneinkünften dagegen fallen Betriebsausgaben, wie z.B. Material-, Personal-, Raum- und sonstiger Aufwand, verteilt über die gesamte Laufzeit eines Betriebes in erheblichem Umfang an. Da der Steuerpflichtige bei jeder betrieblichen Ausgabe erneut über die Finanzierung seines Betriebes frei entscheiden kann, sind die Möglichkeiten einer nachträglichen Fremdfinanzierung bei den Gewinneinkunftsarten größer. Dies bedeutet jedoch keine Ungleichbehandlung der verschiedenen Einkunftsarten[59], sondern ist Folge dessen, dass Werbungskosten bei den Einkünften aus §§ 20, 21 EStG nach der Anschaffung des Wirtschaftsguts meist in geringerer Höhe anfallen als Betriebsausgaben bei den Gewinneinkunftsarten.

VII. Die freie Wahl der Finanzierung einer Einkunftsquelle

1. Inhalt und Bedeutung der Finanzierungsfreiheit

In ständiger Rechtsprechung erkennt der BFH[60] die freie Wahl der Finanzierung einer Einkunftsquelle an. Danach ist der Steuerpflichtige in seiner Entscheidung

---

mehr kann nur neuer betrieblicher Aufwand fremd finanziert werden. Dieselbe Problematik tritt in den Fällen der wirtschaftlichen Umschuldung privater Darlehen auf. Hier wird diskutiert, ob ein Steuerpflichtiger anstelle der Tilgung des privaten und der Neuaufnahme eines betrieblichen Darlehens den Verwendungszweck des privaten Darlehens ändern kann, um auf diese Weise die Privatschuld durch eine Betriebsschuld zu ersetzen. Ein solches Vorgehen wird vom BFH verworfen, da bei der wirtschaftlichen Umschuldung gegen den Grundsatz der Maßgeblichkeit der tatsächlichen Kreditmittelverwendung verstoßen wird. Anders ist es bei der tatsächlichen Umschuldung: BFH vom 4. Juli 1990, GrS 2-3/88, BStBl II 1990, S. 817/828; BFH vom 8. Dezember 1997, GrS 1-2/95, BStBl II 1998, S. 193/199.

[59] BFH vom 8. Dezember 1997, GrS 1-2/95, BStBl II 1998, S. 193/199 f.; Beater, Die Umwandlung von Privatschulden in Betriebsschulden im Zusammenhang mit dem Schuldzinsenabzug, S. 69.

[60] So schon BFH vom 9. Mai 1957, IV 107/55 U, BStBl III 1957, S. 258; BFH vom 23. Juni 1983, IV R 192/80, BStBl II 1983, S. 725; BFH vom 6. Februar 1987, III R 203/83, BStBl II 1987, S. 423/426; BFH vom 19. Juli 1995, X R 48/94, BStBl II 1995, S. 882/886; BFH vom 8. Dezember 1997, GrS 1-2/95, BStBl II 1998, S. 193/197; die Entscheidungen sind alle zu Einkünften aus § 15 EStG und § 18 EStG ergangen. Aber auch bei den anderen Einkunftsarten muss dem Steuerpflichtigen freistehen, ob er das für die Einkunftsquelle erforderliche Vermögen mit eigenen oder fremden Mitteln finanziert.

frei, ob er das der Einkünfteerzielung dienende Vermögen – dazu gehören alle Betriebsausgaben und Werbungskosten – mit Eigenmitteln oder Fremdmitteln finanziert. Für die Frage der Abzugsfähigkeit von Schuldzinsen kommt es wegen des nach § 4 Abs. 4 EStG steuerrechtlich relevanten Veranlassungsprinzips nur auf die tatsächliche Verwendung der Darlehensmittel an. Nicht entscheidend ist, ob der Steuerpflichtige die mit Darlehen finanzierten Aufwendungen auch durch eigene Mittel hätte bestreiten können[61] oder ob der Betrieb über aktives Betriebsvermögen oder stille Reserven verfügt, die zur Deckung der Betriebsschulden herangezogen werden könnten[62]. Deshalb ist die betriebliche Veranlassung von Schulden auch dann anzuerkennen, wenn ein Unternehmer zunächst die in seinem Betrieb liquiden Mittel für private Zwecke entnimmt und anschließend betriebliche Aufwendungen mit Darlehensmittel finanziert.

„ ... ist der betriebliche Charakter von Schulden auch dann anerkannt worden, wenn der Unternehmer zunächst Barmittel dem Betrieb entnimmt und im Anschluss hieran betriebliche Aufwendungen durch Darlehen finanziert. Der Große Senat stimmt diesen Rechtsgrundsätzen zu.[63].........Ausgehend von dem Grundsatz, dass der Unternehmer in seiner Entscheidung frei ist, ob er sein Unternehmen unter Einsatz von Eigenkapital oder Fremdkapital führt[64],.... “

2. Grenzen der Finanzierungsfreiheit

Der BFH formuliert in einigen Urteilen[65] im Zusammenhang mit der Finanzierungsfreiheit, dass ein Steuerpflichtiger im Rahmen der Finanzierungsfreiheit berechtigt sei, das Eigenkapital seines Betriebes durch Fremdkapital zu ersetzen. Was aber, wenn im Zeitpunkt der Entnahme von betrieblichen Mitteln kein Eigenkapital vorhanden ist, das gegen Fremdkapital ausgetauscht werden kann? Ist die freie Wahl der Finanzierung einer Einkunftsquelle in diesem Fall begrenzt?

Denkbar wäre, die Finanzierungsfreiheit eines Steuerpflichtigen insoweit einzuschränken, als der Betrieb ein negatives Eigenkapitalkonto aufweist[66]. Ein Ersatz von Eigenkapital durch Fremdkapital wäre dann nicht mehr möglich. Ein Unter-

---

[61] BFH vom 23. Juni 1983, IV R 192/80, BStBl II 1983, S. 725/727.

[62] BFH vom 4. Juli 1990, GrS 2-3/88, BStBl II 1990, S. 817/825.

[63] BFH vom 4. Juli 1990, GrS 2-3/88, BStBl II 1990, S. 817/825.

[64] BFH vom 8. Dezember 1997, GrS 1-2/95, BStBl II 1998, S. 193/197.

[65] BFH vom 15. November 1990, IV R 63/88, BStBl II 1991, S. 238; BFH vom 8. Dezember 1997, GrS 1-2/95, BStBl II 1998, S. 193/197.

[66] Siehe auch Beiser, Der Abzug von Schuldzinsen in der Einkommensteuer, S. 63: Der Steuerpflichtige ist im Rahmen der Finanzierungsfreiheit berechtigt, sein Eigenkapital aus der Einkunftsquelle zu entnehmen und durch Fremdkapital zu ersetzen. Die Grenze bildet das in der Einkunftsquelle vorhandene Kapital.

nehmer dürfte ohne nachteilige Folgen für den Schuldzinsenabzug kein Geld mehr für private Zwecke entnehmen, wenn der Betrieb überschuldet ist[67]. Der zur Finanzierung von Betriebsausgaben gewährte Kredit könnte bei Entnahmen und bei gleichzeitigem negativen Eigenkapitalkonto nicht mehr als betriebliche Verbindlichkeit angesehen werden: Die Entnahmen würden letztlich aus Fremdmitteln finanziert[68]. Würde der aufgenommene Kredit dagegen trotz Überschuldung eines Unternehmens ausschließlich für betriebliche Ausgaben verwendet und würde der Betriebsinhaber keine Entnahmen tätigen, ließe sich der zur Einkommensquelle bestehende unmittelbare Veranlassungszusammenhang allerdings nicht bestreiten, so das die Schuldzinsen unbeschränkt abziehbar wären.

Gegen eine Beschränkung der Finanzierungsfreiheit bei negativem Eigenkapital spricht, dass der BFH mit der Formulierung „Ersatz von Eigenkapital durch Fremdkapital“ nicht beabsichtigte, die Finanzierungsfreiheit zu begrenzen[69]. Nach Ansicht des BFH[70] ist es vielmehr erforderlich, dass ein Steuerpflichtiger die Möglichkeit hat, alle im Betrieb vorhandenen liquiden Mittel für private Zwecke zu entnehmen und im Anschluss hieran betriebliche Aufwendungen durch Darlehen zu finanzieren. Damit stellt der BFH im Rahmen der Finanzierungsfreiheit nur auf die Liquidität eines Betriebes und nicht auf das Eigenkapitalkonto ab. Eine Umschuldung von Privatschulden in Betriebsschulden ist selbst dann denkbar, wenn der Betrieb ein negatives Kapitalkonto aufweist. Ist kein Eigenkapital mehr vorhanden, ist eine Umschuldung solange möglich, als liquide Mittel im Betrieb verfügbar sind. Erst wenn alle Barmittel ausgeschöpft sind, können die durch Entnahmen verursachten Schuldzinsen nicht mehr abgezogen werden (s.o. B. III.). Für die Auffassung des BFH spricht, dass eine Begrenzung der Finanzierungsfreiheit bei negativem Eigenkapital gegen das Gesetz verstoßen würde. Ausgangspunkt für die Frage der Abzugsfähigkeit von Schuldzinsen ist § 4 Abs. 4 EStG. Danach sind Schuldzinsen als Betriebsausgaben abziehbar, wenn sie durch den Betrieb des Steuerpflichtigen veranlasst sind.

---

[67] FG Düsseldorf vom 10. Juni 1980, XXIII/IX 535/77 E, EFG 1981, S. 7/8; FG Hamburg vom 17. April 1986, I R 62/82, EFG 1986, S. 549/550; BFH vom 8. September 1988, IV R 97/82, DStR 1988, S. 778; Beiser, Der Abzug von Schuldzinsen in der Einkommensteuer, S. 102 ff.; Beater, Die Umwandlung von Privatschulden in Betriebsschulden im Zusammenhang mit dem Schuldzinsenabzug, S. 86 ff; Rieger, FR 1982, S. 181/182 f.; Söffing, FR 1984, S. 185/193; Trimpop, FR 1976, S. 578.

[68] Beater, Die Umwandlung von Privatschulden in Betriebsschulden im Zusammenhang mit dem Schuldzinsenabzug, S. 87.

[69] BFH vom 23. Juni 1983, IV R 192/80, BStBl II 1983, S. 725; BFH vom 28. Juni 1995, XI R 34/93, BStBl II 1995, S. 877/880; BFH vom 19. Juli 1995, X R 48/94, BStBl II 1995, S. 882/886; BFH vom 8. Dezember 1997, GrS 1-2/95, BStBl II 1998, S. 193/197.

[70] BFH vom 8. Dezember 1997, GrS 1-2/95, BStBl II 1998, S. 193/197.

Entscheidend ist nur der tatsächliche Verwendungszweck der Darlehensmittel[71]. Andere Umstände, wie z.B. der Stand des Eigenkapitalkontos, sind nicht von Bedeutung. Dem Steuerpflichtigen steht es grundsätzlich frei, ob er seine Einkunftsquelle und damit auch jede Betriebsausgabe eigen- oder fremdfinanziert. Werden betriebliche Aufwendungen trotz Überschuldung eines Betriebes mit fremden Mitteln finanziert, sind die entstandenen Verbindlichkeiten betrieblich veranlasst, also Betriebsschulden. Würde man den Schuldzinsenabzug bezüglich dieser Schuldzinsen einschränken, würde man gegen das Veranlassungsprinzip gemäß § 4 Abs. 4 EStG verstoßen[72]. Für die umfassende Finanzierungsfreiheit trotz Überschuldung spricht auch, dass ein negatives Eigenkapitalkonto nicht nur durch Entnahmen, sondern auch durch Verluste entstehen kann. Verluste einer Einkunftsart sind ebenso wie Betriebsausgaben stets betrieblich veranlasst. Dem Steuerpflichtigen steht es frei, Verluste einer Einkunftsquelle fremd zu finanzieren[73]. Er ist nicht verpflichtet, ein negatives Kapital durch die Zufuhr von Eigenkapital auszugleichen. Eine Begrenzung des Schuldzinsenabzugs im Falle einer verlustbedingten Überschuldung kommt nicht in Betracht[74], da es an jeglichem Bezug zur Privatsphäre des Steuerpflichtigen fehlt. Da ein negatives Kapitalkonto nur selten ausschließlich auf Entnahmen bzw. ausschließlich auf Verluste zurückzuführen ist, ist eine eindeutige Trennung im Regelfall kaum möglich. Schon aus Gründen der Praktikabilität ist es deshalb geboten, die Abzugsfähigkeit von Schuldzinsen auch bei entnahmebedingtem Unterkapital nicht einzuschränken.

---

[71] BFH vom 4. Juli 1990, GrS 2-3/88, BStBl II 1990, S. 817/824/826 (Maßgeblichkeit der Kreditmittelverwendung bei Kontokorrentkonten).

[72] Die umfassende Finanzierungsfreiheit wird durch den gesetzlich normierten, steuerrechtlich erforderlichen Veranlassungszusammenhang (§ 4 Abs. 4 EStG) eingeschränkt, siehe BFH vom 19. Juli 1995, X R 48/94, BStBl II 1995, S. 882/886: Diese „unternehmerische Finanzierungsfreiheit" besteht aber nur im Rahmen der steuerrechtlich relevanten Veranlassung (§ 4 Abs. 4 EStG). Der nicht im Gesetz geregelte Grundsatz der Finanzierungsfreiheit darf deshalb nicht in Widerspruch zu § 4 Abs. 4 EStG ausgelegt werden.

[73] BFH vom 9. Mai 1957, IV 107/55 U, BStBl III 1957, S. 258; BFH vom 23. Juni 1983, IV R 192/80, BStBl II 1983, S. 725; BFH vom 6. Februar 1987, III R 203/83, BStBl II 1987, S. 423/426; BFH vom 19. Juli 1995, X R 48/94, BStBl II 1995, S. 882/886; BFH vom 8. Dezember 1997, GrS 1-2/95, BStBl II 1998, S. 193/197. Zum Teil wird in der Literatur danach differenziert, ob das negative Eigenkapital durch Entnahmen oder durch betriebliche Verluste entstanden ist. Im Falle der Überschuldung durch Verluste wird die Finanzierungsfreiheit des Steuerpflichtigen umfassend anerkannt, während sie bei Entnahmen auf das vorhandene Eigenkapital begrenzt wird: Trimpop, FR 1976, S. 578; Beiser, Der Abzug von Schuldzinsen in der Einkommensteuer, S. 102/107 f.

[74] A.A. Rieger, FR 1982, S. 181/183; Beater, Die Umwandlung von Privatschulden in Betriebsschulden im Zusammenhang mit dem Schuldzinsenabzug, S. 88 ff.: wobei Beater den Abzug von Schuldzinsen trotz Überschuldung dann zulässt, wenn die Zinsen infolge betrieblicher Investitionen entstanden sind.

C. Struktur und Aufbau des § 4 Abs. 4a EStG

I. Gesetzliche Neuregelung

1. Regelungsgehalt des § 4 Abs. 4a EStG

Ziel der gesetzlichen Neuregelung ist es, den Schuldzinsenabzug bei den Gewinneinkunftsarten einzuschränken. Gemäß § 4 Abs. 4a EStG[75] sind Schuldzinsen nicht abziehbar, wenn Überentnahmen getätigt worden sind. Eine Überentnahme ist der Betrag (§ 4 Abs. 4a Satz 2 EStG), um den die Entnahmen die Summe des Gewinns und der Einlagen eines Wirtschaftsjahres übersteigen. Liegt eine Überentnahme vor, ist die Höhe der Schuldzinsen, die nicht abgezogen werden dürfen, typisiert zu berechnen, wobei der Betrag der nicht abziehbaren Schuldzinsen höchstens auf die tatsächlich angefallenen Schuldzinsen beschränkt ist. Die typisierte Ermittlung der nicht abziehbaren Schuldzinsen knüpft an die Höhe der Überentnahmen an. Nach Satz 3 sind auch die Überentnahmen aus den Vorjahren zu berücksichtigen. Hat ein Steuerpflichtiger Überentnahmen getätigt, ist folgende Vergleichsberechnung durchzuführen:

- typisierte Ermittlung der nicht abziehbaren Schuldzinsen: nicht abziehbar sind die Schuldzinsen in Höhe von sechs vom Hundert der Überentnahme des Wirtschaftsjahres zuzüglich der Überentnahmen vorangegangener Wirtschaftsjahre und abzüglich der Beträge, um die in den vorangegangenen Wirtschaftsjahren der Gewinn und die Einlagen die Entnahmen überstiegen haben.

- Ermittlung des Höchstbetrages der nicht abziehbaren Schuldzinsen: Der Betrag der nicht abziehbaren Schuldzinsen wird der Höhe nach begrenzt auf die tatsächlich im Wirtschaftsjahr angefallenen Schuldzinsen abzüglich eines Betrages von 2050 Euro.

Die Ermittlung der Überentnahmen ist nicht nur für die Frage entscheidend, ob der Schuldzinsenabzug gemäß § 4 Abs. 4a EStG überhaupt zu beschränken ist,

[75] § 4 Abs. 4a EStG wurde erstmals durch das StEntlG 1999/2000/2002 (Gesetz vom 24. März 1999, BGBl I 1999, S. 402 ff.) in das Einkommensteuergesetz eingefügt. Anschließend wurde § 4 Abs. 4a EStG durch das StBereinG 1999 (Gesetz vom 22. Dezember 2001, BGBl I 1999, S. 2601 ff.) und das StÄndG 2001 (Gesetz vom 20. Dezember 2001, BGBl I 2001, S. 3794 ff.) in seine heute geltende Fassung gebracht. Gemäß § 52 Abs. 11 Satz 1 EStG gilt § 4 Abs. 4a EStG erstmals für Wirtschaftsjahre, die nach dem 31. Dezember 1998 enden. Da die ursprüngliche Regelung des § 4 Abs. 4a EStG i.d.F. des StEntlG 1999/2000/2002 noch im selben Jahr durch das StBereinG 1999 abgelöst wurde, war die Fassung des StEntlG 1999/2000/2002 zu keinem Zeitpunkt anwendbar.

sondern auch für die Frage, in welcher Höhe die Schuldzinsen nicht abgezogen werden dürfen. Da bei der Berechnung der Überentnahmen gemäß Satz 3 auch die Vorjahre zu berücksichtigen sind, kann nach Betrachtung eines Jahres noch nicht entschieden werden, ob § 4 Abs. 4a EStG anwendbar ist. Die Über- bzw. Unterentnahme des laufenden Jahres kann durch Über- bzw. Unterentnahmen der Vorjahre ausgeglichen werden. Ausgeschlossen von der Beschränkung des § 4 Abs. 4a EStG werden nach Satz 5 Schuldzinsen für Darlehen zur Finanzierung von Anschaffungs- oder Herstellungskosten von Wirtschaftsgütern des Anlagevermögens. Ziel dieser Ausnahmeregelung ist es, betriebliche Investitionen nicht zu behindern. Bei den Überschusseinkünften ist § 4 Abs. 4a EStG nicht anwendbar. Da es bei diesen Einkunftsarten weder ein Einkunftserzielungsvermögen noch Entnahmen und Einlagen gibt, ist auch eine entsprechende Anwendung nicht denkbar.

2. Zweck der Norm

a. Einschränkung des sog. Zwei-Konten-Modells

Die Einführung des § 4 Abs. 4a EStG dient der Einschränkung des sog. Zwei-Konten-Modells[76]. Durch die Rechtsprechung des BFH und das Abstellen auf die unmittelbare Kreditmittelverwendung[77] war es mit Hilfe des sog. Zwei-Konten-Modells möglich, alle Betriebseinnahmen aus einer Einkunftsquelle für private Zwecke zu entnehmen und anschließend die anfallenden Betriebsausgaben fremd zu finanzieren. Dadurch konnten Schuldzinsen in erhöhtem Maße im betrieblichen Bereich entstehen und dort als Betriebsausgaben gewinnmindernd abgezogen werden. Für den Fiskus bedeutete diese gesetzlich zulässige Gestaltungsmöglichkeit große Steuerausfälle. Um diese einzuschränken und höhere Steuereinnahmen zu erzielen, wurde der neue § 4 Abs. 4a EStG geschaffen.
Darüber hinaus wollte der Gesetzgeber[78] mit der Neuregelung des § 4 Abs. 4a EStG eine Benachteiligung der Bezieher von Einkünften aus nichtselbständiger Arbeit aufgrund des sog. Zwei-Konten-Modells beseitigen. Da aber, wie bereits unter B. VI. 2. a. dargestellt, keine Ungleichbehandlung vorliegt, sondern der

[76] Entwurf des StEntlG 1999/2000/2002, Bundestag Drucksache 14/23, S. 169: Die Gesetzesbegründung ist zwar noch zur ersten Fassung des § 4 Abs. 4a EStG, die nie zur Anwendung kam, ergangen. Am Zweck des § 4 Abs. 4a EStG - Erzielung von Steuermehreinnahmen - hat sich aber trotz der Änderungen durch das StBereinG 1999 nichts geändert.

[77] Siehe dazu BFH vom 4. Juli 1990, GrS 2-3/88, BStBl II 1990, S. 817 ff.; BFH vom 8. Dezember 1997, GrS 1-2/95, BStBl II 1998, S. 193 ff.; vgl. auch oben unter B.

[78] Entwurf des StEntlG 1999/2000/2002, Bundestag Drucksache 14/23, S. 234 f.: Die Benachteiligung von Steuerpflichtigen mit Einkünfte aus nichtselbständiger Arbeit liegt darin, dass bei ihnen die Gestaltungsmöglichkeiten nach den Grundsätzen des sog. Zwei-Konten-Modells geringer sind, als bei anderen Einkunftsarten; eingehend unter B. VI. 2. a.

unterschiedliche Anwendungsbereich des sog. Zwei-Konten-Modells aus der Systematik der verschiedenen Einkunftsarten resultiert, ist dieses Argument nicht überzeugend.

b. Wertung des § 4 Abs. 4a EStG: eigenkapitalbezogene Betrachtungsweise

§ 4 Abs. 4a EStG schränkt den Schuldzinsenabzug bei den Gewinneinkunftsarten ein, wenn die Entnahmen eines Wirtschaftsjahres größer sind als die Summe aus den Einlagen und dem Gewinn desselben Jahres (Überentnahme), wobei nach Satz 3 auch die vorangegangenen Wirtschaftsjahre zu berücksichtigen sind. Mit dieser Regelung knüpft der Gesetzgeber an das in der Bilanz ausgewiesene Eigenkapital an[79], da sich das Eigenkapitalkonto gerade aus den Posten Gewinn, Entnahmen und Einlagen des aktuellen Wirtschaftsjahres und der Vorjahre zusammensetzt. Solange ein Betrieb über positives Eigenkapital verfügt - das heißt die Einlagen und Gewinne größer sind als die Entnahmen - sind Schuldzinsen auch weiterhin unbeschränkt abziehbar. Erst wenn die Entnahmen das im Betrieb vorhandene Eigenkapital übersteigen, also ein negatives Kapitalkonto entsteht, soll nach dem Willen des Gesetzgebers der Schuldzinsenabzug nur noch nach Maßgabe des § 4 Abs. 4a EStG möglich sein. Eine Begrenzung des Schuldzinsenabzugs tritt erst nach Ausschöpfung des dem Unternehmen zugeführten Eigenkapitals ein.

c. Die Begrenzung der Finanzierungsfreiheit

Nach Einführung des § 4 Abs. 4a EStG sind die Grundsätze der unter B. dargestellten BFH-Rechtsprechung zur Frage der Abzugsfähigkeit von Schuldzinsen nicht mehr uneingeschränkt anwendbar. Während früher ein Steuerpflichtiger wegen der Maßgeblichkeit der tatsächlichen Kreditmittelverwendung (§ 4 Abs. 4 EStG) seinem Betrieb alle liquiden Mittel ohne nachteilige Folgen für den Schuldzinsenabzug entziehen konnte[80], bildet nunmehr das im Betrieb vorhan-

---

[79] Jakob, Einkommensteuer, § 4 Rn. 795; Eggesiecker/Ellerbeck, StB 2000, S. 297/299: Eigenkapital = Einlagen + Gewinne – Entnahmen seit Betriebseröffnung. Überentnahmen gemäß § 4 Abs. 4a EStG ermittelt man aus denselben Größen: Überentnahmen = Entnahmen – Gewinne – Einlagen seit Betriebseröffnung; von diesem Prinzip wird abgewichen, wenn z.B. die Jahre vor 1999 nicht berücksichtigt werden (s.u. C. VI. 2.) oder Verluste nicht als negative Gewinne angesetzt werden (s.u. C. V. 3. g.). Hierauf wird im einzelnen hingewiesen.

[80] S.o. B. VII. (Finanzierungsfreiheit): Vor Einführung des § 4 Abs. 4a EStG war für die Frage der Abzugsfähigkeit von Schuldzinsen allein § 4 Abs. 4 EStG entscheidend. Ein Steuerpflichtiger konnte seinem Betrieb alle liquiden Mittel entziehen und die anfallenden Betriebsausgaben fremd finanzieren, ohne dass der betriebliche Schuldzinsenabzug eingeschränkt wurde.

dene Eigenkapital die Grenze. Tätigt ein Unternehmer Entnahmen, die zu einem negativen Kapitalkonto führen, wird der Schuldzinsenabzug gemäß § 4 Abs. 4a EStG eingeschränkt. Anstelle von Liquiditätsüberschüssen kommt es jetzt auf das im Betrieb vorhandene positive Eigenkapital an. Für den Steuerpflichtigen bedeutet die Einführung des § 4 Abs. 4a EStG eine Begrenzung seiner Finanzierungsfreiheit[81]. Er darf seinem Betrieb ohne steuerlichen Nachteil nicht mehr alle Betriebseinnahmen, sondern nur noch den um Betriebsausgaben bereits geminderten Gewinn zuzüglich Einlagen entziehen. Zwar steht es dem Steuerpflichtigem grundsätzlich weiterhin frei, ob er seinen Betrieb mit Eigen- oder Fremdkapital finanziert. Er ist auch berechtigt, sein Eigenkapital aus der Einkunftsquelle nachträglich zu entnehmen und durch Fremdkapital zu ersetzen. Grenze für eine Umschuldung nach dem sog. Zwei-Konten-Modell ist aber nunmehr das im Betrieb vorhandene Eigenkapital. Tätigt ein Steuerpflichtiger trotz eines negativen Kapitalkontos Entnahmen, wird der Schuldzinsenabzug gemäß § 4 Abs. 4a EStG gekürzt, auch wenn liquide Mittel im Betrieb vorhanden sind. Dadurch begrenzt der Gesetzgeber seit Einführung des § 4 Abs. 4a EStG die umfassende Finanzierungsfreiheit, die dem Steuerpflichtigen durch die Rechtsprechung des BFH gewährt worden ist, auf die Freiheit, das Eigenkapital eines Betriebes durch Fremdkapital zu ersetzen. Ist kein Eigenkapital mehr vorhanden, führt jede Entnahme zu einer Überentnahme i.S.v. § 4 Abs. 4a EStG und damit zur Beschränkung des Schuldzinsenabzugs.

Diese Beschränkung der Finanzierungsfreiheit durchbricht den Grundsatz des objektiven Nettoprinzips, wonach jeder Steuerpflichtige nach seiner individuellen Leistungsfähigkeit zu besteuern ist. Grundsätzlich ist es dem Gesetzgeber verboten, betrieblich veranlasste Aufwendungen steuerlich vom Abzug auszuschließen. Nur in Ausnahmefällen, in denen ein Abzug systemwidrige Auswirkungen zur Folge hätte, ist eine Beschränkung des Betriebsausgabenabzugs möglich[82]. Eine solche Ausnahme ist denkbar, wenn Erwerbsaufwendungen die

[81] In der Literatur wurde schon vor der Einführung des § 4 Abs. 4a EStG eine Begrenzung der Finanzierungsfreiheit auf das im Betrieb vorhandene Kapital befürwortet (s.o. B. VII. 2.): Beater, Die Umwandlung von Privatschulden in Betriebsschulden im Zusammenhang mit dem Schuldzinsenabzug, S. 86; Beiser, Der Abzug von Schuldzinsen in der Einkommensteuer, S. 102; Trimpop, FR 1976, S. 578; Rieger, FR 1982, S. 181/182 f.; Siegel, StuW 1985, S. 207/214; andere wollten neben dem buchmäßigen Kapitalkonto die stillen Reserven berücksichtigen (Bareis, StuW 1986, S. 118/123 f.) oder einen fiktiven Unternehmerlohn ansetzen (Rudolph, DStZ 1988, S. 211/216); nach Ansicht von Jakob bewahrt der neue § 4 Abs. 4a EStG die Finanzierungsfreiheit eines Unternehmers in ihrem Kern, da ein Unternehmer weiterhin sein eigenes Kapital und seinen Gewinn ohne steuerliche negative Folgen entnehmen darf (Jakob, Einkommensteuer, § 4 Rn. 795).

[82] BVerfG vom 10. April 1997, 2 BvL 77/92, BVerfGE 96, S. 1/9; BVerfG vom 7. Dezember 1999, 2 BvR 301/98, BStBl II 2000, S. 162/166 f.; BFH vom 30. Juli 1980, I R 111/77, BStBl

Kosten der allgemeinen Lebensführung i.S.d. § 12 EStG berühren[83]. Bei Schuldzinsen im Rahmen des Zwei-Konten-Modells, die einen gewissen Bezug zur Privatsphäre des Steuerpflichtigen aufweisen, ist eine solche Ausnahme wohl zu rechtfertigen[84], zumal der Abzug von Schuldzinsen für reine Investitionsdarlehen nach § 4 Abs. 4a Satz 5 EStG unberührt bleibt.

II. Persönlicher Anwendungsbereich des § 4 Abs. 4a EStG

§ 4 Abs. 4a EStG ist nur bei den Gewinneinkunftsarten im Sinne von § 2 Abs. 2 Nr. 1 EStG, nicht dagegen bei den Überschusseinkunftsarten anwendbar, da ein Verweis in § 9 Abs. 5 EStG unterblieben ist[85]. Innerhalb der Gewinneinkunftsarten ist die Vorschrift aber nicht nur bei Einzelunternehmen, sondern auch bei Personengesellschaften[86] zu beachten. Eigentlich müsste die Abzugsbeschränkung des § 4 Abs. 4a EStG über § 8 Abs. 2 KStG auch im Bereich der Kapitalgesellschaften gelten. Problematisch ist, dass Gesellschafter einer Kapitalgesellschaft mangels einer Privatsphäre[87] der Körperschaft keine Entnahmen tätigen können. Zuwendungen der Gesellschaft an die Gesellschafter, die nicht einem Fremdvergleich standhalten und durch das Gesellschaftsverhältnis veranlasst sind, werden vielmehr als verdeckte Gewinnausschüttung[88] behandelt und auf diese Weise gewinnerhöhend berücksichtigt. Denkbar wäre allenfalls[89], für die Anwendung des § 4 Abs. 4a EStG verdeckte Ausschüttungen den Entnahmen gleichzusetzen und bei Ausschüttungen über das steuerliche Buchkapital hinaus § 4 Abs. 4a EStG analog anzuwenden. Dies ist abzulehnen, da verdeckte Gewinnausschüttungen gerade keine Entnahmen darstellen. Eine entsprechende

---

II 1981, S. 58/59: Diese Ausnahmen waren bisher in § 4 Abs. 5 EStG als nicht abziehbare Betriebsausgaben abschließend aufgeführt.

[83] BVerfG vom 10. April 1997, 2 BvL 77/92, BVerfGE 96, S. 1/9; BVerfG vom 7. Dezember 1999, BvR 301/98, BStBl II 2000, S. 162/166 f.

[84] Heinicke, in: Schmidt, § 4 EStG Rn. 521; Horlemann, in: Herrmann/Heuer/Raupach, Steuerreform 1999/2000/2002, § 4 EStG Rn. R 17; a.A. Paus, FR 2000, S. 957/958.

[85] Da die Überschusseinkunftsarten nicht über ein Einkunftserzielungsvermögen verfügen, können bei diesen Einkünften weder Entnahmen noch Einlagen getätigt werden. Eine entsprechende Anwendung wäre nicht möglich gewesen (vgl. Wendt, FR 2000, S. 417/430).

[86] Personengesellschaften innerhalb der Gewinneinkunftsarten werden als Mitunternehmerschaften bezeichnet. Bei den gewerblichen Personengesellschaften ergibt sich dies unmittelbar aus § 15 Abs. 1 Satz 1 Nr. 2 EStG, bei den Einkünften aus Land- und Forstwirtschaft und selbständiger Arbeit über § 13 Abs. 7 EStG und § 18 Abs. 4 Satz 2 EStG i.V.m. § 15 Abs. 1 Satz 1 Nr. 2 EStG.

[87] Hey, in: Herrmann/Heuer/Raupach, Einführung Körperschaftsteuer, Rn. 4.

[88] Siehe Heinicke, in: Schmidt, § 20 EStG Rn. 61.

[89] Korn/Strahl, KÖSDI 2000, S. 12281/12283.

Anwendung hätte im Gesetz ausdrücklich angeordnet werden müssen[90]. § 4 Abs. 4a EStG ist aber anwendbar, wenn eine Kapitalgesellschaft Gesellschafter einer Personengesellschaft ist[91] und der Schuldzinsenabzug auf der Ebene der Personengesellschaft zu begrenzen ist.

III. Schuldzinsen i.S.d. § 4 Abs. 4a EStG

Schuldzinsen sind alle laufenden und einmaligen Gegenleistungen in Geld oder Geldeswert (Bar- oder Sachaufwand), die ein Schuldner an den Gläubiger als Entgelt für die Überlassung eines bestimmten Kapitals zur Nutzung entrichtet (Kapitalnutzungsvergütung)[92]. Das Bundesfinanzministerium[93] legt den Begriff der Schuldzinsen im Rahmen des § 4 Abs. 4a EStG wirtschaftlich eng aus. Danach gehört zu den Schuldzinsen i.S.v. § 4 Abs. 4a EStG neben den laufenden Schuldzinsen auch ein Damnum, soweit es den steuerlichen Gewinn gemindert hat. Sonstige Finanzierungs- und Geldbeschaffungskosten zählen nach Ansicht der Finanzverwaltung nicht dazu. Diese Auslegung erscheint problematisch. Möglich wäre, dass unter den Begriff der Schuldzinsen auch alle weiteren mit der Darlehensgewährung in unmittelbaren Zusammenhang stehenden Finanzierungskosten fallen[94]. Allerdings sind vor allem im Bereich der allgemeinen Geldbeschaffungskosten die Grenzen zwischen Schuldzinsen und sonstigen Betriebsausgaben fließend[95]. Um Probleme bei der Abgrenzung zu vermeiden, ist eine Einschränkung des Schuldzinsenbegriffs auf klassische Zinsen und ein einbehaltenes Damnum zu bejahen[96].

Festzuhalten ist, dass der Begriff der Schuldzinsen nur für die Berechnung des Höchstbetrags gemäß § 4 Abs. 4a Satz 4 und Satz 5 EStG von Bedeutung ist. Nach Satz 3 werden die nicht abziehbaren Schuldzinsen gemäß § 4 Abs. 4a

---

[90] Ley, NWB Fach 3, S. 11167/11168; Heinicke, in: Schmidt, § 4 EStG Rn. 529; Prinz, FR 2000, S. 134/136; Paus, FR 2000, S. 957/966; offen gelassen in BMF vom 22. Mai 2000, IV C 2 – S 2144 – 60/00, BStBl I 2000, S. 588.

[91] Korn, KÖSDI 2000, S. 12548/12549; Wacker, in: Blümich, § 4 EStG Rn. 168d.

[92] BFH vom 22. November 1963, VI 178/62 U, BStBl III 1964, S. 74/75; BFH vom 6. Juli 1973, VI R 379/70, BStBl II 1973, S. 868.

[93] BMF vom 22. Mai 2000, IV C 2 – S 2144 – 60/00, BStBl I 2000, S. 588, Tz. 22.

[94] Horlemann, in: Herrmann/Heuer/Raupach, Steuerreform 1999/2000/2002, § 4 EStG Rn. R 35; Heinicke, in: Schmidt, § 4 EStG Rn. 523; a.A. Paus, StWa 2000, S. 57/62.

[95] Prinz, in: Herrmann/Heuer/Raupach, § 9 EStG Rn. 360: so sind z.B. die für eine Grundbuchbestellung zu zahlenden Geldbeschaffungskosten keine Schuldzinsen, sondern sonstige Betriebsausgaben.

[96] Folge der engen Auslegung durch die Finanzverwaltung ist, dass die sog. sonstigen Geldbeschaffungskosten ohne die Beschränkung des § 4 Abs. 4a EStG abzugsfähig sind, soweit sie betrieblich veranlasst sind.

EStG grundsätzlich typisiert mit 6% der Überentnahmen berechnet, so dass es nicht auf die tatsächlich entrichteten, wiederkehrenden Zinszahlungen, sondern auf die getätigten Überentnahmen ankommt. Erst bei der Bestimmung des Höchstbetrags sind die tatsächlich im Wirtschaftsjahr angefallenen Schuldzinsen relevant.

IV. Rechtssystematische Stellung des § 4 Abs. 4a EStG

1. Notwendigkeit einer Veranlassungsprüfung

§ 4 Abs. 4a Satz 1 EStG bestimmt, dass Schuldzinsen nach Maßgabe der Sätze 2 bis 4 nicht abziehbar sind, wenn Überentnahmen getätigt worden sind. Denkbar wäre, dass der Gesetzgeber mit der Neuregelung die Abzugsfähigkeit von Schuldzinsen nicht mehr von der betrieblichen Veranlassung, sondern nur noch vom Vorliegen von Überentnahmen abhängig machen wollte. Insoweit stellt sich die Frage, ob nach der Einführung des § 4 Abs. 4a EStG für die Frage der Abzugsfähigkeit von Schuldzinsen auch weiterhin die betriebliche Veranlassung von Schuldzinsen gemäß § 4 Abs. 4 EStG zu prüfen ist oder ob durch die Neuregelung die bisherige Veranlassungsprüfung entfallen ist und die Abzugsfähigkeit nur noch an der Spezialregelung des § 4 Abs. 4a EStG zu beurteilen ist. Wäre die betriebliche Veranlassung der Schuldzinsen erforderlich, so würde es sich bei den nach § 4 Abs. 4a EStG nicht abziehbaren Schuldzinsen um nicht abziehbare Betriebsausgaben handeln. Wäre dagegen die betriebliche Veranlassung von Schuldzinsen nicht mehr zu prüfen und nur noch § 4 Abs. 4a EStG für die Abzugsfähigkeit von Schuldzinsen relevant, dürften bei den Gewinneinkünften auch private Schuldzinsen abgezogen werden, solange keine Überentnahmen getätigt werden.

Gegen eine vorherige Veranlassungsprüfung könnte die Stellung des § 4 Abs. 4a EStG sprechen. Die Regelung wurde nicht in § 4 Abs. 5 EStG aufgenommen, der die nicht abziehbaren Betriebsausgaben bisher abschließend kodifizierte[97]. Berücksichtigt man aber, dass § 4 Abs. 4a EStG hinter § 4 Abs. 4 EStG steht, der das Veranlassungsprinzip gesetzlich normiert, lässt sich die Stellung im Gesetz auch als Argument dafür anführen, dass die betriebliche Veranlassung auch weiterhin erforderlich ist. Ein Entfallen der Veranlassungsprüfung hätte richtigerweise in § 4 Abs. 4 EStG direkt geregelt werden müssen.
Für eine Spezialregelung zum allgemeinen Veranlassungszusammenhang wird auch der Gesetzeswortlaut des § 4 Abs. 4a EStG angeführt[98]. In § 4 Abs. 4a

[97] Korn, in: Korn, § 4 EStG Rn. 833; Ley, NWB Fach 3, S. 11167/11168.
[98] Duske, DStR 2000, S. 906.

EStG sei zum einen nur von Schuldzinsen und nicht von betrieblichen Schuldzinsen die Rede, andererseits fehle ein Verweis auf den Betriebsausgabenbegriff, wie ihn § 4 Abs. 5 EStG vorsieht[99]. Gegen dieses Argument spricht, dass Satz 1 der Vorschrift Schuldzinsen unter den in den Sätzen 2 bis 4 näher beschriebenen Voraussetzungen für „nicht abziehbar“ erklärt, und diese gemäß Satz 4 dem Gewinn „hinzuzurechnen“ sind. Diese Gesetzestechnik ähnelt § 4 Abs. 5 EStG, wonach bestimmte Betriebsausgaben den Gewinn nicht mindern dürfen und dem Gewinn außerhalb der Bilanz wieder hinzuzurechnen sind. Der Wortlaut des Gesetzes schließt nicht aus, dass es sich bei § 4 Abs. 4a EStG um nicht abziehbare Betriebsausgaben handelt[100]. Im Gegenteil hätte das Gesetz eine Ausnahme vom Veranlassungsgrundsatz, der uneingeschränkt für alle Einkunftsarten gilt, ausdrücklich im Gesetz ansprechen müssen, zumal alle privat veranlassten Ausgaben, die steuermindernd geltend gemacht werden dürfen, abschließend in § 10 ff. EStG und § 33 ff. EStG als Sonderausgaben und außergewöhnliche Belastungen genannt sind.

Für eine Veranlassungsprüfung wie bisher spricht vor allem auch[101], dass der Gesetzgeber mit § 4 Abs. 4a EStG den betrieblichen Schuldzinsenabzug beschränken wollte[102]. Würde nach Einführung der Neuregelung eine Veranlassungsprüfung entfallen, wären alle Schuldzinsen – auch privat veranlasste Schuldzinsen - nach Maßgabe des § 4 Abs. 4a EStG abziehbar. Private Schuldzinsen wären erst dann von einem Abzug ausgeschlossen, wenn ein Unternehmer Überentnahmen tätigen würde. Solange keine Überentnahmen vorlägen, könnten im Gegensatz zur vorherigen Rechtslage auch alle privat veranlassten Schuldzinsen wie Betriebsausgaben abgezogen werden. § 4 Abs. 4a EStG hätte die Abzugsfähigkeit von Schuldzinsen bei nicht überschuldeten Betrieben sogar erweitert. Eine so großzügige Regelung hatte der Gesetzgeber nicht im Sinn; er wollte den Betriebsausgabenabzug von Schuldzinsen einschränken, nicht ausdehnen. Deshalb sind auch weiterhin nur betrieblich veranlasste Schuldzinsen gewinnmindernd zu berücksichtigen. Dieses Ergebnis wird dadurch bestätigt, dass § 4 Abs. 4a Satz 5 EStG selbst das Veranlassungsprinzip vorsieht, soweit es den Abzug von Schuldzinsen für Darlehen zur Finanzierung von Anschaffungs- oder Herstellungskosten von Wirtschaftsgütern des Anlagevermögens betrifft[103]. Denn für diese Regelung ist die Prüfung der Kreditmittelverwendung unumgänglich. Ist das Veranlassungsprinzip für Zinsen von Investitionsdarlehen aber im Gesetz selbst vorgesehen, wird deutlich, dass der Gesetzgeber auf die be-

---

[99] Wieczorek, Stbg 2000, S. 301/302.
[100] Meyer/Ball, INF 2000, S. 76/77; Horlemann, in: Herrmann/Heuer/Raupach, Steuerreform 1999/2000/2002, § 4 EStG Rn. R 35
[101] Horlemann, FR 2001, S. 336/339.
[102] Entwurf des StEntlG 1999/2000/2002, Bundestag Drucksache 14/23, S. 169.
[103] Vgl. Korn, in: Korn, § 4 EStG Rn. 833.

triebliche Veranlassung von Schuldzinsen abstellen wollte. § 4 Abs. 4a EStG schränkt somit nur den Abzug betrieblich veranlasster Schuldzinsen ein[104].

2. Folgen der Veranlassungsprüfung

Sind auch nach der Einführung des § 4 Abs. 4a EStG nur betrieblich veranlasste Schuldzinsen abziehbar, so ist nunmehr in einem zweiten Schritt zu prüfen, ob § 4 Abs. 4a EStG den Abzug der betrieblichen Schuldzinsen einschränkt. Die Abzugsfähigkeit von Schuldzinsen ist deshalb in einem zweistufigen Verfahren zu ermitteln. Auf der ersten Stufe ist unter Zugrundelegung der bisherigen Rechtsprechungsgrundsätze[105] festzustellen, ob die Kreditmittel für betriebliche oder außerbetriebliche Zwecke verwendet werden. Privat veranlasste Schuldzinsen sind von vornherein vom Abzug ausgeschlossen. Bei den betrieblichen Schuldzinsen ist die Abzugsfähigkeit in einem zweiten Schritt zu prüfen[106]. Es ist zu untersuchen, ob das Abzugsverbot gemäß § 4 Abs. 4a EStG eingreift. Liegen keine Überentnahmen vor, sind die betrieblichen Schuldzinsen uneingeschränkt abziehbar. Tätigt ein Steuerpflichtiger Überentnahmen, wird der betriebliche Schuldzinsenabzug gemäß § 4 Abs. 4a Satz 2 bis Satz 5 EStG beschränkt. Die Abzugsfähigkeit von Schuldzinsen richtet sich deshalb nach folgendem Schema:

1. Stufe: Sind Schuldzinsen gemäß § 4 Abs. 4 EStG betrieblich veranlasst? Hier ist die frühere Rechtsprechung zur Abzugsfähigkeit von Schuldzinsen anwendbar (vgl. oben B. II., III. und IV.).

---

[104] Herrschende Ansicht: BMF vom 22. Mai 2000, IV C 2 – S 2144 – 60/00, BStBl I 2000, S. 588, Tz. 1; Wacker, in Blümich, § 4 EStG Rn. 168 c; Horlemann, in: Herrmann/Heuer/Raupach, Steuerreform 1999/2000/2002, § 4 EStG Rn. R 35; Schallmoser, in: Herrmann/Heuer/Raupach, § 4 EStG Rn. 1049; Crezelius, in: Kirchhof, § 4 EStG Rn. 161; kritisch Korn, in: Korn, § 4 EStG Rn.833; Heinicke, in: Schmidt, § 4 EStG Rn. 522; Graf, DStR 2000, S. 1465; Hegemann/Querbach, DStR 2000, S. 408/410; Horlemann, FR 2001, S. 336/339; Kanzler, INF 2000, S. 513/515; Kohlhaas, DStR 2000, S. 901/902; Korn, Blickpunkt Steuern NWB 1/2000, S. 135/137; Korn/Strahl, KÖSDI 2000, S. 12281; Meyer/Ball, INF 2000, S. 76/77; Obermeier, Meinungen – Stellungnahmen NWB 34/2000, S. 3110; Paus, StWa 2000, S. 57; Paus, FR 2000, S. 957/959; Schulze zur Wiesche, DB 2000, S. 2189; Söffing, DStZ 2000, S. 203; Wendt, FR 2000, S. 417/424/428; a.A.: v. Reden, in: Littmann/ Bitz/Pust, §§ 4, 5 EStG Rn. 1656a; Duske, DStR 2000, S. 906 f.; Eggesiecker/Ellerbeck, BB 2000, S. 802 ff.; Eggesiecker/Ellerbeck, Schuldzinsen bei der Einkommensteuer mit dem neuen § 4 Abs. 4a EStG als Scherpunkt, Rn. 92 ff.; Groh, DStR 2001, S. 105 ff.; Ley, NWB Fach 3, S. 11167/11168 f.; Neufang, BB 2000, S. 1702/1707; Wieczorek, Stbg 2000, S. 301/302.

[105] Vgl. B. II., III. und IV.: BFH vom 4. Juli 1990, GrS 2-3/88, BStBl II 1990, S. 817 ff.; BFH vom 8. Dezember 1997, GrS 1-2/95, BStBl II 1998, S. 193 ff.

[106] Korn, in: Korn, § 4 EStG Rn. 833.

2. Stufe: Prüfung der Abzugsbeschränkung gemäß § 4 Abs. 4a EStG bei den betrieblich veranlassten Schuldzinsen

Auf der ersten Stufe ist die gesamte bisherige Rechtsprechung des BFH zum gemischten Kontokorrentkonto und zum sog. Zwei-Konten-Modell anwendbar. Bereits hier scheidet der Abzug von Schuldzinsen aus, wenn Schuldzinsen privat veranlasst sind, z.B. wenn Schuldzinsen unmittelbar durch die Finanzierung einer Entnahme entstanden sind[107]. Wird ein Darlehen nicht zur Finanzierung betrieblicher Aufwendungen, sondern tatsächlich zur Finanzierung einer Entnahme und damit für private Zwecke verwendet (fremdfinanzierte Privatentnahme), sind die Schuldzinsen nicht betrieblich veranlasst. Ein solcher Fall liegt immer dann vor, wenn dem Betrieb keine entnahmefähigen Barmittel zur Verfügung stehen und die Entnahme von Geld erst dadurch möglich wird, dass Darlehensmittel in das Unternehmen fließen[108], also durch Entnahmen ein Schuldsaldo auf einem betrieblichen Konto entsteht oder sich erhöht. Die mangels betrieblicher Veranlassung nicht abziehbaren privaten Schuldzinsen sind nicht mehr auf der 2. Stufe, der Beschränkung des Schuldzinsenabzugs gemäß § 4 Abs. 4a EStG, zu berücksichtigen. Private Schuldzinsen sind keine Betriebsausgaben, so dass die Vorschrift des § 4 Abs. 4a EStG, die Betriebsausgaben für nicht abziehbar erklärt, nicht angewendet werden darf[109].

Können die Schuldzinsen fremdfinanzierter Entnahmen schon auf der 1. Stufe nicht abgezogen werden, sind auch die Entnahmen, die den privat veranlassten Zinsen zugrunde liegen, nicht in die Ermittlung der Überentnahmen auf der 2. Stufe einzubeziehen. Ansonsten wären die Entnahmen in doppelter Weise berücksichtigt[110]: die fremdfinanzierte Entnahme führt im ersten Schritt dazu, dass die durch sie verursachten Schuldzinsen nicht abziehbar sind; würde man die Entnahme auch bei der Ermittlung der Überentnahmen gemäß § 4 Abs. 4a EStG ansetzen, würde sie als Teil der Überentnahmen den Abzug der betrieblich veranlassten Schuldzinsen noch einmal einschränken. Zwar sieht der Wortlaut des § 4 Abs. 4a EStG ein solches Vorgehen bei fremdfinanzierten Entnahmen nicht ausdrücklich vor. In § 4 Abs. 4a Satz 2 EStG wird nicht zwischen Entnahmen,

---

[107] BMF vom 22. Mai 2000, IV C 2 – S 2144 – 60/00, BStBl I 2000, S. 588, Tz. 6 und 7.

[108] Vgl. Meyer/Ball, INF 2000, S. 76/77.

[109] Vgl. Ley, NWB Fach 3, S. 11167/11169: Ley geht davon aus, dass hierfür eine einschränkende Auslegung des § 4 Abs. 4a EStG erforderlich ist. Dem ist zu widersprechen. Ist eine Veranlassungsprüfung auf der ersten Stufe durchzuführen, scheiden schon hier alle privat veranlassten Schuldzinsen aus und sind bei der Prüfung des § 4 Abs. 4a EStG auf der zweiten Stufe nicht mehr zu berücksichtigen.

[110] BMF vom 22. Mai 2000, IV C 2 – S 2144 – 60/00, BStBl 2000, S. 588, Tz. 6; Graf, DStR 2000, S. 1465; Horlemann, FR 2001, S. 336/339; Kohlhaas, FR 2001, S. 561/562 f.; Ley, NWB Fach 3, S. 11167/11169; Obermeier, Meinungen – Stellungnahmen NWB 34/2000, S. 3110/3111.

die zu betrieblich veranlassten Schuldzinsen, und Entnahmen, die zu privat veranlassten Schuldzinsen geführt haben, unterschieden[111]. Zu beachten ist aber der steuerliche Finanzierungszusammenhang zwischen Wirtschaftsgut und Verbindlichkeit[112] (s.u. C. V. 2. c.). Werden betriebliche Geldmittel, die kreditfinanziert sind, in den Privatbereich entnommen, verlässt auch die dazu gehörige Verbindlichkeit das Betriebsvermögen. Zwischen dem finanzierten Gegenstand und der Kreditaufnahme besteht ein Zurechnungszusammenhang, so dass der Entnahme des Wirtschaftsguts immer auch die „Entnahme" der Verbindlichkeit folgt[113]. Betrachtet man den gesamten Vorgang, so heben sich die Entnahme des Geldbetrages und die „ Entnahme" der Verbindlichkeit gegenseitig auf und beeinflussen die Höhe der Überentnahmen insgesamt nicht. Würde man die Entnahme der Geldmittel bei der Ermittlung der Überentnahmen ansetzen, müsste man auch die der Entnahme zugrunde liegende Verbindlichkeit berücksichtigen. Einfacher ist es, wie die Finanzverwaltung[114] ausführt, bereits die Entnahme der Geldmittel außen vorzulassen.

Aufgrund der zweistufigen Prüfung müssten eigentlich die auf der 1. Stufe nicht abziehbaren privat veranlassten Schuldzinsen als Entnahme bei der Ermittlung der Überentnahmen auf der 2. Stufe angesetzt werden[115]. Sind Schuldzinsen privat veranlasst und werden sie trotzdem mit betrieblichen Mitteln beglichen, ist in der Bilanz eine Entnahme in Höhe der privaten Schuldzinsen anzusetzen. Diese Entnahme der privaten Schuldzinsen darf aber nicht auf der 2. Stufe bei der Ermittlung der Überentnahmen gemäß § 4 Abs. 4a EStG berücksichtigt werden, da die privaten Zinsen ansonsten in doppelter Weise nicht abzugsfähig wären. Zum einen sind die privat veranlassten Schuldzinsen mangels betrieblicher Veranlassung nicht als Betriebsausgaben abzugsfähig; zum anderen würden sie, wenn sie als Entnahme angesetzt würden, die Bemessungsgrundlage für die nicht abzugsfähigen Schuldzinsen gemäß § 4 Abs. 4a EStG erhöhen. Aus diesem Grund darf die Entnahme der privat veranlassten Zinsen der 1. Stufe nicht bei der Berechnung der Überentnahme gemäß § 4 Abs. 4a Satz 2 EStG als Entnahme berücksichtigt werden.

---

[111] Schallmoser, in: Herrmann/Heuer/Raupach, § 4 EStG Rn. 1059.
[112] Mayer/Ball, INF 2000, S. 76/79.
[113] BFH vom 24. August 1956, III 218/54 S, BStBl III 1956, S. 325; BFH vom 7. Mai 1965, VI 217/64 U, BStBl III 1965, S. 445; BFH vom 4. Juli 1990, GrS 2-3/88, BStBl II 1990, S. 817/824; vgl. unter B. V. 1. b.
[114] BMF vom 22. Mai 2000, IV C 2 – S 2144 – 60/00, BStBl I 2000, S. 588, Tz. 6 und 7.
[115] Kohlhaas, FR 2001, S. 561/562.

3. Das umgekehrte Mehr-Konten-Modell

Nach der Einführung des § 4 Abs. 4a EStG wurden Gestaltungsmodelle vorgeschlagen, mit denen die Kürzung des Schuldzinsenabzugs gemäß § 4 Abs. 4a EStG verhindert oder zumindest verringert werden sollte. Insbesondere das sog. „umgekehrte" Zwei-Konten-Modell[116] wurde viel diskutiert:

Dieses Modell knüpft daran an, dass wegen der weiterhin erforderlichen Veranlassungsprüfung Entnahmen nicht bei der Ermittlung der nicht abziehbaren Schuldzinsen gemäß § 4 Abs. 4a EStG zu berücksichtigen sind, soweit durch sie ein Schuldsaldo auf einem betrieblichen Konto entsteht oder sich erhöht[117] (Entnahmenfinanzierung). Diese Entnahmen führen zu privat veranlassten Schuldzinsen, die bei der Ermittlung der nicht abziehbaren Schuldzinsen nach § 4 Abs. 4a EStG unbeachtlich sind. Ziel des sog. „umgekehrten" Zwei-Konten-Modells ist es deshalb, die Entnahmen, die nicht in die Ermittlung der Überentnahmen einzubeziehen sind, zu maximieren und gleichzeitig die für diese Entnahmen anzusetzenden privaten Schuldzinsen zu minimieren. Dieses Ergebnis soll, wie folgt, erreicht werden:

Entnahmen werden von einem im Soll geführten Konto getätigt, wozu sich insbesondere das Betriebsausgabenkonto anbietet. Durch diese Handhabung wird das Ausgabenkonto zu einem gemischten Konto, wobei die Schuldzinsen, die durch Entnahmen entstanden sind, nicht abziehbar sind, weil sie privat veranlasst sind. Um diese privaten Schuldzinsen zu minimieren, bucht der Steuerpflichtige ein Guthaben von seinem Betriebseinnahmenkonto auf das Betriebsausgabenkonto. Nach ständiger Rechtsprechung des BFH[118] tilgen die umgebuchten Betriebseinnahmen vorrangig den privaten Teil der Verbindlichkeit, so dass die privat veranlassten Zinsen in der Folgezeit schnell wieder zurückgeführt werden können. Bei der Ermittlung der Überentnahmen gemäß § 4 Abs. 4a EStG sind die Entnahmen, die zu den privat veranlassten Schuldzinsen geführt haben (Entnahmenfinanzierung), nicht zu berücksichtigen, so dass Überentnah-

---

[116] Graf, DStR 2000, S. 1465 ff.; vgl. dazu auch Obermeier, Meinungen – Stellungnahmen NWB 34/2000, S. 3110 ff.

[117] Die Kreditmittel werden in diesem Fall für private Zwecke, nämlich für Entnahmen, und nicht für betriebliche Ausgaben verwendet. Neben den privaten Schuldzinsen sind auch die diesen Zinsen zugrunde liegenden Entnahmen nicht in die Ermittlung der Überentnahmen gemäß § 4 Abs. 4a EStG einzubeziehen, da die Entnahmen ansonsten in doppelter Weise zu berücksichtigen wären; BMF vom 22. Mai 2000, IV C 2 – S 2144 – 60/00, BStBl I 2000, Tz. 6 und 7.; vgl. auch C. IV. 2.

[118] BFH vom 15. November 1990, IV R 97/82, BStBl II 1991, S. 226/228; BFH vom 4. Juli 1990, GrS 2-3/88, BStBl II 1990, S. 817/828.

men nicht bzw. nur in geringer Höhe entstehen. Nach Ansicht der Befürworter[119] dieses Modells stellt die Umbuchung der Einnahmen vom Betriebseinnahmenkonto auf das negative Betriebsausgabenkonto und die dortige Verrechnung mit dem privaten Teil der Schuld keine Entnahme dar, die bei der Anwendung des § 4 Abs. 4a EStG zu beachten wäre, da bereits die Entnahmefinanzierung vorher als Entnahme berücksichtigt wurde.

Gerade hier setzen die Kritiker des sog. „umgekehrten" Mehr-Konten-Modells an[120]. Die Umbuchung der Einnahmen vom Betriebseinnahmenkonto auf das private Unterkonto des Betriebsausgabenkontos stellt eine Entnahme dar, die bei der Ermittlung der Überentnahmen zu berücksichtigen ist[121]. Das Argument[122], dass die Umbuchung keine Entnahme ist, da bereits die Entnahmefinanzierung als Entnahme zu behandeln ist, schlägt fehl. Einerseits ist bei der Ermittlung der Überentnahmen die Entnahme bei negativem Kontostand gerade nicht als Entnahme i.S.d. § 4 Abs. 4a EStG anzusetzen[123], da ansonsten die Entnahme in doppelter Weise berücksichtigt würde. Andererseits geht die durch die Entnahme entstandene Verbindlichkeit in das Privatvermögen über. Die Entnahme des Geldbetrages und der Übergang der betrieblichen Schuld in das Privatvermögen heben sich gegenseitig auf[124]. Erst die spätere Umbuchung der Betriebseinnahmen auf das privat veranlasste Negativkonto stellt eine Entnahme dar, die im Rahmen des § 4 Abs. 4a EStG anzusetzen ist. Dadurch erhöhen sich die Entnahmen i.S.v. § 4 Abs. 4a EStG auf den Betrag, der sich ohne das sog. „umgekehrte" Zwei-Konten-Modell ergeben hätte. Das sog. „umgekehrte" Zwei-Konten-Modell ist deshalb nicht geeignet, die Anwendung des § 4 Abs. 4a EStG zu umgehen.

---

[119] Graf, DStR 2000, S. 1465/1466; Obermeier, Meinungen - Stellungnahmen NWB 34/2000, S. 3110/3114.

[120] Horlemann, FR 2001, S. 336/340; Ley, DStR 2001, S. 1005/1007: Fn. 14; Schallmoser, in: Hermann/Heuer/Raupach, § 4 EStG Rn. 1050/1059.

[121] OFD Chemnitz, Verfügung vom 17. September 2001, S 2144-38/5-St 21, DStR 2001, S. 1889/1890: Die Tilgung der privaten Schuld mit Betriebseinnahmen ist eine Entnahme, die bei der Ermittlung der Überentnahmen nach § 4 Abs. 4a EStG zu berücksichtigen ist. Aus Vereinfachungsgründen wird von der Oberfinanzdirektion Chemnitz auch zugelassen, bereits die Entstehung des privaten Schuldsaldos auf dem betrieblichen Konto als Entnahme i.S.d. § 4 Abs. 4a EStG zu behandeln; Horlemann, FR 2001, S. 336/341; Ley, DStR 2001, S. 1005/1007: Fn. 14; a.A. die Literatur, der insoweit zuzustimmen ist, dass bereits die Entnahmfinanzierung eine Entnahme ist, die aber gerade nicht im Rahmen des § 4 Abs. 4a EStG angesetzt wird.

[122] Graf, DStR 2000, S. 1465/1466.

[123] BMF vom 22. Mai 2000, IV C 2 – S 2144 – 60/00, BStBl I 2000, Tz. 6 und 7; s.o. C. IV. 2.

[124] Meyer/Ball, INF 2000, S. 76/79; vgl. auch C. V. 2. c.

V. Die Ermittlung der Über- bzw. Unterentnahmen i.S.v. § 4 Abs. 4a EStG

1. Bedeutung der Begriffe Überentnahmen und Unterentnahmen: periodenübergreifende Betrachtung

Der Schuldzinsenabzug wird gemäß § 4 Abs. 4a EStG nur beschränkt, wenn Überentnahmen getätigt worden sind. Nach Satz 2 ist eine Überentnahme der Betrag, um den die Entnahmen die Summe des Gewinns und der Einlagen eines Wirtschaftsjahres übersteigen. In Satz 3 definiert das Gesetz auch den Begriff der Unterentnahme. Danach ist eine Unterentnahme der Betrag, um den der Gewinn und die Einlagen die Entnahmen eines Jahres übersteigen. Rechentechnisch bedeutet dies: Zieht man von der Summe aus Gewinn und Einlagen die Entnahmen eines Wirtschaftsjahres ab und ist das Ergebnis negativ, liegt eine Überentnahme vor. Ist die Differenz von Gewinn und Einlagen minus Entnahmen positiv, liegt eine Unterentnahme vor. Bei den Begriffen Über- und Unterentnahme handelt es sich um den selben Saldo, nur einmal positiv und einmal negativ. Für die Ermittlung der Über- und Unterentnahmen ist nach Satz 2 und 3 zunächst jedes Wirtschaftsjahr getrennt zu betrachten. Am Ende eines Wirtschaftsjahres liegt entweder eine Überentnahme oder eine Unterentnahme vor.

Gemäß § 4 Abs. 4a Satz 1 EStG ist die Vorschrift nur anwendbar, wenn Überentnahmen getätigt worden sind. Liegen Unterentnahmen vor, sind die Schuldzinsen uneingeschränkt abziehbar. Die Feststellung von Über- bzw. Unterentnahmen ist aber nicht nur für die Frage entscheidend, ob der Schuldzinsenabzug gemäß § 4 Abs. 4a EStG überhaupt einzuschränken ist. Gemäß Satz 3 richtet sich auch die Höhe der nicht abzugsfähigen Schuldzinsen nach der Höhe der Überentnahmen. Bei der Berechnung der typisierten, nicht abziehbaren Schuldzinsen nach Satz 3 berücksichtigt das Gesetz auch die Über- und Unterentnahmen der Vorjahre. Nicht ausdrücklich geregelt ist, ob für die Frage der Anwendbarkeit des § 4 Abs. 4a EStG gemäß Satz 1 auch periodenübergreifend die Vorjahre zu beachten sind. Auf diese Frage kommt es an, wenn ein Steuerpflichtiger im laufenden Jahr eine Unterentnahme tätigt, im Saldo mit den Vorjahren aber eine Überentnahme vorliegt, oder, wenn er im laufenden Jahr eine Überentnahme tätigt, die durch Unterentnahmen aus den Vorjahren ausgeglichen werden kann. Im ersten Fall müsste bei einer zeitraumübergreifenden Betrachtung des § 4 Abs. 4a Satz 1 EStG eigentlich der Schuldzinsenabzug eingeschränkt werden, obwohl im laufenden Jahr keine Überentnahme getätigt worden ist. Dagegen könnten im zweiten Fall die Schuldzinsen uneingeschränkt abgezogen werden, obwohl im laufenden Jahr eine Überentnahme getätigt worden ist, weil die Überentnahme mit den Unterentnahmen aus den Vorjahren verrechnet werden kann.

Gegen eine periodenübergreifende Anwendung des § 4 Abs. 4a EStG könnte der Wortlaut der Vorschrift sprechen[125]. Zum einen setzt Satz 1 Überentnahmen voraus und zum anderen will Satz 3 nur die Überentnahme – nicht aber die Unterentnahme - eines Wirtschaftsjahres mit den Über- und Unterentnahmen der vorangegangen Wirtschaftsjahre saldieren. Das Wortlautargument aus Satz 1 und Satz 3 überzeugt aber nicht[126]. § 4 Abs. 4a Satz 1 EStG verlangt lediglich, dass Überentnahmen getätigt worden sind. Es ist nicht erforderlich, dass eine Überentnahme im Jahr der Hinzurechnung von Schuldzinsen vorliegt. Sind die Überentnahmen aus Vorjahren größer als die Unterentnahme des laufenden Jahres, sind bei der periodenübergreifenden Ermittlung nach Satz 3 Überentnahmen getätigt worden - zwar nicht im Jahr der Unterentnahme, aber in den Vorjahren. Ebenso liegen zeitraumübergreifend keine Überentnahmen vor, wenn die Überentnahme des laufenden Jahres durch Unterentnahmen vorangegangener Jahre ausgeglichen werden kann. Zu beachten ist auch, dass Satz 1 von Überentnahmen und nicht von einer Überentnahme ausgeht. Stellt man nach Satz 2 für jedes Wirtschaftsjahr gesondert fest, ob eine Überentnahme oder eine Unterentnahme vorliegt, so kann der Plural in Satz 1 nur bedeuten, dass für die Frage, ob § 4 Abs. 4a EStG einschlägig ist, zeitraumübergreifend mehrere Jahre zu berücksichtigen sind. In Satz 3 wird zwar nur die Überentnahme und nicht auch die Unterentnahme des laufenden Wirtschaftsjahres mit den Über- und Unterentnahmen der vorangegangenen Wirtschaftsjahre saldiert. Gerade aber im Satz 3 wird die Reichweite des § 4 Abs. 4a EStG deutlich. Für die Beschränkung des Schuldzinsenabzugs sollen nicht nur das laufende Wirtschaftsjahr, sondern auch alle Vorjahre maßgeblich sein. Auch der Sinn und Zweck der Vorschrift spricht für eine periodenübergreifende Betrachtung. Der Schuldzinsenabzug soll gemäß § 4 Abs. 4a EStG erst eingeschränkt werden, wenn Entnahmen getätigt werden, obwohl im Betrieb kein Eigenkapital mehr vorhanden ist[127] (s.o. C. I. 2.). Nicht gewollt ist, dass ein Steuerpflichtiger am Ende eines Jahres seinen gesamten Jahresgewinn einschließlich der im Jahr getätigten Einlagen entnehmen muss,

---

[125] Schallmoser, in: Herrmann/Heuer/Raupach, § 4 EStG Rn. 1051/1070; Christoffel, GStB 2000, S. 82/84; Hegemann/Querbach, DStR 2000, S. 408/411; Keune/Oeldemann, Blickpunkt Steuern NWB 4/2000, S. 1461/1463; Ley, NWB Fach 3, S. 11167/11169; Prinz, FR 2000, S. 134.

[126] BMF vom 22. Mai 2000, IV C 2 – S 2144 – 60/00, BStBl I 2000, S. 588, Tz. 23; Horlemann, in: Herrmann/Heuer/Raupach, Steuerreform 1999/2000/2002, § 4 EStG Rn. R 49; Korn, in: Korn, § 4 EStG Rn. 844; Heinicke, in: Schmidt, § 4 EStG Rn. 525; Eggesiekker/Ellerbeck, Schuldzinsen bei der Einkommensteuer mit dem neuen § 4 Abs. 4a EStG als Schwerpunkt, Rn. 192 f.; Eggesiecker/Ellerbeck, StB 2000, S. 297/300; Meyer/Ball, INF 2000, S. 76/80 (Beispiel 8); Neufang, Stbg 2000, S. 104/107 (Beispiel 3); Neumann, EStB 2000, S. 165/169; Wendt, FR 2000, S. 417/427 f.

[127] Die eigenkapitalbezogene Sichtweise des § 4 Abs. 4a EStG bedingt, dass für die Frage der Anwendbarkeit des § 4 Abs. 4a EStG alle Wirtschaftsjahre seit der Gründung eines Betriebes zu berücksichtigen sind.

um im nächsten Jahr die nachteiligen Folgen des § 4 Abs. 4a EStG zu vermeiden, wenn er den Vorjahresgewinn für private Zwecke benötigt. Andererseits wäre § 4 Abs. 4a EStG in einem Wirtschaftsjahr mit einer Unterentnahme nicht anwendbar, obwohl Schuldzinsen aus Vorjahren bestehen, die auf nicht ausgeglichenen Überentnahmen beruhen[128].
Für die Ermittlung der Über- bzw. Unterentnahme eine Wirtschaftsjahres ist entscheidend, was unter den Begriffen Gewinn, Einlagen und Entnahmen zu verstehen ist.

2. Entnahmen und Einlagen i.S.d. § 4 Abs. 4a EStG

a. Begriffsbestimmung

Die in § 4 Abs. 4a Satz 2 EStG verwendeten Begriffe[129] der Entnahmen und Einlagen sind grundsätzlich so zu verstehen wie in § 4 Abs. 1 EStG[130]. Gemäß § 4 Abs. 1 Satz 2 EStG sind Entnahmen alle Wirtschaftsgüter (Barentnahmen, Waren, Erzeugnisse, Nutzungen und Leistungen), die der Steuerpflichtige dem Betrieb für sich, für seinen Haushalt oder für andere betriebsfremde Zwecke im Laufe des Wirtschaftsjahres entnommen hat. Die Entnahmen werden gemäß § 6 Abs. 1 Nr. 4 EStG mit dem Teilwert bewertet. Einlagen sind nach § 4 Abs. 1 Satz 5 EStG alle Wirtschaftsgüter (Bareinzahlungen oder sonstige Wirtschaftsgüter), die der Steuerpflichtige dem Betrieb im Laufe des Wirtschaftsjahrs zugeführt hat. Auch die Einlagen sind nach § 6 Abs. 1 Nr. 5 EStG grundsätzlich mit dem Teilwert zu bewerten. Unter den Begriff der Entnahmen bzw. Einlagen in § 4 Abs. 4a Satz 2 EStG fallen deshalb auch sog. Nutzungsentnahmen bzw. -einlagen, z. B. die betriebliche Fahrt mit einem privaten PKW oder der Einsatz von Arbeitnehmern des Betriebes für private Zwecke, und Sachentnahmen bzw.

---

[128] Vgl. auch Wendt, FR 2000, S. 417/427; Christoffel, GStB 2000, S. 82/84.

[129] Vgl.auch unter D. V. 2.; im Folgenden werden nur die Probleme diskutiert, die bei Personengesellschaften keine besonderen Schwierigkeiten bereiten. Auf den Einlage- und Entnahmebegriff bei der Überführung von Wirtschaftsgütern zwischen verschiedenen Betriebsvermögen desselben Steuerpflichtigen wird erst unter D. V. 2. b. näher eingegangen, da zu dieser Problematik auch die Übertragung von Wirtschaftsgütern zwischen Gesellschaftern und Gesellschaft gehört. Eine Gesamtbetrachtung aller Überführungs- und Übertragungsvorgänge, wie sie auch in § 6 Abs. 5 EStG vorgesehen ist, erscheint sinnvoll.

[130] BMF vom 22. Mai 2000, IV C 2 – S 2144 – 60/00, BStBl I 2000, S. 588, Tz. 8; Horlemann, in: Herrmann/Heuer/Raupach, Steuerreform 1999/2000/2002, § 4 EStG Rn. R 839/840; Crezelius, in: Kirchhof, § 4 EStG Rn. 163; Heinicke, in: Schmidt, § 4 EStG Rn. 523; Eggesiecker/Ellerbeck, Schuldzinsen bei der Einkommensteuer mit dem neuen § 4 Abs. 4a EStG als Schwerpunkt, Rn. 139; Kanzler, INF 2000, S. 513/515; Keune/Oeldemann, Blickpunkt Steuern NWB 4/2000, S. 1461/1466; Paus, FR 2000, S. 957/960.

Sacheinlagen, z.B. die Überführung eines betrieblichen Grundstücks in das Privatvermögen.
Gegenstand einer Entnahme bzw. einer Einlage i.S.d. § 4 Abs. 4a Satz 2 EStG kann auch ein Wirtschaftsgut des Anlagevermögens[131] sein, selbst wenn nach § 4 Abs. 4a Satz 5 EStG der Schuldzinsenabzug für Darlehen zur Finanzierung von Anschaffungs- oder Herstellungskosten von Wirtschaftsgütern des Anlagevermögens von der Beschränkung unberührt bleibt. Unerheblich ist für die Ermittlung der Überentnahmen, ob das Wirtschaftsgut, das entnommen wird, fremdfinanziert ist[132].

b. Betriebseröffnung, Betriebsveräußerung und Betriebsaufgabe

Der bisher beschriebene Entnahme- und Einlagebegriff könnte im Zusammenhang mit § 4 Abs. 4a EStG zu eng sein, da § 4 Abs. 1 Satz 2 und Satz 5 EStG ausschließlich Verschiebungen zwischen dem Betriebs- und Privatvermögen eines Steuerpflichtigen während des Bestehens eines Betriebes erfassen. Bei der Einbringung eines Wirtschaftsguts in ein Unternehmen anlässlich einer Betriebseröffnung handelt es sich nicht um eine Einlage, sondern nur um einen einlageähnlichen Vorgang[133]. Dies wird an der gesetzlichen Regelung in § 6 Abs. 1 Nr. 5 und Nr. 6 EStG deutlich, wonach die Einlagevorschriften bei einer Betriebseröffnung nur entsprechend anzuwenden sind. Ebenso ist die Betriebsaufgabe bzw. die Betriebsveräußerung vom Gesetzgeber nicht als Entnahme von Wirtschaftsgütern im Sinne von § 4 Abs. 1 Satz 2 EStG i.V.m. § 6 Abs. 1 Nr. 4 EStG, sondern als ein eigener Gewinnrealisierungstatbestand in § 16 Abs. 1 und Abs. 3 EStG geregelt worden[134]. Der BFH[135] bezeichnet die Betriebsaufgabe deshalb auch als einen Entnahmevorgang eigener Art. Für die Ermittlung der Überentnahmen gemäß § 4 Abs. 4a EStG bedeutet dies, dass bei der Einbringung eines Wirtschaftsguts anlässlich einer Betriebseröffnung und bei der Überführung eines Wirtschaftsguts in das Privatvermögen anlässlich einer Betriebsveräußerung bzw. Betriebsaufgabe eigentlich weder eine Einlage noch eine Entnahme angesetzt werden dürften. Trotzdem sieht § 52 Abs. 11 Satz 3 EStG vor, dass bei vor dem 1. Januar 1999 eröffneten Betrieben im Falle der Betriebsaufgabe bei der Überführung von Wirtschaftsgütern aus dem Betriebsvermögen in

[131] Wacker, in: Blümich, § 4 EStG Rn. 168g; Schallmoser, in: Herrmann/Heuer/Raupach, § 4 EStG Rn. 1059; vgl. unter C. VIII.
[132] Schallmoser, in: Herrmann/Heuer/Raupach, § 4 EStG Rn. 1059; zu beachten ist bei der Entnahme eines fremdfinanzierten Wirtschaftsguts, dass die zugehörige Verbindlichkeit auch in das Privatvermögen übergeht (vgl. C. V. 2. c.).
[133] BFH vom 30. Juni 1960, IV 150/58 U, BStBl III 1960, S. 346.
[134] Stuhrmann, in: Blümich, § 16 EStG Rn. 312.
[135] BFH vom 13. Dezember 1983, VIII R 90/81, BStBl II 1984, S. 474/478.

das Privatvermögen die Buchwerte nicht als Entnahme anzusetzen sind und im Falle der Betriebsveräußerung nur der Veräußerungsgewinn als Entnahme anzusetzen ist[136]. Im Gegenschluss bedeutet dies, dass im Rahmen des § 4 Abs. 4a EStG bei Betrieben, die nach dem 1. Januar 1999 eröffnet wurden, die Überführung von Wirtschaftsgütern aus dem Betriebsvermögen in das Privatvermögen anlässlich einer Betriebsaufgabe und der Verkaufserlös aus der Veräußerung des Betriebes im Ganzen als Entnahme zu erfassen sind. Wird bei der Betriebsaufgabe bzw. –veräußerung eine Entnahme angesetzt, müssen aus Gründen des sachlichen Zusammenhangs die Beträge, die der Steuerpflichtige bei der Eröffnung oder dem Erwerb des Betriebes aufwendet, aber auch als Einlage berücksichtigt werden[137].

Für diese Auslegung des Gesetzes spricht der Sinn und Zweck des § 4 Abs. 4a EStG[138]. Dem Steuerpflichtigen soll es trotz der Einführung des § 4 Abs. 4a EStG nach dem Grundsatz der Finanzierungsfreiheit (s.o. B. VII. 1.) auch weiterhin offen stehen, ob er seinen Betrieb mit Eigenkapital oder Fremdkapital finanziert. Im Betrieb bereits vorhandenes Eigenkapital kann er entnehmen und durch Fremdkapital ersetzen (s.o. C. I. 2. c.). Nicht entscheidend ist, ob das Eigenkapital durch Einlagen oder Gewinne entstanden ist. § 4 Abs. 4a EStG will den Schuldzinsenabzug erst bei den Betrieben einschränken, die überschuldet sind. Alle privat zugeführten Betriebsmittel sollen ohne Entstehung von Überentnahmen dem Betrieb wieder entzogen werden können. Das muss auch für die Beträge gelten, die der Steuerpflichtige dem Betrieb im Zusammenhang mit der Betriebseröffnung zugeführt hat. Denn der Zeitpunkt der Zuführung von Eigenkapital - ob zur oder kurz nach der Betriebseröffnung – kann nicht entscheidend für die Frage sein, ob das Eigenkapital ohne die Folgen des § 4 Abs. 4a EStG entnommen werden kann oder nicht. Um die Entstehung von Überentnahmen im Sinne des § 4 Abs. 4a EStG bei der Entnahme des dem Betrieb bei der Eröffnung zugeführten Eigenkapitals zu vermeiden, muss bei der Zuführung von privaten Mitteln auch anlässlich einer Betriebseröffnung eine Einlage i.S.d. § 4 Abs. 4a Satz 2 EStG angesetzt werden. Ansonsten könnte eine Überentnahme schon dadurch entstehen, dass ein Steuerpflichtiger das bei einer Betrieberöffnung zugeführte Eigenkapital später wieder entnimmt. Durch die Entnahme dieses Eigenkapitals tritt aber noch keine Überschuldung ein, bei der § 4 Abs. 4a EStG den Schuldzinsenabzug beschränken soll.

---

[136] § 52 Abs. 11 Satz 3 EStG wurde erst durch das StÄndG 2001 eingeführt und gilt deshalb erst ab dem Veranlagungszeitraum 2001.
[137] BMF vom 22. Mai 2000, IV C 2 – S 2144 – 60/00, BStBl I 2000, S. 588, Tz. 9 und 20; Horlemann, in: Herrmann/Heuer/Raupach, Steuerreform 1999/2000/2002, § 4 EStG Rn. R 40; Bauer/Eggers, StuB 2000, S. 225/226; Jakob, DStR 2000, S. 101/102; Wendt, FR 2000, S. 417/424.
[138] Paus, StWa 2000, S. 57/59; Ley, NWB Fach 3, S. 11167/11174.

Ist der Ansatz einer Einlage bei der Zuführung von eigenen Mitteln anlässlich einer Betriebseröffnung geklärt, stellt sich die Frage, warum der Ansatz einer Entnahme bei Aufgabe bzw. Veräußerung eines Betriebes noch erforderlich ist. Zu diesem Zeitpunkt endet eigentlich die betriebliche Tätigkeit. Aber auch nach der Veräußerung bzw. Aufgabe eines Betriebes können Schuldzinsen anfallen, wenn z.B. der Erlös aus der Veräußerung nicht ausreicht, sämtliche Betriebsschulden zu tilgen[139]. Nach der Rechtsprechung des BFH[140] können die Schuldzinsen in diesem Fall als nachträgliche Betriebsausgaben gemäß § 24 Nr. 2 EStG geltend gemacht werden. Voraussetzung ist allerdings[141], dass die verbleibenden Schulden weder aus dem Erlös des verwerteten Betriebsvermögens noch durch den Einsatz zurückbehaltener Wirtschaftsgüter hätten getilgt werden können. Da es nicht verständlich wäre, den Schuldzinsenabzug nur während des Bestehens eines Betriebes, nicht aber auch nach der Beendigung der betrieblichen Tätigkeit einzuschränken[142], ist die Abzugsbeschränkung des § 4 Abs. 4a EStG auch bei den nach § 24 Nr. 2 EStG nachträglich abziehbaren Schuldzinsen zu prüfen. Bei § 4 Abs. 4a EStG handelt es sich deshalb um eine umfassende Gewinnermittlungsvorschrift, die für alle Stadien eines Betriebes angewendet werden kann. Ist § 4 Abs. 4a EStG auch nach der Aufgabe bzw. Veräußerung eines Betriebes zu beachten, ist der Ansatz einer Entnahme bei der Betriebsveräußerung bzw. -aufgabe für die Ermittlung der Überentnahmen notwendig. Behandelt man Verschiebungen zwischen dem Privatvermögen und dem Betriebsvermögen anlässlich einer Betriebseröffnung als Einlage, muss umgekehrt die Überführung von Wirtschaftsgütern aus dem Betriebsvermögen bei einer Betriebsaufgabe bzw. der Erlös bei einer Betriebveräußerung als Entnahme i.S.v. § 4 Abs. 4a EStG erfasst werden. Ansonsten würden im Rahmen des § 4 Abs. 4a EStG zwar die Vermögenszugänge, wie Gewinne und Einlagen, das entnahmefähige Kapital erhöhen, Vermögensabgänge bei der Veräußerung bzw. Aufgabe eines Betriebes aber nicht das für Entnahmen zur Verfügung stehende Kapital mindern. Trotz Beendigung eines Unternehmens soll ein Steuerpflichtiger aber nur dann seine Schuldzinsen nachträglich unbeschränkt abziehen können, wenn er dem Betrieb bei der Aufgabe bzw. Veräußerung lediglich die erwirtschafteten Gewinne und Einlagen entzieht. Um auch den nachträglichen Schuldzinsenabzug gemäß § 4 Abs. 4a EStG beschränken zu können, ist die Überführung von Betriebsvermögen in das Privatvermögen bei einer Betriebsaufgabe bzw. der

[139] Paus, FR 2000, S. 957/961.
[140] BFH vom 21. November 1989, IX R 10/84, BStBl II 1990, S. 213.
[141] BFH vom 21. November 1989, IX R 10/84, BStBl II 1990, S. 213; BFH vom 19. August 1998, X R 96/95, BStBl II 1999, S. 313; BFH vom 10. März 1999, XI R 26/98, BFH/NV 2000, S. 11/12: der betriebliche Zusammenhang zur Entstehung der Schuld ist entscheidend.
[142] Eggesiecker/Ellerbeck, Schuldzinsen bei der Einkommensteuer mit dem neuen § 4 Abs. 4a EStG als Schwerpunkt, Rn. 231.

Erlös bei einer Betriebsveräußerung als Entnahme i.S.d. § 4 Abs. 4a EStG anzusetzen.

Für Betriebe, die vor dem 1. Januar 1999 eröffnet wurden, enthält § 52 Abs. 11 Satz 3 EStG eine Sonderregelung, wonach im Falle der Betriebsaufgabe bei der Überführung von Wirtschaftsgütern aus dem Betriebsvermögen in das Privatvermögen die Buchwerte nicht als Entnahme anzusetzen sind und im Falle der Betriebsveräußerung nur der Veräußerungsgewinn als Entnahme zu erfassen ist. Diese Vorschrift war erforderlich, weil die Einlagen und Gewinne aus den Wirtschaftsjahren vor 1999 gemäß § 52 Abs. 11 Satz 2 EStG[143] unberücksichtigt bleiben. Ohne die Sonderregelung müsste bei den Betrieben, die bereits vor dem 1. Januar 1999 eröffnet wurden, im Falle einer Betriebsaufgabe bzw. -veräußerung eine Entnahme der Wirtschaftsgüter angesetzt werden, während der Ansatz einer Einlage der vor dem 1. Januar 1999 zugeführten Wirtschaftsgüter gemäß § 52 Abs. 11 Satz 2 EStG unterbliebe. Um dieses widersprüchliche Ergebnis zu vermeiden, sind gemäß § 52 Abs. 11 Satz 3 EStG bei einer Betriebsaufgabe nicht der Teilwert gemäß § 6 Abs. 1 Nr. 4 EStG, der sich aus dem Buchwert und den stillen Reserven zusammensetzt, sondern nur die stillen Reserven als Entnahme zu erfassen. Da die stillen Reserven im Rahmen des § 4 Abs. 4a Satz 2 EStG auch als Gewinn[144] berücksichtigt werden, heben sich bei der Ermittlung der Überentnahmen die Entnahme und der Gewinn in Höhe der stillen Reserven gegenseitig auf. Im Falle der Betriebsveräußerung ist aufgrund dieser Erwägungen nur der Veräußerungsgewinn als Entnahme anzusetzen.

c. Entnahme bzw. Einlage fremdfinanzierter Wirtschaftsgüter

Fremdfinanzierte Wirtschaftsgüter können aus dem Betriebsvermögen in das Privatvermögen entnommen oder umgekehrt aus dem Privatvermögen in das Betriebsvermögen eingelegt werden[145]. Werden kreditfinanzierte Wirtschaftsgüter eingelegt oder entnommen, folgt dem Zu- oder Abgang des Wirtschaftsguts auch die zugehörige Darlehensschuld[146]. Zwischen dem Wirtschaftsgut und der hierfür eingegangenen Finanzierung besteht ein konkreter Zurechnungszusam-

[143] Da § 52 Abs. 11 Satz 3 EStG erst durch das StÄndG 2001 eingefügt wurde, gilt diese Vorschrift erst ab dem Veranlagungszeitraum 2001. Das Einführungsschreiben des BMF sah dieselbe Regelung aus Billigkeitsgründen bereits ab dem Veranlagungszeitraum 1999 vor, BMF vom 22. Mai 2000, IV C 2 – S 2144 – 60/00, BStBl I 2000, S. 588, Tz. 36.

[144] Der Gewinn entsteht in Form eines Aufgabegewinns gemäß § 16 Abs. 2 EStG.

[145] Die Auswirkung dieser Vorgänge auf Schuldzinsen für Darlehen zur Finanzierung von Anschaffungs- oder Herstellungskosten von Wirtschaftsgütern des Anlagevermögens gemäß § 4 Abs. 4a Satz 5 EStG wird erst unter C. VIII. 3. genauer untersucht.

[146] BFH vom 4. Juli 1990, GrS 2-3/88, BStBl II 1990, S. 817/824; BFH vom 1. Oktober 1996, VIII R 68/94, BStBl II 1997, S. 454/456; R 13 Abs. 5 EStR 1999.

menhang[147] (Finanzierungszusammenhang), der sich durch die Einlage bzw. Entnahme nicht löst. Man spricht in diesem Zusammenhang auch von der Akzessorietät der Darlehensverbindlichkeit[148], da spätere Veränderungen in der ursprünglichen Veranlassung der Schuld die Rechtsnatur der Verbindlichkeit verändern können[149]. Wird ein kreditfinanziertes Wirtschaftsgut aus dem Betriebsvermögen entnommen, geht auch die Verbindlichkeit in das Privatvermögen über. Die Entnahme dieser Schuld (Wegfall eines negativen Wirtschaftsguts) wirkt wie eine Einlage[150]. Umgekehrt folgt bei der Einlage eines kreditfinanzierten Wirtschaftsguts in ein Betriebsvermögen die noch valutierte Verbindlichkeit der Zuordnung des Wirtschaftsguts[151]. Das zunächst privat veranlasste Darlehen wird durch die Einlage des Wirtschaftsguts zu einer Betriebsschuld, dessen Schuldzinsen betrieblich veranlasst sind. Diese Schuldzinsen sind nunmehr als Betriebsausgaben auf der 1. Stufe – der Veranlassungsprüfung – abziehbar und auf der 2. Stufe bei der Beschränkung des Schuldzinsenabzugs nach § 4 Abs. 4a EStG zu berücksichtigen. Umgekehrt geht bei der Entnahme eines fremdfinanzierten Wirtschaftsguts das Darlehen in das Privatvermögen über, so dass die Schuldzinsen nach der Entnahme privat veranlasst sind. Private Schuldzinsen dürfen schon auf der 1. Stufe nicht mehr als Betriebsausgaben abgezogen werden, so dass sie bei der Berechnung der nichtabzugsfähigen Schuldzinsen nach § 4 Abs. 4a EStG nicht mehr berücksichtigt werden dürfen[152].

---

[147] BFH vom 24. August 1956, III 218/54 S, BStBl III 1956, S. 325; BFH vom 4. Juli 1990, GrS 2-3/88, BStBl II 1990, S. 817/824; Wacker, in: Blümich, § 4 EStG Rn. 168, Stichwort: Entnahme.

[148] Horlemann, in: Herrmann/Heuer/Raupach, Steuerreform 1999/2000/2002, § 4 EStG Rn. R 29.

[149] Heinicke, in: Schmidt, § 4 EStG Rn. 229.

[150] Wacker, in: Blümich, § 4 EStG Rn. 168g.

[151] Meyer/Ball, INF 2000, S. 76/78 f.: Die Einlage einer Verbindlichkeit (eines negativen Wirtschaftsguts) wirkt wie eine Entnahme.

[152] Dazu folgendes Beispiel: Bei einem Gewinn von 200.000 EUR im Wirtschaftsjahr 01 entnimmt ein Steuerpflichtiger 50.000 EUR aus seinem Betriebsvermögen. Außerdem legt er ein ursprünglich privat angeschafftes Grundstück, das ab sofort betrieblich genutzt wird, zum Teilwert von 100.000 EUR ein, wobei er zur Finanzierung der Anschaffungskosten ein Darlehen aufgenommen hat, das im Einlagezeitpunkt noch mit 20.000 EUR valutiert ist. Durch die Einlage des Wirtschaftsguts wird die zugehörige Verbindlichkeit zu einer Betriebsschuld, so dass die Schuldzinsen als Betriebsausgabe abziehbar sind, soweit der Abzug nicht nach § 4 Abs. 4a EStG beschränkt ist.

Gewinn 01		+ 200.000 EUR
Entnahme		- 50.000 EUR
Einlage Grundstück	+ 100.000 EUR	
Verbindlichkeit	- 20.000 EUR	+ 80.000 EUR
Unterentnahme		+ 230.000 EUR

Dasselbe gilt für die bereits oben unter C. IV. 2. dargestellten fremdfinanzierten Privatentnahmen. Werden kreditfinanzierte betriebliche Mittel entnommen, so geht die zugehörige Verbindlichkeit in das Privatvermögen über[153]. Ist die betriebliche Schuld in der selben Höhe valutiert wie die Geldmittel, die entnommen werden, gleichen sich beide Beträge aus. Eine Entnahme im Rahmen des § 4 Abs. 4a EStG darf nicht mehr angesetzt werden. Die Schuldzinsen der durch die Entnahme entstandenen Verbindlichkeit sind privat veranlasst und dürfen deshalb nicht als Betriebsausgaben abgezogen werden.

3. Gewinn i.S.d. § 4 Abs. 4a EStG

Nach § 2 Abs. 2 Nr. 1 EstG sind die Einkünfte aus den Gewinneinkunftsarten der Gewinn unter Berücksichtigung der §§ 4 bis 7k EStG. § 4 Abs. 1 Satz 1 EStG definiert den Gewinn als den Unterschiedsbetrag zwischen dem Betriebsvermögen am Schluss des Wirtschaftsjahres und dem Betriebsvermögen am Schluss des vorangegangenen Wirtschaftsjahres, vermehrt um den Wert der Entnahmen und vermindert um den Wert der Einlagen. Grundsätzlich wird der Gewinnbegriff in § 4 Abs. 4a EStG genauso ausgelegt wie in § 4 Abs. 1 EStG[154]. Nicht aufgedeckte stille Reserven beeinflussen wegen des Realisationsprinzips die Höhe des Gewinns und damit auch das Entnahmevolumen nicht[155].

Wird im obigen Beispiel das nunmehr betriebliche Grundstück mit einem Teilwert von 100.000 EUR wieder entnommen und privat genutzt, so folgt das betriebliche Darlehen dem Grundstück und wird wieder zu einer Privatschuld. Die Schuldzinsen dürfen in Zukunft nicht mehr als Betriebsausgabe abgezogen werden.

Gewinn 01		+ 200.000 EUR
Entnahme Grundstück	- 100.000 EUR	
Verbindlichkeit	+ 20.000 EUR	- 80.000 EUR
Unterentnahme		+ 120.000 EUR

[153] Der Wegfall des negativen Wirtschaftsguts „Verbindlichkeit" wirkt wie eine Einlage.

[154] BMF vom 22. Mai 2000, IV C 2 – S 2144 – 60/00, BStBl I 2000, S. 588, Tz. 8; Horlemann, in: Herrmann/Heuer/Raupach, Steuerreform 1999/2000/2002, § 4 EStG Rn. R 839/840; Crezelius, in: Kirchhof, § 4 EStG Rn. 163; Heinicke, in: Schmidt, § 4 EStG Rn. 523; Eggesiecker/Ellerbeck, Schuldzinsen bei der Einkommensteuer mit dem neuen § 4 Abs. 4a EStG als Schwerpunkt, Rn. 139; Kanzler, INF 2000, S. 513/515; Keune/Oeldemann, Blickpunkt Steuern NWB 4/2000, S. 1461/1466; Paus, FR 2000, S. 957/960.

[155] Horlemann, in: Herrmann/Heuer/Raupach, Steuerreform 1999/2000/2002, § 4 EStG Rn. R 40; Prinz, FR 2000, S. 134/136; kritisch Paus, StWa 2000, S. 57/63.

a. Nicht abziehbare Betriebsausgaben gemäß § 4 Abs. 5 EStG

Nicht abziehbare Betriebsausgaben gemäß § 4 Abs. 5 EStG werden dem Gewinn außerhalb der Bilanz hinzugerechnet und erhöhen auf diese Weise den zu versteuernden Gewinn. Für die Ermittlung der Überentnahmen stellt sich die Frage, ob zum maßgeblichen Gewinn i.S.d. § 4 Abs. 4a EStG auch die nicht abziehbaren Betriebsausgaben gehören.

Gegen eine Berücksichtigung der nicht abziehbaren Betriebsausgaben könnte die Gesetzessystematik sprechen, wonach Betriebsausgaben, die unter § 4 Abs. 5 EStG fallen, gerade nicht den Gewinn beeinflussen, sondern außerhalb der Gewinnermittlung dem Gewinn hinzuzurechnen sind[156]. Zu berücksichtigen ist auch, dass sich § 4 Abs. 4a EStG, wie oben unter C. I. 2. b. dargestellt, am Stand des Eigenkapitalkontos orientiert[157]. Im Eigenkapital eines Unternehmens befindet sich aber nur der Bilanzgewinn ohne die nicht abziehbaren Betriebsausgaben. Die Hinzurechnung erfolgt erst außerbilanziell. Um einen Gleichstand zwischen den ermittelten Überentnahmen und dem Eigenkapitalkonto zu erzielen, dürften die nicht abziehbaren Betriebsausgaben eigentlich nicht den Gewinn i.S.v. § 4 Abs. 4a EStG mehren. Diese Argumente verkennen jedoch[158], dass trotz der besonderen Hinzurechnungssystematik der steuerliche Gewinn um die nicht abziehbaren Betriebsausgaben zu erhöhen ist. § 4 Abs. 5 EStG bestimmt, dass gewisse Betriebsausgaben den Gewinn nicht mindern dürfen. Steuerpflichtiger Gewinn im Sinne des § 2 Abs. 2 Nr. 1 EStG ist nicht der Bilanzgewinn aus § 4 Abs. 1 EStG, sondern der um die nicht abzugsfähigen Betriebsausgaben vermehrte Gewinn. § 4 Abs. 5 EStG macht eine Gewinnminderung, die aus steuerlichen Gründen unzulässig ist, rückgängig, indem der Gewinn wieder auf den ursprünglichen Betrag erhöht wird[159]. Für die Ermittlung der Überentnahmen bedeutet dies, dass im Rahmen des Begriffs „Gewinn" die nicht abziehbaren Betriebsausgaben gemäß § 4 Abs. 5 EStG zu berücksichtigen sind. Dieses Vorgehen folgt nicht dem Prinzip der eigenkapitalbezogenen Betrachtungsweise des § 4 Abs. 4a EStG[160].

---

[156] Eggesiecker/Ellerbeck, FR 2000 S. 689/692; Heinicke, in: Schmidt, § 4 EStG Rn. 523; Schallmoser, in: Herrmann/Heuer/Raupach, § 4 EStG Rn. 1058; Wendt, FR 2000, S. 417/424.
[157] Eggesiecker/Ellerbeck, FR 2000, S. 689/692.
[158] BMF vom 22. Mai 2000, IV C 2 – S 2144 – 60/00, BStBl I 2000, S. 588, Tz. 8; Wacker, in: Blümich, § 4 EStG Rn. 168g; Horlemann, in: Herrmann/Heuer/Raupach, Steuerreform 1999/2000/2002, § 4 EStG Rn. R 40; Kanzler, INF 2000, S. 513/515; Ley, NWB Fach 3, S. 11167/11172; Neufang, BB 2000, S. 1702/1708; Paus, StWa 2000, S. 57/59.
[159] Vgl. Eggesiecker/Ellerbeck, FR 2000, S. 689/692: Diese Auffassung ist für den Steuerpflichtigen günstiger, da die Berücksichtigung der nicht abziehbaren Schuldzinsen zu einem höheren Gewinn und somit zu einem größeren Entnahmepotenzial führt.
[160] Dadurch, dass in § 4 Abs. 4a EStG eine gesonderte Berechnung der Überentnahmen vorgesehen ist und nicht unmittelbar an den Stand des Eigenkapitalkontos angeknüpft wird, hat

b. Steuerfreie Gewinne

Steuerfreie Gewinne sind in die Berechnung der Überentnahmen einzubeziehen[161]. Für die Zuordnung als Bestandteil des Gewinns ist es unerheblich, dass gewisse Gewinne, so z.B. steuerfreie Investitionszulagen für betriebliche Investitionen, aus steuerpolitischen Gründen steuerfrei gestellt sind. Durch sie wird das gemäß § 4 Abs. 4a EStG für Entnahmen zur Verfügung stehende Potenzial eines Betriebes erhöht.

c. Steuerfreie Rücklagen

Steuerfreie Rücklagen mindern den Gewinn[162] i.S.v. § 4 Abs. 4a Satz 2 EStG, da der Gewinnbegriff in § 4 Abs. 4a EStG dem in § 4 Abs. 1 EStG entspricht. Zwar sind steuerfreie Rücklagen nur ein technisches Hilfsmittel für eine Gewinnverlagerung[163] in künftige Jahre. Daraus darf jedoch nicht geschlossen werden, dass der Gewinn um den Betrag der steuerfreien Rücklage zu korrigieren wäre[164]. Ansonsten würde der Gewinnbegriff innerhalb der Gewinnermittlung unterschiedlich ausgelegt.

d. Steuerfreie Entnahmen

Entnahmen sind bei der Ermittlung der Überentnahmen grundsätzlich mit dem Teilwert gemäß § 6 Abs. 1 Nr. 4 EStG anzusetzen (s.o. C. V. 2. a.). Steuerfreie Entnahmen[165] aber dürfen bei der Anwendung des § 4 Abs. 4a Satz 2 EStG aus

---

der Gesetzgeber eine Durchbrechung der eigenkapitalbezogenen Betrachtungsweise möglich gemacht. Ansonsten hätte er die uneingeschränkte Maßgeblichkeit des Eigenkapitalkontos in das Gesetz aufnehmen müssen.

[161] BMF vom 22. Mai 2000, IV C 2 – S 2144 – 60/00, BStBl I 2000, S. 588, Tz. 8; Schallmoser, in: Herrmann/Heuer/Raupach, § 4 EStG Rn. 1057; Heinicke, in: Schmidt, § 4 EStG Rn. 523; zum Teil wird in der Literatur nicht von steuerfreien Gewinnen, sondern von steuerfreien Betriebseinnahmen gesprochen. Da steuerfreie Einnahmen den Gewinn erhöhen, stellen sie immer auch steuerfreie Gewinne dar. Zwischen steuerfreien Einnahmen und steuerfreien Gewinnen besteht insoweit kein Unterschied: Eggesiecker/Ellerbeck, FR 2000, S. 689/692; Paus, StWa 2000, S. 57/59.

[162] Horlemann, in: Herrmann/Heuer/Raupach, Steuerreform 1999/2000/2002, § 4 EStG Rn. R 40; Heinicke, in: Schmidt, § 4 EStG Rn. 523.

[163] Glanegger, in: Schmidt, § 6b EStG Rn. 1ff., 97 ff.; Paus, StWa 2000, S. 57/60.

[164] Paus, StWa 2000, S. 57/60.

[165] Steuerfreie Entnahmen liegen z.B. in den Fällen des § 13 Abs. 4 und Abs. 5, § 14 a Abs. 4 EStG vor.

Vereinfachungsgründen[166] mit dem Buchwert angesetzt werden, wenn die darauf beruhende Gewinnerhöhung ebenfalls unberücksichtigt bleibt. Würde man eine steuerfreie Entnahme mit dem Teilwert ansetzen, würde zugleich ein steuerfreier Entnahmegewinn entstehen[167]. Dieser Entnahmegewinn würde sich im Rahmen der Ermittlung der Überentnahmen mit der zu berücksichtigenden Entnahme in Höhe der stillen Reserven gegenseitig ausgleichen. Trotzdem müssten nur für die Anwendung des § 4 Abs. 4a EStG die stillen Reserven des Wirtschaftsguts ermittelt werden. Für die sonstige Gewinnermittlung aber wären die stillen Reserven unerheblich, da sie ja steuerfrei gestellt sind[168]. Um diesen unnötigen Arbeitsaufwand zu vermeiden, dürfen die stillen Reserven sowohl bei der Ermittlung des Entnahmegewinns als auch bei der Bewertung der Entnahme außer acht gelassen werden. Technisch wird dies durch den Buchwertansatz der steuerfreien Entnahme unter gleichzeitiger Nichtberücksichtigung des Entnahmegewinns erreicht. Dasselbe gilt sinngemäß in den Fällen des § 55 Abs. 6 EStG.

e. Hinzurechnungsbetrag nach § 4 Abs. 4a EStG

Gemäß § 4 Abs. 4a Satz 3, 2. HS EStG ist bei der Ermittlung der Überentnahmen vom Gewinn ohne Berücksichtigung der nach § 4 Abs. 4a EStG ermittelten, nicht abziehbaren Schuldzinsen auszugehen. Diese Regelung ist erst durch das StÄndG 2001[169] in das Gesetz aufgenommen worden. Bereits vor dem Veranlagungszeitraum 2001 hat die Verwaltung[170] und die herrschende Meinung[171] in der Literatur die Ansicht vertreten, dass der Hinzurechnungsbetrag nach § 4 Abs. 4a EStG nicht bei der Ermittlung der Überentnahmen zu berücksichtigen ist. Diese Regelung widerspricht zwar dem Grundsatz, dass die nicht abziehbaren Betriebsausgaben (s.o. C. V. 3. a.) den Gewinn nach § 4 Abs. 4a Satz 2 EStG erhöhen[172], da es sich auch bei den nach § 4 Abs. 4a EStG hinzuzurechnenden Schuldzinsen um nicht abziehbare Betriebsausgaben handelt. Sie ver-

---

[166] BMF vom 22. Mai 2000, IV C 2 – S 2144 – 60/00, BStBl I 2000, S. 588, Tz. 8; Meyer/Ball, INF 2000, S. 459/460, Schallmoser, in: Herrmann/Heuer/Raupach, § 4 EStG Rn. 1057.
[167] Kanzler, INF 2000, S. 513/515.
[168] Paus, FR 2000, S. 957/960.
[169] Gesetz zur Änderung steuerlicher Vorschriften (Steueränderungsgesetz 2001 – StÄndG 2001), BGBl I 2001, S. 3794.
[170] BMF vom 22. Mai 2000, IV C 2 – S 2144 – 60/00, BStBl I 2000, S. 588, Tz. 8.
[171] Korn, in: Korn, § 4 EStG Rn. 841; Heinicke, in: Schmidt, § 4 EStG Rn. 523; Eggesiekker/Ellerbeck, FR 2000, S. 689/692; Kanzler, INF 2000, S. 513/516; Kohlhaas, DStR 2000, S. 901/903; Wieczorek, Stbg 2000, S. 301/303.
[172] Horlemann, in: Herrmann/Heuer/Raupach, Steuerreform 1999/2000/2002, § 4 EStG Rn. R 51; Franz/Seitz, Stbg 2000, S. 97/100 f.; Hundsdoerfer/Henning, BB 2000, S. 542 ff.; Paus, FR 2000, S. 957/963 f.

hindert aber komplizierte Berechnungen. Würde man die nicht abziehbaren Schuldzinsen nach § 4 Abs. 4a EStG dem Gewinn hinzurechnen, würden sich wegen des erhöhten Gewinns geringere nicht abziehbare Schuldzinsen i.S.d. § 4 Abs. 4a EStG ergeben. Diese neu berechneten nicht abziehbaren Schuldzinsen würden wiederum die Höhe des Gewinns und damit auch die Höhe der nicht abziehbaren Schuldzinsen beeinflussen[173]. Durch die gesetzliche Klarstellung im StÄndG 2001 wird deutlich, dass eine solche Insichrechnung nicht gewollt ist. Bei der Ermittlung der Überentnahmen ist deshalb vom Gewinn ohne Berücksichtigung der nach § 4 Abs. 4a EStG ermittelten nicht abziehbaren Schuldzinsen auszugehen ist.

f. Betriebsaufgabe/Betriebsveräußerung

Bei der Veräußerung oder Aufgabe eines Betriebes stellt sich die Frage, ob zum Gewinn im Sinne des § 4 Abs. 4a EStG auch der Gewinn aus der Veräußerung bzw. Aufgabe des Betriebes gehört[174]. In diesem Zusammenhang ist nochmals darauf hinzuweisen (s.o. C. V. 2. b.), dass Überführungen von Wirtschaftsgütern aus dem Betriebsvermögens in das Privatvermögen anlässlich einer Betriebsaufgabe sowie der Erlös aus der Veräußerung eines Betriebs als Entnahmen i.S.v. § 4 Abs. 4a EStG zu erfassen sind. Würde man bei der Anwendung des § 4 Abs. 4a EStG diese Entnahme in voller Höhe ansetzen und den Veräußerungs- bzw. Aufgabegewinn nicht als Gewinn i.S.v. § 4 Abs. 4a EStG berücksichtigen, würde automatisch bei jeder Veräußerung bzw. Aufgabe eine Überentnahme in Höhe der aufgedeckten stillen Reserven entstehen. Dieses Ergebnis kann nicht richtig sein. Gemäß § 4 Abs. 4a Satz 2 EStG soll eine Überentnahme erst vorliegen, wenn die Entnahmen größer als der zu versteuernde Gewinn und die Einlagen eines Wirtschaftsjahres sind. Gewinne sollen vom Steuerpflichtigen immer ohne die nachteiligen Folgen des § 4 Abs. 4a EStG entnommen werden können. Gemäß § 16 Abs. 1 und Abs. 3 EStG unterliegt der Gewinn aus der Veräußerung bzw. Aufgabe eines Betriebes der Einkommensteuer. Für die Ermittlung der Überentnahmen bedeutet dies, dass auch der Aufgabe- bzw. Veräußerungsgewinn als Gewinn i.S.v. § 4 Abs. 4a Satz 2 EStG zu berücksichtigen ist[175]. Eine Überentnahme entsteht bei der Veräußerung oder Aufgabe erst, wenn der Steu-

---

[173] Dasselbe Problem der Insichrechnung findet man auch bei der Gewerbesteuer, da die Höhe der Gewerbesteuer Einfluss auf die Höhe des Gewinns und die Höhe des Gewinns Einfluss auf die Höhe der Gewerbesteuer hat.

[174] § 4 Abs. 4a EStG kann auch nach der Aufgabe bzw. Veräußerung eines Betriebes zur Anwendung kommen, nämlich wenn nachträglich Schuldzinsen gemäß § 24 Nr. 2 EStG anfallen (s.o. C. V. 2. b.).

[175] BMF vom 22. Mai 2000, IV C 2 – S 2144 – 60/00, BStBl I 2000, S. 588, Tz. 9.

erpflichtige mehr als die zu versteuernden stillen Reserven und die eingelegten Wirtschaftsgüter entnimmt.

g. Verluste

aa. Verluste als negative Gewinne bei der Ermittlung der Überentnahmen

Die Behandlung von Verlusten im Rahmen des § 4 Abs. 4a EStG stellt eines der größten Probleme bei der Anwendung der Vorschrift dar. Es stellt sich die Frage, ob Verluste wie positive Gewinne bei der Ermittlung der Überentnahmen angesetzt werden dürfen oder ob Verluste außer Betracht zu lassen sind. Würden Verluste bei der Berechnung der Überentnahmen berücksichtigt, könnte der positive Saldo aus Entnahmen und Einlagen durch Verluste negativ werden bzw. ein bereits bestehender negativer Saldo aus Entnahmen und Einlagen vergrößert werden. Ein negativer Saldo bedeutet im Rahmen des § 4 Abs. 4a EStG eine Überentnahme, die zu einer Beschränkung des Schuldzinsenabzugs führt. Verluste würden in diesem Falle im Rahmen der Ermittlung der Überentnahmen mit Entnahmen gleichgesetzt. Im Extremfall könnten Verluste, wenn sie als negative Gewinne uneingeschränkt in die Berechnung der Überentnahmen einfließen, den Schuldzinsenabzug gemäß § 4 Abs. 4a EStG beschränken, obwohl ein Steuerpflichtiger keine Entnahmen getätigt hat. Denkbar wäre deshalb, Verluste im Rahmen des § 4 Abs. 4a EStG außen vorzulassen und sie bei der Ermittlung der Überentnahmen mit einem Betrag von 0 EUR anzusetzen[176].

Gegen dieses Vorgehen spricht, dass der Begriff des Gewinns gemäß § 4 Abs. 1 Satz 1 EStG sowohl das positive (Gewinn) als auch das negative Ergebnis (Verlust) beinhaltet [177]. Auch ansonsten versteht das Einkommensteuergesetz unter Gewinn immer auch ein negatives Jahresergebnis[178]. Andernfalls gäbe es weder einen Verlustausgleich noch einen Verlustabzug nach § 10 d EStG. Zwar könnte gegen eine Berücksichtigung von Verlusten der Wortlaut des § 4 Abs. 4a EStG sprechen. Danach hätte der Gesetzgeber - wollte er auch Verluste einbeziehen – in § 4 Abs. 4a Satz 2 EStG neben der Summe auch den Saldo ansprechen müs-

---

[176] Diese Auffassung wird von der herrschenden Meinung in der Literatur vertreten: Korn, in: Korn, § 4 EStG Rn. 843; Hegemann/Querbach, DStR 2000, S. 408/411; Kohlhaas, DStR 2000, S. 901/903; Korn, KÖSDI 2000, S. 12548/12553; Ley, NWB Fach 3, S. 11167/11172; Meyer/Ball, INF 2000, S. 76/78; Neufang, Stbg 2000, S. 104/106; Paus, FR 2000, S. 957/964; Prinz, FR 2000, S. 134/135; Wieczorek, Stbg 2000, S. 301/304.

[177] Eggesiecker/Ellerbeck, DB 2000, S. 594 ff.; Eggesiecker/Ellerbeck, Schuldzinsen bei der Einkommensteuer mit dem neuen § 4 Abs. 4a EStG als Schwerpunkt, Rn. 149 ff.; Jakob, DStR 2000, S. 101/102 (Ansatz des Verlusts bei Beispiel 1).

[178] Meyer/Ball, INF 2000, S. 76/78.

sen. Dieses Argument überzeugt nicht[179]. Auch in § 2 Abs. 3 EStG sind bei der Summe der Einkünfte unstreitig[180] alle positiven und negativen Einkünfte miteinander zu verrechnen. Unter Summe im Sinne des Einkommensteuergesetzes ist deshalb immer auch ein Saldo zu verstehen. Da es in § 4 Abs. 4a EStG an einer abweichenden gesetzlichen Regelung fehlt, müssen Verluste in die Ermittlung der Überentnahmen einfließen[181]. Eine andere Interpretation lässt der Gewinnbegriff nicht zu.

Berücksichtigt man Verluste im Rahmen des § 4 Abs. 4a EStG, stellt sich weiterhin das Problem, dass § 4 Abs. 4a EStG an Überentnahmen und nicht lediglich an einen negativen Saldo aus Entnahmen, Einlagen und Gewinnen/Verlusten anknüpft. Eine Überentnahme i.S.d. § 4 Abs. 4a EStG liegt begrifflich aber nur vor, wenn der Saldo durch zu hohe Entnahmen negativ wird. Auch der Zweck des § 4 Abs. 4a EStG, den Schuldzinsenabzug bei zu hohen Entnahmen einzuschränken, wird nur erreicht, wenn man verlangt, dass der Saldo durch Entnahmen negativ wird. Verluste sind gerade keine Entnahmen. Ansonsten würde in einem Verlustjahr der Schuldzinsenabzug gemäß § 4 Abs. 4a EStG beschränkt, selbst wenn keine Entnahmen getätigt wurden[182]. Dies bedeutet für die Anwendung des § 4 Abs. 4a EStG, dass die Berücksichtigung von Verlusten bei der Ermittlung der Überentnahmen gewissen Einschränkungen unterliegen muss[183].

Da aus der negativen Summe von Verlusten und Einlagen eines Wirtschaftsjahres eine Entnahme weder entsteht noch fingiert werden kann, darf ein Verlust nicht zu einer Überentnahme[184] und damit zur Anwendung des § 4 Abs. 4a EStG führen[185]. In einem Verlustjahr darf eine Überentnahme nur in der Höhe angesetzt werden, in der die Entnahmen die Einlagen eines Wirtschaftsjahres über-

---

[179] Korn, KÖSDI 2000, S. 12548/12553.
[180] Seeger, in: Schmidt, § 2 EStG Rn. 57.
[181] A.A.: Korn, in: Korn, § 4 EStG Rn. 843; Crezelius, in: Kirchhof, § 4 EStG Rn. 163; Hegemann/Querbach, DStR 2000, S. 408/411; Kohlhaas, DStR 2000, S. 901/903; Korn, KÖSDI 2000, S. 12548/12553; Ley, NWB Fach 3, S. 11167/11172; Meyer/Ball, INF 2000, S. 76/78; Neufang, Stbg 2000, S. 104/106; Paus, FR 2000, S. 957/964; Prinz, FR 2000, S. 134/135; Wieczorek, Stbg 2000, S. 301/304.
[182] Ley, NWB Fach 3, S. 11167/11172.
[183] BMF vom 22. Mai 2000, IV C 2 – S 2144 – 60/00, BStBl I 2000, S. 588, Tz.11: auch die Finanzverwaltung geht davon aus, dass mangels eigenständigen Gewinnbegriffs Verluste eigentlich uneingeschränkt in die Berechnung der Überentnahmen einfliesen müssten. Nach Sinn und Zweck des Gesetzes darf ein Verlust aber nicht zu einer Überentnahme führen; vgl. auch Schallmoser, in: Herrmann/Heuer/Raupach, § 4 EStG Rn. 1057; v. Reden, in: Littmann/Bitz/Pust, §§ 4, 5 EStG Rn. 1657b; Kanzler, INF 2000, S. 513/516; Neumann, EStB 2000, S. 165/168.
[184] Meyer/Ball, INF 2000, S. 76/78.
[185] Kritisch: v. Reden, in: Littmann/Bitz/Pust, §§ 4, 5 EStG Rn. 1657b.

steigen (Entnahmenüberschuss)[186]. Sind die Einlagen in einem Wirtschaftsjahr größer als die Entnahmen (Einlagenüberschuss), liegt keine Überentnahme vor[187]. Es stellt sich dann die Frage, inwieweit Verluste noch in die Berechnung der Überentnahmen einfließen dürfen. Die Finanzverwaltung[188] verrechnet Verluste mit den Unterentnahmen vergangener und zukünftiger Wirtschaftsjahre. Hierfür spricht, dass Verluste das Eigenkapital eines Betriebes mindern. Ein durch Verluste gesunkenes Eigenkapitalkonto bedeutet wegen der eigenkapitalorientierten Ausrichtung des § 4 Abs. 4a EStG auch ein geringeres Entnahmepotenzial[189]. Ist bei einem Unternehmen das Kapital durch Verluste verbraucht, sollen Entnahmen unter den Voraussetzungen des § 4 Abs. 4a EStG zu einer Beschränkung des Schuldzinsenabzugs führen[190]. Da im Rahmen des § 4 Abs. 4a EStG ein für Entnahmen zur Verfügung stehendes Kapital durch den Posten Unterentnahmen verkörpert wird, ist einer Verrechnung von Verlusten mit Unterentnahmen vergangener und zukünftiger Wirtschaftsjahre zuzustimmen. Sind die Einlagen in einem Wirtschaftsjahr größer als die Entnahmen, ist der Einlagenüberschuss zunächst mit dem Verlust desselben Jahres zu verrechnen, bevor der Verlust durch Unterentnahmen vergangener oder zukünftiger Jahre ausgeglichen wird. Gegen die Verrechnung des Einlagenüberschusses mit dem Verlust desselben Wirtschaftsjahres bestehen keine Bedenken, da Überentnahmen dadurch nicht entstehen können. Eine Verrechnung findet maximal in Höhe des Einlagenüberschusses statt, so dass der Saldo höchstens 0 Euro betragen kann. Der verbleibende Verlust ist mit den Unterentnahmen vergangener und zukünftiger Wirtschaftsjahre zu verrechnen. Nicht ausgeglichene Verluste müssen für die Anwendung des § 4 Abs. 4a EStG – ebenso wie die Über- und Unterentnahmen – formlos festgehalten werden[191].

Für die Berücksichtigung von Verlusten gilt demnach folgendes:

(1.) Verluste des Betrachtungsjahres sind mit Einlagenüberschüssen – positiver Saldo aus Einlagen abzüglich Entnahmen – des gleichen Jahres zu verrechnen; insoweit werden Einlagenüberschüsse durch Verluste verbraucht. Bei Entnahmenüberschüssen entfällt dieser Schritt;

---

[186] BMF vom 22. Mai 2000, IV C 2 – S 2144 – 60/00, BStBl I 2000, S. 588, Tz.11; Schallmoser, in: Herrmann/Heuer/Raupach, § 4 EStG Rn. 1057; Kanzler, INF 2000, S. 513/516; Neumann, EStB 2000, S. 165/168.

[187] Widersprüchlich Heinicke, in: Schmidt, § 4 EStG Rn. 523: Übersteigen die Einlagen die Entnahmen findet keine Betriebsausgabenkürzung statt. Dies spricht dafür, zunächst die Einlagen mit den Entnahmen zu verrechnen. Andererseits soll ein Verlust etwaige Einlagen mindern (insoweit keine Entnahmenminderung durch Einlagen).

[188] BMF vom 22. Mai 2000, IV C 2 – S 2144 – 60/00, BStBl I 2000, S. 588, Tz.11.

[189] Vgl. auch v. Reden, in: Littman/Bitz/Pust, §§ 4, 5 EStG Rn. 1657b; Wacker, in: Blümich, § 4 EStG Rn. 168g.

[190] Vgl. Elser/Neininger, DB 2000, S. 994/997; Neumann, EStB 2000, S. 165/168.

[191] BMF vom 22. Mai 2000, IV C 2 – S 2144 – 60/00, BStBl I 2000, S. 588, Tz.11.

(2.) nach Schritt (1.) verbleibende Verluste sind mit Unterentnahmen vorangegangener Wirtschaftsjahre zu verrechnen;
(3.) die nach Schritt (1.) und Schritt (2.) noch verbleibenden Verluste sind mit Unterentnahmen zukünftiger Wirtschaftsjahre zu verrechnen.

bb. Praktische Anwendung der Verlustverrechnung

aaa. Entstehung von Über- bzw. Unterentnahmen im Verlustjahr

Eine Überentnahme entsteht in einem Verlustjahr, wenn die Entnahmen die Einlagen übersteigen. In diesem Fall ist der Entnahmenüberschuss einer Überentnahme gleichzusetzen, da Verluste insoweit nicht berücksichtigt werden dürfen[192]. Anders ist es bei einem Einlagenüberschuss. Sind die Einlagen in einem Wirtschaftsjahr größer als die Entnahmen, so ist der Einlagenüberschuss zunächst mit dem Verlust des Wirtschaftsjahres zu verrechnen. Die durch die Einlagen eingetretene Eigenkapitalmehrung wird durch den Verlust verbraucht und kann nicht mehr unschädlich i.S.d. § 4 Abs. 4a EStG entnommen werden. Erst ein nach der Verlustverrechnung verbleibender Einlagenüberschuss ist als Unterentnahme anzusetzen und kann mit Überentnahmen aus vergangenen oder zukünftigen Wirtschaftsjahren saldiert werden.

bbb. Verrechnung von Verlusten mit Unterentnahmen vorangegangener Wirtschaftsjahre

→ Verlust, aber keine Überentnahme im selben Wirtschaftsjahr
Wird ein Verlust mit Unterentnahmen vorangegangener Jahre verrechnet, ist der jeweilige Saldo der Unterentnahme des Vorjahres maßgeblich. Eine Verrechnung ist nur insoweit möglich, als ein Unterentnahmenüberschuss im Vorjahr besteht, das heißt die Unterentnahmen vorangegangener Jahre höher sind als die Überentnahmen vorangegangener Jahre[193].
→ Verlust und Überentnahme in einem Wirtschaftsjahr
Entsteht in einem Wirtschaftsjahr neben einem Verlust auch eine Überentnahme (Entnahmenüberschuss), ist fraglich, ob zuerst die Überentnahme oder der Verlust mit den Unterentnahmen vorangegangener Jahre zu verrechnen ist. Würde man zuerst die Überentnahme mit den Unterentnahmen aus den Vorjahren verrechnen, würden sich die nach § 4 Abs. 4a EStG hinzuzurechnenden Schuldzinsen verringern oder gar entfallen. Gegen diese Vorgehensweise spricht, dass

[192] So auch: BMF vom 22. Mai 2000, IV C 2 – S 2144 – 60/00, BStBl I 2000, S. 588, Tz. 11; vgl. Schallmoser, in: Herrmann/Heuer/Raupach, § 4 EStG Rn. 1070.
[193] Vgl. Ley, NWB Fach 3, S. 11167/11173.

Verluste grundsätzlich wie Gewinne in die Berechnung der Überentnahmen einfließen müssten. Nur der Sinn und Zweck des § 4 Abs. 4a EStG verbietet es, in einem Verlustjahr die Überentnahmen höher anzusetzen als den Betrag, um den die Entnahmen die Einlagen übersteigen. Deshalb müssen Verluste bevorzugt mit den Unterentnahmen vorangegangener Jahre verrechnet werden[194]. Für dieses Ergebnis spricht auch der Aufbau des § 4 Abs. 4a EStG. In Satz 2 der Vorschrift wird zunächst die Überentnahme eines Wirtschaftsjahres ermittelt. Liegt ein Verlust vor, ist dieser, wie oben unter C. V. 3. g. aa. dargestellt, mit den Unterentnahmen vorangegangener Jahre zu verrechnen. Erst in Satz 3 findet die zeitraumübergreifende Betrachtung statt, wonach Über- und Unterentnahmen aus Vorjahren in die Berechnung der nicht abziehbaren Schuldzinsen einfließen. Es ist auch zu berücksichtigen[195], dass Verluste das Eigenkapital und damit das Entnahmepotenzial eines Betriebes mindern. Verluste sind somit vorrangig vor einer Überentnahme desselben Jahres mit den Unterentnahmen aus den Vorjahren zu saldieren.

ccc. Verrechnung von Verlusten mit Unterentnahmen zukünftiger Wirtschaftsjahre

Ein nach den Schritten (1.) und (2.) (s.o. C. V. 3. g. aa.) verbleibender Verlust ist mit den Unterentnahmen zukünftiger Wirtschaftsjahre zu verrechnen. Hier stellt sich die Frage, in welcher Reihenfolge Verluste, Über- und Unterentnahmen zu saldieren sind. Denkbar sind verschiedene Konstellationen. So kann eine Überentnahme vor dem Verlustjahr, im Verlustjahr oder nach dem Verlustjahr entstanden sein bzw. entstehen. Würde eine Unterentnahme aus einem folgenden Wirtschaftsjahr zuerst mit der Überentnahme verrechnet, verringerte sich der Hinzurechnungsbetrag nach § 4 Abs. 4a EStG, da die Überentnahmen geringer würden. Bei einer vorrangigen Verrechnung der Unterentnahmen mit einem Verlust, würden Überentnahmen aus Vorjahren u.U. in gleicher Höhe bestehen bleiben und weiterhin zu nicht abziehbaren Schuldzinsen führen. Für den Steuerpflichtigen wäre es günstiger, zuerst die Überentnahmen mit den Unterentnahmen zukünftiger Jahre zu verrechnen.

Für eine vorrangige Saldierung der Über- und Unterentnahmen könnte § 4 Abs. 4a Satz 3 EStG sprechen, wonach die Über- bzw. Unterentnahme eines Wirtschaftsjahres um die Unter- bzw. Überentnahmen der Vorjahre zu erhöhen bzw. zu mindern ist. Berücksichtigt man diesen Gedanken, wäre eine in einem Wirt-

---

194 Wohl auch BMF vom 22. Mai 2000, IV C 2 – S 2144 – 60/00, BStBl I 2000, S. 588, Tz. 11, das Verluste mit Unterentnahmen aus Vorjahren verrechnen will und nicht erst die mit einer Überentnahme verrechneten Unterentnahmen der Vorjahre.

195 Zustimmend Elser/Neininger, DB 2000, S. 994/999.

schaftsjahr angefallene Unterentnahme nur insoweit mit einem Verlust zu verrechnen, als die Unterentnahme nach Saldierung mit einer aus dem Vorjahr stammenden Überentnahme noch vorhanden ist. Für dieses Vorgehen würde auch der Gedanke der Gleichbehandlung mit Unterentnahmen vorangegangener Jahre sprechen. Denn hier ist eine Verrechnung mit Verlusten nur möglich, soweit Unterentnahmenüberschüsse bestehen, das heißt die Unterentnahmen größer sind als die Überentnahmen vorangegangener Jahre. Sind Verluste nur mit Unterentnahmenüberschüssen aus der Vergangenheit zu verrechnen, müsste das Gleiche eigentlich auch für Unterentnahmen zukünftiger Wirtschaftsjahre gelten. Denkbar wäre auch, auf die zeitliche Entstehung[196] der Verluste sowie der Über- und Unterentnahmen abzustellen. Dann wären vorgetragene Verluste stets vor den Überentnahmen mit Unterentnahmen zu verrechnen, wenn die Verluste zeitlich früher entstanden sind. Gegen diese Berechnungsmethoden spricht aber, dass gemäß § 4 Abs. 4a Satz 2 EStG die Über- bzw. Unterentnahme zunächst für jedes Wirtschaftsjahr gesondert zu ermitteln ist. Verluste müssten bei der Ermittlung der Überentnahme mangels eigenständigen Gewinnbegriffs eigentlich uneingeschränkt einfließen. Nur wegen Sinn und Zweck des Gesetzes darf ein Verlust isoliert nicht zu einer Überentnahme führen. Da ein Verlust das Eigenkapital eines Betriebes verringert, müssen Überentnahmen aus Vorjahren solange angesetzt werden, bis das Eigenkapital wieder positiv ist, die Verluste also durch Unterentnahmen ausgeglichen sind. Verluste führen zwar nicht zu Überentnahmen, sind aber vor den Überentnahmen mit den Unterentnahmen zu verrechnen, auch wenn sie zeitlich später entstanden sind[197]. Nur wer keine Überentnahmen tätigt, kann trotz Verluste die Schuldzinsen unbeschränkt abziehen[198].

---

[196] Ley, NWB Fach 3, S. 11167/11173; vgl. das Berechnungsbeispiel bei Meyer/Ball, INF 2000, S. 459/462: auch hier wird der zeitlich frühere Verlust vor der späteren Überentnahme mit den Unterentnahmen zukünftiger Jahre verrechnet.

[197] Vgl. Elser/Neininger, DB 2000, S. 994/999: Neues Eigenkapital wird zunächst durch die aufgelaufenen Verluste verbraucht. Insoweit steht es für eine Korrektur der vorangegangenen Überentnahmen nicht mehr zur Verfügung.

[198] Verlustverrechnung anhand eines Beispiels:
Der Unternehmer U erzielt im Wirtschaftsjahr 01 einen Gewinn von 100. U tätigt in 01 Einlagen in Höhe von 50 und Entnahmen in Höhe von 140. Im Wirtschaftjahr 02 macht U einen Verlust von 100 und tätigt Einlagen in Höhe von 20 und Entnahmen in die Höhe von 10. In 03 erzielt U wieder einen Gewinn in Höhe von 100, während er 160 entnimmt und 10 einlegt. U erwirtschaftet im Wirtschaftjahr 04 einen Gewinn von 100. Dabei tätigt er Entnahmen in Höhe von 50 und Einlagen in Höhe von 10. Im Wirtschaftsjahr 05 erzielt U einen Verlust von 100, während er 50 entnimmt und 10 einlegt.
Lösung:
Wj. 01: Gewinn (+100) + Einlage (+ 50) + Entnahme (-140) = Unterentnahme + 10
Wj. 02: Verlust (-100) + Einlage (+ 20) + Entnahme (- 10) = Einlagenüberschuss + 10
Verlust 02: -100
Verlustverrechnung mit Einlagenüberschuss + 10: Verlust - 90

VI. Typisierte Berechnung der nicht abziehbaren Schuldzinsen

1. Berechnungsschema nach § 4 Abs. 4a Satz 3 EStG

Die nicht abziehbaren Schuldzinsen gemäß § 4 Abs. 4a EStG sind zunächst auf zwei verschiedene Wege zu berechnen. Satz 3 sieht eine typisierte Ermittlung der nicht abziehbaren Schuldzinsen vor, während Satz 4 auf die tatsächlich gezahlten Zinsen abstellt. Hinzugerechnet wird jeweils nur der geringere Betrag. Die Berechnung der typisierten, nicht abziehbaren Schuldzinsen knüpft an die Höhe der Überentnahmen an. Gemäß § 4 Abs. 4a Satz 3 EStG werden die nicht

---

Verlustverrechnung mit Unterentnahme + 10 aus 01: Verlust - 80
verbleibender Verlust 02: - 80

Wj. 03: Gewinn (+100) + Einlage (+ 10) + Entnahme (-160) = Überentnahme - 50
Verlust 02: - 80
Überentnahme 03: - 50
⇒ Kürzung der Schuldzinsen gemäß § 4 Abs. 4a EStG

Wj. 04: Gewinn (+100) + Einlage (+ 10) + Entnahme (- 50) = Unterentnahme + 60
Verlust aus 02: - 80
Überentnahme aus 03: - 50
Verlustverrechnung mit Unterentnahme 04: Verlust + Unterentnahmen = -20
verbleibender Verlust aus 02: - 20
Überentnahme 04 (= 03) = - 50
⇒ Kürzung der Schuldzinsen gemäß § 4 Abs. 4a EStG

Wj. 05: Verlust (-100) + Einlage (+ 10) + Entnahme (- 50) = Entnahmenüberschuss - 40

Verlust aus 02:	- 20	Überentnahme 04:	- 50
Verlust aus 05:	-100	Überentnahme 05 (= Entnahmenüberschuss):	- 40
= Verlust (02 + 05):	-120	= Überentnahme (04 + 05):	- 90

Kommt es im Wirtschaftsjahr 06 zu einer Unterentnahme in Höhe von 100, so ist diese mit den Verlusten zu verrechnen, da Gewinne oder Einlagen zunächst der Konsolidierung des Betriebes dienen. Erst wenn das Eigenkapital wieder positiv ist, darf der Steuerpflichtige Gewinne und Einlagen ohne eine Beschränkung des Schuldzinsenabzugs entnehmen.
Der verbleibende Verlust ist formlos festzuhalten (vgl. BMF vom 22. Mai 2000, IV – S 2144 – 60/00, BStBl I 2000, S. 588, Tz. 12). Aus diesem Grund ist neben der Berechnung der Über- und Unterentnahmen für Zwecke der Zinskürzung nach § 4 Abs. 4a EStG eine weitere Berechnung zu führen, in der der noch verrechnungspflichtige Verlust fortgeschrieben wird (siehe auch Meyer/Ball, INF 2000, S. 459/462). Für das obige Beispiel gilt:

Verlust 02	- 90
Verrechnung mit Unterentnahme 01	+ 10
Verrechnung mit Unterentnahme 04	+ 60
verbleibender Verrechnungsbetrag	- 20
zuzüglich Verlust 05	- 100
noch zu verrechnender Verlust	- 120

abziehbaren Schuldzinsen typisiert mit sechs vom Hundert der Überentnahme des Wirtschaftsjahres zuzüglich der Überentnahmen vorangegangener Wirtschaftsjahre und abzüglich der Beträge, um die in den vorangegangenen Wirtschaftsjahren der Gewinn und die Einlagen die Entnahmen überstiegen haben (Unterentnahmen), ermittelt. Diese Berechnung ist trotz des Wortlauts wegen der periodenübergreifenden Betrachtung des § 4 Abs. 4a EStG auch in einem Wirtschaftsjahr durchzuführen, in dem eine Unterentnahme getätigt wurde (s.o. C. V. 1.), wenn die Überentnahmen aus Vorjahren die Unterentnahme des laufenden Jahres übersteigen. Liegt dagegen nach der Saldierung des laufenden Wirtschaftsjahres mit den Vorjahren eine Unternahme vor, ist § 4 Abs. 4a EStG nicht einschlägig, da zeitraumübergreifend keine Überentnahmen getätigt worden sind. Die typisierte Ermittlung des Hinzurechnungsbetrages dient der Vereinfachung. Die Höhe der nicht abziehbaren Schuldzinsen knüpft nicht an die konkret gezahlten Schuldzinsen an, sondern wird typisiert mit 6 % des überentnommenen Betrages bemessen. Der Zinssatz erscheint auf den ersten Blick sehr niedrig. Zu berücksichtigen ist aber, dass es für die typisierte Berechnung nicht darauf ankommt, wie lange die Überentnahmen tatsächlich vorliegen. So ist es irrelevant, ob der Steuerpflichtige die Entnahmen am 1. Januar oder am 31. Dezember eines Wirtschaftsjahres tätigt[199]. Aus dieser Ungleichbehandlung können sich im Einzelfall Härten ergeben, die durch § 4 Abs. 4a Satz 4 EStG (s.u. C. VII.) wieder aufgefangen werden können. Da bei der typisierten Ermittlung der nicht abziehbaren Schuldzinsen nicht nur das aktuelle Wirtschaftsjahr nach Satz 2, sondern auch die Über- und Unterentnahmen der vorangegangenen Wirtschaftsjahre (Satz 3) berücksichtigt werden, wird auf eine periodenübergreifende Bemessungsgrundlage abgestellt. Dies wirft vor allem hinsichtlich der Über- und Unterentnahmen aus den Wirtschaftsjahren vor 1999 Probleme auf, die anschließend (s.u. C. VI. 2.) näher dargestellt werden.

Die typisierte Berechnung der nicht abziehbaren Schuldzinsen nach Satz 3 lautet wie folgt:

Überentnahme bzw. Unterentnahme des laufenden Wirtschaftsjahres
\+ Überentnahmen vorangegangener Wirtschaftsjahre
<u>- Unterentnahmen vorangegangener Wirtschaftsjahre</u>
= Bemessungsgrundlage für die typisierte Ermittlung der nicht abziehbaren Schuldzin-
sen, soweit die Überentnahmen größer sind als die Unterentnahmen
× 6 v.H. (nur wenn Überentnahmen vorliegen !)
= typisiert nicht abziehbare Schuldzinsen

---

[199] Zu den verfassungsrechtlichen Problemen einer solchen Typisierung, Schallmoser, FR 2001, S. 509/513 ff.

2. Über- bzw. Unterentnahmen vor 1999

Bis zur Einführung des § 52 Abs. 11 Satz 2 EStG durch das StÄndG 2001 war heftig umstritten, ob die Über- bzw. Unterentnahmen aus den Wirtschaftsjahren vor 1999 bei der Ermittlung der Überentnahmen einfließen. Nunmehr ist in § 52 Abs. 11 Satz 2 EStG, der gemäß Art. 39 Abs. 1 StÄndG 2001 ab dem Wirtschaftsjahr 2001 gilt, gesetzlich geregelt, dass Über- und Unterentnahmen aus Wirtschaftsjahren, die vor dem 1. Januar 1999 geendet haben, unberücksichtigt bleiben. Nach Auffassung des Gesetzgebers[200] handelt es sich bei der Neuregelung in § 52 Abs. 11 Satz 2 EStG lediglich um eine Klarstellung. Auch die Verwaltung[201] und ein Teil der Literatur[202] haben bereits vor der Einführung des § 52 Abs. 11 Satz 2 EStG i.d.F. des StÄndG 2001 die Meinung vertreten, dass Über- und Unterentnahmen aus Wirtschaftsjahren, die vor dem Jahre 1999 geendet haben, für die Anwendung des § 4 Abs. 4a EStG unbeachtlich sind. Dagegen wollte die herrschende Meinung[203] in der Literatur, jedenfalls soweit vor 1999 Unterentnahmen entstanden sind, auch Wirtschaftsjahre vor 1999 in die Berechnung der Überentnahmen einbeziehen. Falls die Ermittlung der Unterentnahmen vorangegangener Wirtschaftsjahre Schwierigkeiten bereitete, sollte hilfsweise an den Stand des Kapitalkontos angeknüpft werden. Dieser Ansicht ist auch das Finanzgericht Düsseldorf[204] gefolgt. Es hat in einem Verfahren der Aussetzung der Vollziehung entschieden, dass sich die Ansicht, wonach der für die Ermittlung der Über- und Unterentnahmen zu berücksichtigende Anfangsbestand im Jahre 1999 stets 0 EUR betrage, weder aus § 4 Abs. 4a Satz 4 EStG noch aus § 52 Abs. 11 EStG herleiten lasse[205].

Für die Wirtschaftsjahre 1999 und 2000 stellt sich die Frage[206], ob die Neuregelung in § 52 Abs. 11 Satz 2 EStG durch das StÄndG 2001 nur der Klarstellung

---

[200] Bundestag Drucksache 14/6877, S. 28.

[201] BMF vom 22. Mai 2000, IV C 2 – S 2144 – 60/00, BStBl I 2000, S. 588, Tz. 36.

[202] Heinicke, in: Schmidt, § 4 EStG Rn. 525; Franz/Seitz, Stbg 2000, S. 97/103; Kanzler, INF 2000, S. 513/515; Keune/Oeldemann, Blickpunkt Steuern NWB 4/2000, S. 1461/1466; Kohlhaas, DStR 2000, S. 901/904; Neufang, Stbg 2000, S. 104/108; Wieczorek, Stbg 2000, S. 301/307.

[203] Wacker, in: Blümich, § 4 EStG Rn. 168i; Horlemann, in: Herrmann/Heuer/Raupach, Steuerreform 1999/2000/2002, § 4 EStG Rn. R 50; Korn, in: Korn, § 4 EStG Rn. 837 f.; Groh, DStR 2001, S. 105/108; Eggesiecker/Ellerbeck, FR 2000, S. 689/694; Korn, KÖSDI 2000, S. 12548/12550 f.; Ley, NWB Fach 3, S. 11167/11175; Neumann, EStB 2000, S. 165/170 f.; Paus, FR 2000, S. 957/959 f.; Prinz, FR 2000, S. 134; Wendt, FR 2000, S. 417/430.

[204] FG Düsseldorf vom 16. Juli 2001, 15 V 1887/01 A (G, F), EFG 2001, S. 1269.

[205] Gegen diesen Beschluss hat das Finanzamt Beschwerde eingelegt. Mit Beschluss vom 6. Februar 2002, VIII B 82/01, BFH/NV 2002, S. 647 f., hat der BFH die Beschwerde als unbegründet zurückgewiesen und sich der Rechtsauffassung des FG Düsseldorf angeschlossen.

[206] Vgl. Grützner, NWB Fach 3b, S. 5469/5472.

diente und diese Rechtslage schon vorher galt, oder ob in der Vorschrift eine Verschärfung der bisherigen Rechtlage zu sehen ist, der keine Rückwirkung für die Wirtschaftsjahre 1999 und 2000 beigelegt werden kann. Entscheidend ist, ob vor der Einführung des § 52 Abs. 11 Satz 2 EStG i.d.F. des StÄndG 2001 die Über- und Unterentnahmen aus den Wirtschaftsjahren vor 1999 bei der Ermittlung der Überentnahmen zu beachten waren.

a. Veranlagungszeiträume 1999 und 2000

Gegen eine Berücksichtigung der Über- und Unterentnahmen aus den Wirtschaftsjahren vor 1999 könnte sprechen[207], dass eine Ermittlung der Über- bzw. Unterentnahmen bis zur Eröffnung des Betriebes erhebliche Schwierigkeiten aufwerfen kann. Aus Praktikabilitätsgründen wäre es einfacher, den Anfangsbestand mit 0 Euro festzusetzen. Auch der Wortlaut des § 52 Abs. 11 Satz 1 EStG[208], wonach § 4 Abs. 4a EStG erstmals für das Wirtschaftsjahr anzuwenden ist, das nach dem 31. Dezember 1998 endet, könnte ein Argument gegen die Berücksichtigung der Jahre vor 1999 sein. Insoweit hätte die Anwendungsregelung materiell rechtliche Wirkung, als sie auch die Einbeziehung der Über- und Unterentnahmen vor dem 1. Januar 1999 endender Wirtschaftsjahre ausschließt[209]. Die Ermittlung von Überentnahmen vor 1999 könnte auch verfassungsrechtliche Bedenken unter dem Aspekt der Rückwirkung auslösen[210].

Trotz dieser Argumente sind in den Veranlagungszeiträumen 1999 und 2000 bei der Berechnung der Überentnahmen auch die Wirtschaftsjahre vor 1999 zu berücksichtigen, soweit vor 1999 Unterentnahmen entstanden sind[211]. Der Wortlaut des § 4 Abs. 4a Satz 3 EStG, wonach die nicht abziehbaren Schuldzinsen mit 6% der Überentnahme des Wirtschaftsjahres zuzüglich der Überentnahmen vorangegangener Wirtschaftsjahre und abzüglich der Unterentnahmen vorangegangener Wirtschaftsjahre zu ermitteln sind, ist eindeutig[212] und verlangt, die früheren Wirtschaftsjahre einzubeziehen. Auch der Sinn und Zweck der Vor-

---

[207] BMF vom 22. Mai 2000, IV C 2 – S 2144 – 60/00, BStBl I 2000, S. 588, Tz. 36.

[208] Zu diesem Zeitpunkt war § 52 Abs. 11 Satz 2 EStG i.d.F. des StÄndG 2001 noch nicht im Gesetz vorhanden.

[209] Kanzler, INF 2000, S. 513/515:

[210] Heinicke, in: Schmidt, § 4 EStG Rn. 525; Franz/Seitz, Stbg 2000, S. 97/103; Kohlhaas, DStR 2000, S. 901/904; Neufang, Stbg 2000, S. 104/108.

[211] Wacker, in: Blümich, § 4 EStG Rn. 168i; Horlemann, in: Herrmann/Heuer/Raupach, Steuerreform 1999/2000/2002, § 4 EStG Rn. R 50; Korn, in: Korn, § 4 EStG Rn. 837 f.; Groh, DStR 2001, S. 105/108; Eggesiecker/Ellerbeck, FR 2000, S. 689/694; Korn, KÖSDI 2000, S. 12548/12550 f.; Ley, NWB Fach 3, S. 11167/11175; Neumann, EStB 2000, S. 165/170 f.; Paus, FR 2000, S. 957/959 f.; Prinz, FR 2000, S. 134; Wendt, FR 2000, S. 417/430.

[212] so auch das FG Düsseldorf vom 16. Juli 2001, 15 V 1887/01 A (G, F), EFG 2001, S. 1269.

schrift spricht für diese Vorgehensweise. Nach dem Konzept des § 4 Abs. 4a EStG sollen nicht abziehbare Schuldzinsen nur dann entstehen, wenn das Kapitalkonto durch Entnahmen negativ wird[213]. Eine steuerschädliche Überentnahme im laufenden Veranlagungszeitraum liegt deshalb erst vor, wenn die Entnahme zur Entstehung oder Erhöhung eines negativen Kapitalkontos führt[214]. Entnimmt ein Steuerpflichtiger in den Jahren vor 1999 weniger als den Gewinn zuzüglich Einlagen, muss er im Jahre 1999 das in den Vorjahren entstandene Entnahmepotenzial ohne negative Konsequenzen für den Schuldzinsenabzug entnehmen können[215]. Dieser Gedanke müsste grundsätzlich auch für Überentnahmen aus Wirtschaftsjahren vor 1999 gelten[216]. In diesem Fall würde zwar nicht der Abzug von Schuldzinsen für Jahre vor dem 1. Januar 1999 betroffen sein, sondern lediglich die Vorjahre bei der Ermittlung der Überentnahmen für das laufende Wirtschaftsjahr berücksichtigt. Trotzdem muss unter dem Gesichtspunkt des Vertrauensschutzes und einer unzulässigen Rückwirkung die Berücksichtigung von Überentnahmen aus den Jahren vor 1999 ausscheiden[217]. Der Steuerpflichtige konnte bzw. musste vor der Einführung des § 4 Abs. 4a EStG im Jahre 1999 nicht mit einer Regelung rechnen, die den Schuldzinsenabzug mittels einer Überentnahmeberechnung einschränkt. In der Praxis wird ein Streit über die Anrechnung von Überentnahmen aus Wirtschaftsjahren vor 1999 nicht entstehen[218], da die Finanzverwaltung[219] bei der Ermittlung der Überentnahmen auf die Jahre vor 1999 insgesamt verzichtet.

Die Einführung des § 52 Abs. 11 Satz 2 EStG durch das StÄndG 2001 diente hinsichtlich der Berücksichtigung von Unterentnahmen aus den Jahren vor 1999 nicht der Klarstellung, sondern verschärfte die bisherige Rechtslage. Ab dem Veranlagungsjahr 2001 sind Unterentnahmen aus den Wirtschaftsjahren vor dem 1. Januar 1999 nicht mehr in die Berechnung der nicht abziehbaren Schuldzinsen einzubeziehen. Unter dem Gesichtspunkt des Vertrauensschutzes kommt der

---

213 FG Düsseldorf vom 16. Juli 2001, 15 V 1887/01 A (G, F), EFG 2001, S. 1269.

214 FG Düsseldorf vom 16. Juli 2001, 15 V 1887/01 A (G, F), EFG 2001, S. 1269.

215 Querbach, Aktuelles NWB 51/2001, S. 4285/4287: Querbach kommt unter dem Gesichtspunkt einer echten Rückwirkung zum selben Ergebnis.

216 Diese Ansicht vertreten: Horlemann, in: Herrmann/Heuer/Raupach, Steuerreform 1999/2000/2002, § 4 EStG Rn. R 50; Paus, FR 2000, S. 957/959 f.

217 Neufang, Stbg 2000, S. 104/107; Querbach, Aktuelles NWB 51/2001, S. 4285/4287; siehe auch FG Düsseldorf vom 16. Juli 2001, 15 V 1887/01 A (G, F), EFG 2001, S. 1269: Das Finanzgericht weist auf verfassungsrechtliche Bedenken hin. Eine Entscheidung war im Streitfall aber nicht erforderlich.

218 Vgl. auch Kohlhaas, DStR 2002, S. 298/300.

219 BMF vom 22. Mai 2000, IV C 2 – S 2144 – 60/00, BStBl I 2000, S. 588, Tz.36: sowohl die Überntnahmen, als auch die Unterentnahmen aus Wirtschaftsjahren vor 1999 bleiben unberücksichtigt.

Neuregelung durch das StÄndG 2001 keine rückwirkende[220] Bedeutung für die Wirtschaftsjahre 1999 und 2000 zu. Eine nachträgliche Verschärfung der Rechtslage durch den Gesetzgeber ist nicht möglich.

b. Veranlagungszeitraum 2001

Seit der Einführung des § 52 Abs. 11 Satz 2 EStG durch das StÄndG 2001 sind die Unterentnahmen aus den Wirtschaftsjahren, die vor dem 1. Januar 1999 geendet haben, nicht mehr zu berücksichtigen[221]. Im Jahre 2001 dürfen nur die Über- bzw. Unterentnahmen aus den Wirtschaftsjahren 1999 und 2000 als Über- bzw. Unterentnahmen vorangegangener Wirtschaftsjahre angesetzt werden. Aus diesem Grund ist im Jahre 2001 eine neue Berechnung[222] der Über- bzw. Unterentnahmen der Vorjahre durchzuführen. Die Wirtschaftsjahre vor 1999 bleiben dabei außen vor[223].

---

[220] Vgl. Hegemann/Querbach, Meinungen - Stellungnahmen NWB 6/2002, S. 351/352 f.: § 52 Abs. 11 Satz 2 EStG i.d.F. des StÄndG 2001 erfüllt für die Veranlagungszeiträume 1999 und 2000 den Tatbestand einer echten Rückwirkung, so dass die Gesetzesänderung erst ab dem Veranlagungszeitraum 2001 greifen kann.

[221] Das gleiche gilt natürlich auch für die Überentnahmen.

[222] Hegemann/Querbach, Meinungen - Stellungnahmen NWB 6/2002, S. 351/354: Die Autoren bezeichnen diese Berechnung als sog. „Berechnungsrückbezug".

[223] Folgendes Beispiel ist, bis auf den Gewinn im VZ 2000 (der Verlust wurde von Hegemann/Querbach nicht wie unter C. V. 3. g. erörtert, sondern als negativer Rechnungsposten angesetzt), dem Aufsatz von Hegemann/Querbach, Meinungen - Stellungnahmen NWB 6/2002, S. 351/354 f. entnommen:

Der Unternehmer U hat Unterentnahmen vor dem 1. Januar 1999 in Höhe von 500.000 EUR. In den Wirtschaftsjahren 1999, 2000 und 2001 fallen folgende Gewinne, Entnahmen und Einlagen an:

VZ 1999:	Gewinn	+100.000 EUR
	Einlagen	+ 25.000 EUR
	Entnahmen	- 250.000 EUR
	Überentnahmen 1999	- 125.000 EUR
	Unterentnahme vorang. Wj.	+500.000 EUR
	Unterentnahme kumuliert	+375.000 EUR
VZ 2000:	Gewinn	+ 10.000 EUR
	Einlagen	+ 200.000 EUR
	Entnahmen	- 375.000 EUR
	Überentnahme 2000	- 165.000 EUR
	Unterentnahme vorang. Wj.	+ 375.000 EUR
	Unterentnahme kumuliert	+ 210.000 EUR

VII. Gewinnhinzurechnung und Höchstbetrag gemäß § 4 Abs. 4a Satz 4 EStG

§ 4 Abs. 4a Satz 4 EStG bestimmt, dass dem Gewinn die typisiert berechneten Schuldzinsen, höchstens jedoch der um 2.050 Euro verminderte Betrag der im Wirtschaftsjahr angefallenen Schuldzinsen, hinzuzurechnen sind. Aufgrund dieser Gesetzessystematik sind zunächst alle betrieblich veranlassten Schuldzinsen unbeschränkt als Betriebsausgabe abziehbar; eine eventuelle spätere Gewinnerhöhung durch Hinzurechnung nicht abziehbarer Schuldzinsen gemäß § 4 Abs. 4a EStG berührt den Ansatz der Aufwendungen nicht[224]. Die Hinzurechnung der nicht abziehbaren Schuldzinsen erfolgt außerhalb der Gewinnermittlung[225]. Der in Satz 3 ermittelte, typisierte Betrag der nicht abziehbaren Schuldzinsen wird durch § 4 Abs. 4a Satz 4 EStG der Höhe nach begrenzt (= Höchstbetrag). Es dürfen höchstens die tatsächlich gezahlten Schuldzinsen abzüglich eines Betrages von 2.050 EUR dem Gewinn hinzugerechnet werden. Bei tatsächlichen Zinsen bis zu einer Höhe von 2.050 EUR findet keine Gewinnerhöhung statt. Liegen die Schuldzinsen darüber, stellen die 2.050 EUR einen Bagatellbetrag dar, der von den gesamten entstandenen Schuldzinsen abzuziehen ist. Ob dieser Betrag von 2.050 EUR ein Frei- oder Pauschbetrag ist[226], ist unerheblich, da er in den Fällen, in denen die hinzuzurechnenden Schuldzinsen diesen Betrag überschreiten, jedenfalls als Freibetrag wirkt[227].

VZ 2001:	Gewinn	+ 75.000 EUR
	Einlagen	+ 25.000 EUR
	Entnahmen	- 300.000 EUR
	Überentnahme 2001	- 200.000 EUR
	Überentnahme vorang. Wj.	- 290.000 EUR
	Überentnahme kumuliert	- 490.000 EUR

Nebenrechnung im VZ 2001 für Über-/Unterentnahmen vorangegangener Wirtschaftsjahre:

Überentnahme VZ 1999 (bei einem Anfangstatbestand von 0 zum 01.01.1999):	-125.000 EUR
Überentnahme VZ 2000 (nur das Wirtschaftsjahr 2000 betrachtet):	-165.000 EUR
Überentnahme VZ 1999 + VZ 2000	-290.000 EUR

224 Vgl. Schallmoser, in: Herrmann/Heuer/Raupach, § 4 EStG Rn. 1053, der betont, dass es sich um ein Abzugsverbot und nicht um ein Ansatzverbot handelt.

225 Wie bei den nicht abzugsfähigen Betriebsausgaben gemäß § 4 Abs. 5 EStG; Horlemann, in: Herrmann/Heuer/Raupach, Steuerreform 1999/2000/2002, § 4 EStG Rn. R 51; Heinicke, in: Schmidt, § 4 EStG Rn. 526; Wendt, FR 2000, S. 417/428.

226 Bejahend: Jakob, DStR 2000, S. 101/102; Korn, in: Korn, § 4 EStG Rn. 852; Prinz, FR 2000, S. 134/136; Wendt, FR 2000, S. 417/428; ablehnend: Heinicke, in: Schmidt, § 4 EStG Rn. 526.

227 Vgl. Horlemann, in: Herrmann/Heuer/Raupach, Steuerreform 1999/2000/2002, § 4 EStG Rn. R 51.

An dieser Stelle ist noch einmal darauf hinzuweisen (vgl. C. IV. 1.), dass wegen der erforderlichen Veranlassungsprüfung für die Bestimmung des Höchstbetrages nur die Schuldzinsen zu berücksichtigen sind, die betrieblich veranlasst sind. Zinsen, bei denen eine private Veranlassung vorliegt, sind schon wegen des fehlenden Veranlassungszusammenhangs gemäß § 4 Abs. 4 EStG nicht abziehbar. Eine spätere Gewinnerhöhung gemäß § 4 Abs. 4a EStG kommt nicht in Betracht. Bei der Berechnung des Höchstbetrages nach § 4 Abs. 4a Satz 4 EStG dürfen deshalb Zinsen, die durch eine Privatentnahme veranlasst sind, nicht angesetzt werden.
Der Kürzungsbetrag von 2.050 EUR ist betriebsbezogen[228] und nicht personenbezogen zu gewähren, da § 4 Abs. 4a EStG zu den Gewinnermittlungsvorschriften gehört, die für jeden einzelnen Betrieb anzuwenden sind[229]. Ein Steuerpflichtiger mit mehreren Einzelbetrieben kann diesen Betrag mehrfach ansetzen.

VIII. Darlehen zur Anschaffung oder Herstellung von Wirtschaftsgütern des Anlagevermögens gemäß § 4 Abs. 4a Satz 5 EStG

§ 4 Abs. 4a Satz 5 EStG sieht vor, dass der Abzug von Schuldzinsen für Darlehen zur Finanzierung von Anschaffungs- oder Herstellungskosten von Wirtschaftsgütern des Anlagevermögens unberührt bleibt. Sinn und Zweck dieser Regelung ist, Zinsen für ein ausschließlich betrieblich veranlasstes Darlehen zur Finanzierung von Anlagevermögen von der Beschränkung des Schuldzinsenabzugs auszunehmen, um betriebliche Investitionen nicht zu behindern. Nach dem Wortlaut der Vorschrift gilt diese Regelung nur für Wirtschaftsgüter des Anlagevermögens und nicht für Wirtschaftsgüter des Umlaufvermögens. Darüber hinaus sind nur die Anschaffungs- und Herstellungskosten, nicht aber die üblichen Erhaltungsaufwendungen betroffen. In der Praxis wird diese Ausnahmeregelung dazu führen, dass Steuerpflichtige in Zukunft die Anschaffung oder Herstellung von Wirtschaftsgütern des Anlagevermögens vorwiegend mit Fremdmitteln finanzieren, da die hierfür aufgewendeten Schuldzinsen unbeschränkt abgezogen werden können, selbst wenn Überentnahmen vorliegen[230].

---

[228] BMF vom 22. Mai 2000, IV C 2 – S 2144 – 60/00, BStBl I 2000, S. 588, Tz. 25; Horlemann, in: Herrmann/Heuer/Raupach, Steuerreform 1999/2000/2002, § 4 EStG Rn. R 51; Korn, in: Korn, § 4 EStG Rn. 852; Heinicke, in: Schmidt, § 4 EStG Rn. 526; Eggesiekker/Ellerbeck, FR 2000, S. 689/693; Korn, KÖSDI 2000, S. 12548/12555; Paus, FR 2000, S. 957/967; Wendt, FR 2000, S. 417/428;

[229] Vgl. auch BFH vom 13. Oktober 1988, IV R 136/85, BStBl II 1989, S. 7/8.

[230] Pasch, DStZ 2000, S. 117/123; Wendt, FR 2000, S. 417/429: Durch diese Regelung wird sich in der Zukunft die Fremdkapitalquote in den Unternehmen verstärken.

1. Berechnung des Höchstbetrages der Hinzurechnung

Der Höchstbetrag der Hinzurechnung gemäß § 4 Abs. 4a Satz 4 EStG ist unter Berücksichtigung des Bagatellbetrages von 2.050 EUR und der Darlehen zur Finanzierung von Anlagevermögen (Satz 5) zu berechnen. Insoweit sind verschiedene Rechenmodelle denkbar[231]: Variante 1 sieht vor, dass neben dem Kürzungsbetrag von 2.050 EUR die Schuldzinsen für Investitionsdarlehen gemäß Satz 5 uneingeschränkt von den tatsächlich angefallenen Schuldzinsen abgezogen werden[232]. Nach Variante 2 sind die Schuldzinsen für Darlehen zur Finanzierung von Anlagevermögen nach Satz 5 mit dem Kürzungsbetrag von 2.050 EUR zu verrechnen. Nur der übersteigende Betrag ist neben den 2.050 Euro zum Abzug zuzulassen[233]. Unterschied zur Variante 1 ist, dass die Schuldzinsen für Anschaffungsdarlehen nicht neben dem Bagatellbetrag von 2.050 EUR abgezogen werden, sondern nur in der Höhe, in der sie den Mindestabzug von 2.050 EUR übersteigen. Gegen die 2. Variante spricht der Wortlaut des Satzes 5 („bleibt unberührt")[234], wonach der Abzug von Zinsen für Darlehen von Anschaffungsgütern uneingeschränkt möglich sein soll, und nicht nur in der Höhe,

---

[231] Die Berechnung der nicht abziehbaren Schuldzinsen bei Hegemann/Querbach, DStR 2000, S. 408/413, ist nicht vertretbar. Sie wollen die typisiert nach Satz 3 ermittelten, nicht abzugsfähigen Schuldzinsen um den Mindestabzug von 2.050 EUR und um die Schuldzinsen für Investitionsdarlehen nach Satz 5 kürzen. Die Berechnung lautet wie folgt:
typisierte Schuldzinsen (6% der Überentnahmen)
abzüglich Schuldzinsen für Investitionsdarlehen nach Satz 5
abzüglich Bagatellbetrag von 2.050 EUR nach Satz 4
= nicht abzugsfähige Schuldzinsen
Diese Berechnung verstößt gegen den Wortlaut des Gesetzes. § 4 Abs. 4a Satz 3 und Sätze 4 und 5 EStG gehen von einer Gegenüberstellung der typisiert ermittelten, nicht abzugsfähigen Schuldzinsen (Satz 3) und den tatsächlich angefallenen, nicht abziehbaren Schuldzinsen (Satz 4 und Satz 5) aus. Der Kürzungsbetrag von 2.050 EUR und die Schuldzinsen für Investitionsdarlehen nach Satz 5 dürfen nur von den im Wirtschaftsjahr tatsächlich entstandenen Schuldzinsen abgezogen werden. Insoweit ist der Wortlaut des Satzes 4 eindeutig, wonach höchstens die Hinzurechnung des um 2.050 EUR verminderten Betrages der im Wirtschaftsjahr angefallenen Schuldzinsen zugelassen ist. In Satz 5 werden die Schuldzinsen für Darlehen zur Finanzierung von Anschaffungs- oder Herstellungskosten von Wirtschaftsgütern des Anlagevermögens vom Abzugsverbot ausgenommen. Hierbei kann es sich nur um die tatsächlich entstandenen Schuldzinsen handeln. Würde man diese Schuldzinsen von den typisiert ermittelten Schuldzinsen (Satz 3) abziehen, würden die Berechnung der typisierten Schuldzinsen und die Berechnung des Höchstbetrages anhand der tatsächlichen Schuldzinsen zu unrecht miteinander vermischt.

[232] Wacker, in: Blümich, § 4 EStG Rn. 1681; Schallmoser, in: Herrmann/Heuer/Raupach, § 4 EStG Rn. 1078; Heinicke, in: Schmidt, § 4 EStG Rn. 527; Crezelius, in: Kirchhof, § 4 EStG Rn. 166; Ley, NWB Fach 3, S. 11167/11176; Prinz, FR 2000, S. 134/136; Schulze zur Wiesche, DB 2000, S. 2189/2190.

[233] Wendt, FR 2000, S. 417/429.

[234] Wacker, in: Blümich, § 4 EStG Rn. 1681.

in der der Bagatellbetrag von 2.050 EUR überschritten wird[235]. Der Höchstbetrag der Hinzurechnung ist deshalb nach der Variante 1 wie folgt zu berechnen[236]:

tatsächlich angefallenen Schuldzinsen eines Wirtschaftsjahres
abzüglich Schuldzinsen für Darlehen zur Finanzierung von Anlagevermögen nach Satz 5
abzüglich Sockelbetrag von 2.050 EUR nach Satz 4
Höchstbetrag der im Wirtschaftsjahr nicht abziehbaren Schuldzinsen

Der auf diese Weise errechnete Höchstbetrag ist mit den nach Satz 3 typisiert ermittelten Schuldzinsen zu vergleichen. Der geringere Betrag wird dem Gewinn hinzugerechnet.

2. Darlehen oder Kontokorrentkredit

In § 4 Abs. 4a Satz 5 EStG sind nur die Schuldzinsen für Darlehen genannt. Es stellt sich die Frage, ob ein Steuerpflichtiger, um die Schuldzinsen nach Satz 5 unbeschränkt abziehen zu können, ein gesondertes Darlehen zur Finanzierung von Anlagevermögen aufnehmen muss oder ob die Belastung eines Kontokorrentkontos ausreicht.

Die Finanzverwaltung[237] vertritt die Ansicht, dass für die Anwendung des § 4 Abs. 4a Satz 5 EStG die Aufnahme eines gesonderten Darlehens erforderlich sei. Eine Verbindlichkeit auf einem Kontokorrentkonto erfülle die Voraussetzungen des Satzes 5 nicht. Werde aber ein Darlehen aufgenommen, mit dem teilweise Wirtschaftsgüter des Anlagevermögens finanziert, teilweise aber auch sonstiger betrieblicher Aufwand bezahlt werde, dürfen die Schuldzinsen insoweit abgezogen werden, als sie nachweislich auf die Anschaffung oder Herstellung von Wirtschaftsgütern des Anlagevermögens entfallen[238]. Obwohl nach Auffassung der Finanzverwaltung[239] auch bei der Umschuldung eines Kontokor-

---

[235] Vgl. BFH vom 13. Oktober 1988, IV R 136/85, BStBl II 1989, S. 7/8.
[236] Wacker, in: Blümich, § 4 EStG Rn. 168l; Schallmoser, in: Herrmann/Heuer/Raupach, § 4 EStG Rn. 1078; Heinicke, in: Schmidt, § 4 EStG Rn. 527; Crezelius, in: Kirchhof, § 4 EStG Rn. 166; Ley, NWB Fach 3, S. 11167/11176; Prinz, FR 2000, S. 134/136; Schulze zur Wiesche, DB 2000, S. 2189/2190.
[237] BMF vom 22. Mai 2000, IV C 2 – S 2144 – 60/00, BStBl I 2000, S. 588, Tz. 27 bis 29.
[238] BMF vom 22. Mai 2000, IV C 2 – S 2144 – 60/00, BStBl I 2000, S. 588, Tz. 27 bis 29.
[239] Diese Regelung war im ursprünglichen BMF-Schreiben noch nicht vorgesehen (BMF vom 22. Mai 2000, IV C 2 – S 2144 – 60/00, BStBl I 2000, S. 588, Tz. 29). Da in der Literatur die Ansicht der Finanzverwaltung auf heftige Kritik gestoßen war – so z.B. Horlemann, in: Herrmann/Heuer/Raupach, Steuerreform 1999/2000/2002, § 4 EStG Rn. R 52 – erließ die Verwal-

rentkredits in ein langfristiges Darlehen ein Finanzierungszusammenhang zur Anschaffung oder Herstellung von Wirtschaftsgütern des Anlagevermögens angenommen werden kann, wenn ein enger zeitlicher und betragsmäßiger Zusammenhang zwischen der Belastung des Kontokorrentkontos und der Darlehensaufnahme besteht, ist die Ansicht der Verwaltung zu eng[240]. Der Begriff des Darlehens[241] erfasst nicht nur Einzeldarlehen, sondern auch in laufender Rechnung gewährte Kredite. Für die Privilegierung nach Satz 5 kommt es darauf an, ob ein Veranlassungs- bzw. Finanzierungszusammenhang zu Wirtschaftsgütern des Anlagevermögens besteht[242]. Dieser kann bei Kontokorrentkonten im Einzelfall zwar zu Problemen führen; gelingt dem Steuerpflichtigen aber der Nachweis der ausschließlichen Veranlassung eines Teils einer Kontokorrentschuld durch entsprechende Investitionen, muss Satz 5 anwendbar sein. Besonders deutlich wird dies, wenn der Kontokorrentkredit im ganzen ausschließlich für Investitionen i.S.v. § 4 Abs. 4a Satz 5 EStG beansprucht wird. Auch der Sinn und Zweck der Regelung, betriebliche Anschaffungen nicht durch § 4 Abs. 4a EStG zu behindern, spricht gegen die Auffassung der Verwaltung. Aus Gründen der Rechtssicherheit sollte aber bis zu einer gerichtlichen Klärung für Investitionsdarlehen nach § 4 Abs. 4a Satz 5 EStG ein gesondertes Darlehen aufgenommen werden.

3. Übertragung fremdfinanzierter Wirtschaftsgüter

Wird ein fremdfinanziertes Wirtschaftsgut, dessen Schuldzinsen nach Satz 5 privilegiert sind, in das Privatvermögen entnommen, scheidet der Anschaffungskredit aus dem Betriebsvermögen aus. Der Finanzierungszusammenhang (s.o. C. V. 2. c.) zwischen dem finanzierten Wirtschaftsgut und der Verbindlichkeit bleibt trotz der Entnahme bestehen[243]. Da die betriebliche Veranlassung der Schuldzinsen entfallen ist, sind die Zinsen gemäß § 4 Abs. 4 EStG nicht mehr

---

tung hinsichtlich der Umschuldung von Kontokorrentkrediten ein neues BMF-Schreiben (BMF vom 28. März 2001, IV A 6 – S 2144 – 34/01, BStBl I 2001, S. 245). An der grundsätzlichen Nichtanerkennung von Schuldzinsen eines Kontokorrentkredits änderte sich aber nichts.

[240] Wacker, in: Blümich, § 4 EStG Rn. 168l; Horlemann, in: Herrmann/Heuer/Raupach, Steuerreform 1999/2000/2002, § 4 EStG Rn. R 52; Schallmoser, in: Herrmann/Heuer/Raupach, § 4 EStG Rn. 1077; Korn, in: Korn, § 4 EStG Rn. 853; Eggesiecker/Ellerbeck, FR 2000, S. 689/692 f.; Kanzler, INF 2000, S. 513/516; Paus, FR 2000, S. 957/969; a.A. Franz/Seitz, Stbg 2000, S. 97/102.

[241] Schallmoser, in: Herrmann/Heuer/Raupach, § 4 EStG Rn. 1077; Kanzler, INF 2000, S. 513/516; Paus, FR 2000, S. 957/969.

[242] BFH vom 8. Dezember 1997, GrS 1-2/95, BStBl II 1998, S. 193/197, vgl. Paus, DStZ 2001, S. 548/549, der die Zinszahlenstaffelmethode anwenden will.

[243] Vgl. Paus, FR 2000, S. 957/969.

abziehbar. § 4 Abs. 4a EStG und insbesondere Satz 5 kommen nicht mehr zur Anwendung. Umgekehrt geht bei der Einlage eines Wirtschaftsguts aus dem Privatvermögen die dazugehörige Schuld in das Betriebsvermögen über, so dass eine Privilegierung nach Satz 5 ab diesem Zeitpunkt zu untersuchen ist. Dasselbe gilt, wenn das finanzierte Wirtschaftsgut vom Anlagevermögen in das Umlaufvermögen wechselt oder umgekehrt. Die Darlehensschuld folgt dem Wirtschaftsgut, so dass bei der Überführung in das Umlaufvermögen die Verbindlichkeit ihren Zurechnungszusammenhang zum Anlagevermögen verliert und Satz 5 nicht mehr anwendbar ist. Dagegen sind Zinsen wegen § 4 Abs. 4a Satz 5 EStG von der Gewinnhinzurechnung ausgeschlossen, wenn das fremdfinanzierte Wirtschaftsgut vom Umlaufvermögen in das Anlagevermögen übergeht. Voraussetzung ist allerdings nach der Ansicht der Finanzverwaltung immer (s.o. C. VIII. 2.), dass ein gesondertes Darlehen zur Finanzierung aufgenommen ist.

IX. Schema zur Ermittlung der nicht abziehbaren Schuldzinsen

Die Ermittlung der nicht abziehbaren Schuldzinsen gemäß § 4 Abs. 4a EStG lässt sich schrittweise in folgendem Schema darstellen[244]. Es ist noch einmal darauf hinzuweisen, dass eine Gewinnhinzurechnung nach § 4 Abs. 4a EStG nur möglich ist, wenn nach den Sätzen 2 und 3 Überentnahmen – auch aus Vorjahren - vorliegen. Bei Unterentnahmen ist weder eine Berechnung der typisierten Schuldzinsen noch eine Ermittlung des Höchstbetrages nach Satz 4 erforderlich, da in diesem Falle der Schuldzinsenabzug nicht gemäß § 4 Abs. 4a EStG zu beschränken ist.

1. Ermittlung der Überentnahme bzw. Unterentnahme des laufenden Wirtschaftsjahres

   Gewinn des Wirtschaftsjahres (soweit ein Verlust entstanden ist, ist dieser im Falle eines Entnahmenüberschusses mit 0 anzusetzen; bei einem Einlagenüberschuss ist der Verlust zunächst mit diesem Überschuss zu verrechnen und ein verbleibender Verlust mit 0 anzusetzen; s.o. C. V. 3. g. aa.)
   \+ Einlagen des Wirtschaftsjahres
   <u>- Entnahmen des Wirtschaftsjahres</u>
   = Überentnahme (wenn negativ), Unterentnahme (wenn positiv)

[244] Vgl. das Ermittlungsschema bei Ley, NWB Fach 3, S. 11167/11177; Horlemann, in: Herrmann/Heuer/Raupach, Steuerreform 1999/2000/2002, § 4 EStG Rn. R 36; Heinicke, in: Schmidt, § 4 EStG Rn. 525; Korn, KÖSDI 2000, S. 12548/12551.

2. Typisierte Ermittlung der nicht abziehbaren Schuldzinsen

   Über- bzw. Unterentnahme eines Wirtschaftsjahres (trotz einer Unterentnahme im laufenden Wirtschaftsjahr ist § 4 Abs. 4a EStG zu prüfen, da möglicherweise die Überentnahmen aus Vorjahren die Unterentnahme des laufenden Wirtschaftsjahres übersteigen und § 4 Abs. 4a EStG auch in diesem Falle anwendbar ist; s.o. C. V. 1.)
   + Überentnahmen vorangegangener Wirtschaftsjahre
   - Unterentnahmen vorangegangener Wirtschaftsjahre (gegebenenfalls gekürzt um Verluste des laufenden Wirtschaftsjahres, die unter 1. noch nicht verrechnet und dort lediglich mit einem Betrag von 0 angesetzt wurden; s.o. C. V. 3. g.)
   = kumulierte Überentnahmen (wenn negativ), Unterentnahmen (wenn positiv)
   × 6 v.H. gemäß Satz 3 (nur wenn Überentnahmen!)
   = typisiert nicht abziehbare Schuldzinsen

3. Ermittlung des Höchstbetrages der nicht abziehbaren Schuldzinsen nach Satz 4
   tatsächlich bezahlte, betrieblich veranlasste (bzgl. Veranlassungszusammenhang vgl. C. IV. 1.) Schuldzinsen des Wirtschaftsjahres
   - Schuldzinsen für Investitionsdarlehen nach Satz 5 (bzgl. Kontokorrentkredite vgl. C. VIII. 2.)
   - Sockelbetrag von 2.050 EUR (Satz 4)
   = Höchstbetrag der jährlich nicht abziehbaren Schuldzinsen

4. Ansatz der typisiert ermittelten, nicht abziehbaren Schuldzinsen oder des Höchstbetrages, je nach dem, welcher der beiden Beträge der niedrigere ist.

X. Anwendung des § 4 Abs. 4a EStG bei der Gewinnermittlung gemäß § 4 Abs. 3 EStG

Gemäß § 4 Abs. 4a Satz 6 EStG sind die Sätze 1 bis 5 bei der Gewinnermittlung nach § 4 Abs. 3 EStG sinngemäß anzuwenden; hierzu sind Entnahmen und Einlagen gesondert aufzuzeichnen. Diese Aufzeichnungspflicht ist gemäß § 52 Abs. 11 Satz 4 EStG erstmals ab dem 1. Januar 2000 zu erfüllen. Obwohl in § 4 Abs. 3 EStG nicht ausdrücklich geregelt, mussten schon vor dem Veranlagungszeitraum 2000 Entnahmen und Einlagen berücksichtigt werden, soweit sich aus der

Eigenart der Gewinnermittlungstechnik nichts Abweichendes ergab[245]. Nach dem Grundsatz der Identität der Totalgewinne[246] mussten Sachentnahmen und Sacheinlagen auch bei der Überschussrechnung gemäß § 4 Abs. 3 EStG angesetzt werden. Nur Entnahmen und Einlagen von Geld waren bei der Gewinnermittlung nach § 4 Abs. 3 EStG in der Vergangenheit irrelevant, da entnommene Gelder bereits beim Zufluss als Betriebseinnahme und damit gewinnerhöhend erfasst werden und Geldeinlagen steuerlich unerheblich sind.

1. Ermittlung der Über bzw. Unterentnahme für das Wirtschaftsjahr 1999

Da Aufzeichnungspflichten für Geldeinlagen und –entnahmen erst seit dem 1. Januar 2000 bestehen, stellt sich die Frage, ob Über- bzw. Unterentnahmen schon für das Veranlagungsjahr 1999 anzusetzen sind. Denkbar wäre, für den Zeitraum von 1. Januar bis 31. Dezember 1999 die Entnahmen und Einlagen zu schätzen[247]. Gegen dieses Vorgehen spricht die gesetzliche Regelung in § 52 Abs. 11 Satz 4 EStG, wonach die Entnahmen und Einlagen erst ab dem 1. Januar 2000 gesondert aufzuzeichnen sind. Eine Schätzung im Jahre 1999 würde diese Anwendungsregelung unterlaufen. Aus diesem Grund ist eine Schätzung der Entnahmen und Einlagen und damit auch des Hinzurechnungsbetrages nach § 4 Abs. 4a EStG zu Lasten des Steuerpflichtigen abzulehnen[248]. § 4 Abs. 4a EStG ist erst ab dem Wirtschaftsjahr 2000 anwendbar.

2. Nichterfüllung der Aufzeichnungspflicht

Das Gesetz schweigt über die Folgen, die eintreten, wenn die Aufzeichnungspflichten gemäß § 4 Abs. 4a Satz 6, 2. HS EStG nicht erfüllt werden. Das BMF[249] will trotz Nichterfüllung der Aufzeichnungspflicht ab dem Jahr 2000 zumindest die nach § 4 Abs. 4a Satz 5 EStG privilegierten Schuldzinsen für In-

---

[245] BFH vom 16. Januar 1975, IV R 180/71, BStBl II 1975, S. 526/528.

[246] BFH vom 16. Januar 1975, IV R 180/71, BStBl II 1975, S. 526/528; BFH vom 6. Dezember 1972, IV R 4-5/72, BStBl II 1973, S. 293/294; Drüen, FR 1999, S. 1097 ff.

[247] BMF vom 22. Mai 2000, IV C 2 – S 2144 – 60/00, BStBl I 2000, S. 588, Tz. 38; Korn, in: Korn, § 4 EStG Rn. 854; Heinicke, in: Schmidt, § 4 EStG Rn. 528; Eggesiecker/Ellerbeck, FR 2000, S. 689/693; Ley, NWB Fach 3, S. 11167/11179; Paus, FR 2000, S. 957/965; Pedack/Wieczorek, Stbg 2000, S. 49/53.

[248] Horlemann, in: Herrmann/Heuer/Raupach, Steuerreform 1999/2000/2002, § 4 EStG Rn. R 5; v. Reden, in: Littmann/Bitz/Pust, §§ 4, 5 EStG Rn. 1657d; Bauer/Eggers, StuB 2000, S. 225; Franz/Seitz, Stbg 2000, S. 97/103; Kohlhaas, DStR 2000, S. 901/904; Neufang, BB 2000, S. 1702/1711.

[249] BMF vom 22. Mai 2000, IV C 2 – S 2144 – 60/00, BStBl I 2000, S. 588, Tz. 34.

vestitionsdarlehen sowie die tatsächlich entstandenen nicht begünstigten Schuldzinsen bis zu dem Sockelbetrag in Höhe von 2.050 EUR als Betriebsausgaben abziehen. Dieser Auffassung ist zuzustimmen, wobei die Verwaltungsanweisung nicht dahin interpretiert werden darf, dass beim Fehlen von Aufzeichnungen ein Abzug von Schuldzinsen über die genannten Beträge hinaus nicht in Frage kommt[250]. Vielmehr sind die Überentnahmen und die nicht abziehbaren Schuldzinsen in diesem Fall zu schätzen[251]. Es muss nur mindestens der Abzug von Schuldzinsen für Investitionsdarlehen und von Schuldzinsen bis zu dem Bagatellbetrag von 2.050 EUR zugelassen werden. Für dieses Gesetzesverständnis spricht, dass die Aufzeichnungspflicht keine materiellrechtliche Abzugsvoraussetzung[252] ist. Ansonsten ist § 4 Abs. 4a EStG auch bei der Gewinnermittlung nach § 4 Abs. 3 EStG ohne Probleme anwendbar.

---

250 Horlemann, in: Herrmann/Heuer/Raupach, Steuerreform 1999/2000/2002, § 4 EStG Rn. R 54; Franz/Seitz, Stbg 2000, S. 97/103; Paus, FR 2000, S. 957/965; a.A. Heinicke, in: Schmidt, § 4 EStG Rn. 528.

251 Paus, FR 2000, S. 957/965.

252 Horlemann, in: Herrmann/Heuer/Raupach, Steuerreform 1999/2000/2002, § 4 EStG Rn. R 54; Korn, Blickpunkt Steuern NWB 1/2000, S. 135/138; Eggesiecker/Ellerbeck, FR 2000, S. 689/693; Kanzler, INF 2000, S. 513/517.

D. Anwendung des § 4 Abs. 4a EStG auf Personengesellschaften

I. Personengesellschaften im Rahmen der Überschusseinkunftsarten

§ 4 Abs. 4a EStG findet keine Anwendung auf Personengesellschaften, die Überschusseinkünfte gemäß § 2 Abs. 2 Nr. 2 EStG erzielen, da in § 9 Abs. 5 EStG ein Verweis auf die Gewinnermittlungsvorschrift des § 4 Abs. 4a EStG fehlt. § 4 Abs. 4a EStG ist nur bei den Personengesellschaften anwendbar, die ihre Einkünfte durch Gewinn gemäß § 2 Abs. 2 Nr. 1 EStG ermitteln[253]. Bei Personengesellschaften im Rahmen der Überschusseinkunftsarten gilt weiterhin die Rechtslage, die vor Einführung des § 4 Abs. 4a EStG bestand (s.o. B. VI.). Schuldzinsen dürfen nur abgezogen werden, wenn sie durch die entsprechende Einkunftsart veranlasst sind. Entscheidend ist der Veranlassungszusammenhang, wie er gemäß § 9 Abs. 1 Satz 1 i.V.m. § 4 Abs. 4 EStG auch bei den Überschusseinkünften zu untersuchen ist. Da diese Prüfung trotz der Einführung des § 4 Abs. 4a EStG auch bei den Personengesellschaften im Rahmen der Gewinneinkünfte (Mitunternehmerschaften) durchzuführen ist (s.o. C. IV. 1.), liegt keine Benachteiligung der Überschusseinkunftsarten gegenüber den anderen Einkunftsarten vor. Im Gegenteil ist die Nicht-Anwendbarkeit des § 4 Abs. 4a EStG bei den Überschusseinkünften ein Vorteil. Dort dürfen dem Gewinn keine Schuldzinsen gemäß § 4 Abs. 4a EStG hinzugerechnet werden.

II. Struktur der Personengesellschaft

1. Rechtsnatur der Personengesellschaft

Im Steuerrecht stellt sich im Zusammenhang mit Personengesellschaften immer wieder die grundlegende Frage nach der Rechtsnatur der Personengesellschaft. Ein Spannungsverhältnis besteht zwischen der „Einheit der Personengesellschaft" und der „Vielheit der Gesellschafter". Grund dafür ist, dass Personengesellschaften, obwohl sie in § 15 Abs. 1 Satz 1 Nr. 2 EStG ausdrücklich angesprochen sind, weder der Einkommen- noch der Körperschaftsteuer unterliegen. Steuersubjekt ist gemäß § 1 Abs. 1 Satz 1 EStG vielmehr der einzelne Gesellschafter mit seinem Gewinnanteil als natürliche Person.

---

[253] Im Folgenden werden deshalb nur die Personengesellschaften im Rahmen der Gewinneinkünfte behandelt. Den betrieblichen Personengesellschaften ist das Merkmal der Mitunternehmerschaft gemein, das bei gewerblichen Einkünften in § 15 Abs. 1 Satz 1 Nr. 2 EStG normiert ist und das für selbständig und landwirtschaftlich tätige Personengesellschaften über § 18 Abs. 4 EStG und § 13 Abs. 7 EStG gilt (Hallerbach, Die Personengesellschaft im Einkommensteuerrecht, S. 117).

Der BFH hat in vielen Urteilen zum Teil widersprüchlich zu diesem Problem Stellung genommen[254]. Bereits im Jahre 1980 hat der BFH[255] die Personengesellschaft als „Subjekt der Gewinnermittlung" anerkannt. Angelehnt an die herrschende Zivilrechtsdogmatik verselbständigte der BFH[256] die Personengesellschaft weiter, indem er sie als partielles Steuerrechtssubjekt für Zwecke der Einkünfteerzielung, Einkünftequalifikation und Einkünfteermittlung behandelte. Dies bedeutet, dass die Einkünftequalifikation und –ermittlung bereits damals auf der Ebene der Gesellschaft und nicht auf der Ebene der Gesellschafter stattfand. Trotzdem hat der BFH in diesem Urteil noch die von der Gesellschaft verwirklichten Besteuerungsmerkmale den Gesellschaftern für deren Besteuerung zugerechnet. Erst im Jahre 1991 judizierte der BFH[257], dass eine Personengesellschaft Abschirmwirkung gegenüber ihren Gesellschaftern hat, so dass die Gesellschaft losgelöst von ihren Gesellschaftern Besteuerungsmerkmale verwirklichen kann. Entgegen dieser langjährigen Entwicklung der Rechtsprechung hin zu einem partiellen Steuerrechtssubjekt „Personengesellschaft" hat der BFH[258] später wieder entschieden, dass auf den Gesellschafter als Mitunternehmer und Träger des Betriebes abzustellen ist und die Gesellschaft nur ein „relativ selbständiges Rechtssubjekt" ist. Als Konsequenz ließ der BFH[259] nunmehr die Gesellschafter als Subjekt der originären Einkünfteerzielung unmittelbar an der steuerrelevanten Tätigkeit der Gesellschaft teilhaben. Aus diesen Grundsätzen folgert der BFH in einem neueren Urteil[260], dass die Einheit der Personengesellschaft gegenüber dem Gedanken der Vielheit der Gesellschafter zurücktreten muss, wenn andernfalls die sachlich zutreffende Besteuerung der Gesellschafter nicht möglich wäre. Für den dem Urteil zugrunde liegenden Fall bedeutete dies, dass bei der Prüfung eines gewerblichen Grundstückhandels anstelle der Gesellschaftsebene auf die Ebene des Gesellschafters abzustellen ist.

Entscheidend für die Einordnung von Personengesellschaften ist der Tatbestand des § 15 Abs. 1 Satz 1 Nr. 2 EStG. Danach sind Einkünfte aus Gewerbebetrieb die Gewinnanteile der Gesellschafter einer Offenen Handelsgesellschaft, einer Kommanditgesellschaft und einer anderen Gesellschaft, bei der der Gesellschafter als Unternehmer (Mitunternehmer) des Betriebes anzusehen ist. Dadurch dass § 15 Abs. 1 Satz 1 Nr. 2 EStG von der Zuweisung von Gewinnanteilen ausgeht, ist ein anderer Rechtsträger erforderlich, der bestimmte Handlungen

---

[254] Eine Übersicht über die Rechtsprechung des BFH findet sich bei Hallerbach, Die Personengesellschaft im Einkommensteuerrecht, S. 115 ff.

[255] BFH vom 10. Oktober 1980, GrS 1/79, BStBl II 1981, S. 164 ff.

[256] Grundlegend BFH vom 25. Juni 1984, GrS 4/82, BStBl II 1984, S. 751 ff.

[257] BFH vom 25. Februar 1991, GrS 7/89, BStBl II 1991, S. 691 ff.

[258] BFH vom 3. Mai 1993, GrS 3/92, BStBl II 1993, S. 616 ff.

[259] BFH vom 3. Juli 1995, GrS 1/93, BStBl II 1995, S. 617 ff.

[260] BFH vom 10. Dezember 1998, III R 61/97, BStBl II 1999, S. 390 /396.

ausführt und einen Gewinn erzielt, der zugewiesen werden kann[261]. Ansonsten wäre der Tatbestand des § 15 Abs. 1 Satz 1 Nr. 2 EStG überflüssig, da der Steuerpflichtige mit seinen steuerbaren Handlungen schon die Tatbestandsmerkmale des § 15 Abs. 1 Satz 1 Nr. 1 EStG erfüllen würde. § 15 Abs. 1 Satz 1 Nr. 2 EStG stellt deshalb einen eigenen Beteiligungstatbestand dar[262]. Diejenigen, die ihn erfüllen, erzielen betriebliche Beteiligungseinkünfte. Auf der Ebene der Gesellschaft[263] ist zu bestimmen, ob die Einkünfte, die die Gesellschafter durch Zuweisung erzielen, solche aus Gewerbebetrieb (§ 15 Abs. 1 Satz 1 Nr. 1 EStG), Land- und Forstwirtschaft (§ 13 Abs. 1 EStG) oder selbständiger Arbeit (§ 18 Abs. 1 EStG) sind. § 15 Abs. 1 Satz 1 Nr. 2 EStG[264] weist dann die von der Gesellschaft nach diesen Grundnormen erzielten Einkünfte zu und macht sie zu eigenen gewerblichen, freiberuflichen oder land- und forstwirtschaftlichen Einkünften des Gesellschafters. Steuersubjekt bei der Feststellung der Einkunftsart ist die Gesellschaft[265], der Gesellschafter selbst aber erfüllt den eigentlichen Einkünftetatbestand. Der Gewerbebetrieb eines Gesellschafters nach § 15 Abs. 1 Satz 1 Nr. 2 EStG setzt zum einen die einkunftsartleitende Handlung der Gesellschaft voraus, zum anderen die eigene einkünftebegründende unternehmerische Handlung des Gesellschafters[266]. Die erste Voraussetzung wird durch den jeweiligen Tatbestand des § 15 Abs. 1 Satz 1 Nr. 1 EStG i.V.m. § 15 Abs. 2 EStG, § 18 Abs. 1 EStG oder § 13 Abs. 1 EStG erfüllt. Zweites, von der Frage der Einkunftsart zu unterscheidendes Tatbestandsmerkmal ist die Stellung des Steuerpflichtigen als Mitunternehmer der Gesellschaft (Mitunternehmerinitiative und Mitunternehmerrisiko).

---

261 Hallerbach, Die Personengesellschaft im Einkommensteuerrecht, S. 138.

262 Hallerbach, in: Festschrift für Jakob, S. 101/103.

263 A.A. Bodden, DStZ 2002, S. 391/394: Dem Grundgedanken des EStG entspricht es, von einer Wechselbezüglichkeit von steuerbarer Tätigkeit und Steuerschuldnerschaft auszugehen. Aufgrund der numerisch gleichgeordneten sieben Einkunftsarten und der allgemeinen Bezugnahme in § 2 Abs. 1 Satz 1 Nr. 2 EStG auf den gesamten Tatbestand des § 15 EStG bestehen keinerlei Anhaltspunkte dafür, von diesem Grundkonzept im Fall des § 15 Abs. 1 Satz 1 Nr. 2 EStG abzuweichen und anstatt der natürlichen Person des § 1 EStG die Personengesellschaft als Tatbestandssubjekt zu installieren.

264 Bei Einkünften aus Land- und Forstwirtschaft gilt § 15 Abs. 1 Satz 1 Nr. 2 EStG entsprechend über § 13 Abs. 7 EStG und bei Einkünften aus selbständiger Arbeit über § 18 Abs. 4 Satz 2 EStG.

265 So die herrschende Meinung: Schmidt, in: Schmidt, § 15 Rn. 180; Jakob, Einkommensteuer, § 6 Rn. 981; Lang, in: Tipke/Lang, Steuerrecht, § 9 Rn. 500 ff.; Korn, in: Festschrift für Jakob, S. 157; Hallerbach, in: Festschrift für Jakob, S. 101/103; grundlegend: BFH vom 25. Juni 1984, GrS 4/82, BStBl II 1984, S. 751; BFH vom 3. Juli 1995, GrS 1/93, BStBl II 1995, S. 617/621.

266 Hallerbach, Die Personengesellschaft im Einkommensteuerrecht, S. 140.

2. Gewinnermittlung bei Personengesellschaften

Gemäß § 15 Abs. 1 Satz 1 Nr. 2 EStG sind Einkünfte aus Gewerbebetrieb die Gewinnanteile der Gesellschafter einer Personengesellschaft, bei der der Gesellschafter als Unternehmer des Betriebs anzusehen ist, und die Vergütungen, die der Gesellschafter von der Gesellschaft für seine Tätigkeit im Dienst der Gesellschaft oder für die Hingabe von Darlehen oder für die Überlassung von Wirtschaftsgütern bezogen hat. Dementsprechend werden die Einkünfte der Gesellschafter auf zwei Stufen ermittelt[267]. Auf der ersten Stufe wird auf der Grundlage der nach § 4 ff. EStG modifizierten Handelsbilanz der steuerliche Gewinn der Gesellschaft festgestellt, der dann auf die Gesellschafter verteilt wird. Auf der zweiten Stufe sind die Sonderbetriebseinnahmen und –ausgaben der Gesellschafter in einer Sonderbilanz zu ermitteln. Das Ergebnis aus dieser Sonderbilanz addiert um den Gewinnanteil des Gesellschafters ergeben die gewerblichen Einkünfte eines Gesellschafters.

a. Gewinnermittlung auf der ersten Stufe

Der in § 15 Abs. 1 Satz 1 Nr. 2 EStG an erster Stelle genannte Gewinn- oder Verlustanteil der Gesellschafter ist aus dem durch Betriebsvermögensvergleich oder gemäß § 4 Abs. 3 EStG ermittelten Gewinn oder Verlust der Gesellschaft abzuleiten. Grundlage ist die Steuerbilanz der Gesellschaft. Da ein Gewinnanteil erst ermittelt werden kann, wenn der Gewinn der Gesellschaft feststeht, ist die Personengesellschaft insoweit Subjekt der Gewinnermittlung[268]. Zuzurechnen ist dem Gesellschafter das auf der Ebene der Gesellschaft ermittelte Ergebnis. Der sich ergebende Steuerbilanzgewinn oder –verlust ist auf die Gesellschafter nach dem vertraglich festgelegten Gewinnverteilungsschlüssel zu verteilen. Auf der ersten Stufe der Gewinnermittlung werden grundsätzlich schuldrechtliche Beziehungen zwischen der Gesellschaft und ihrer Gesellschafter anerkannt[269]. Zahlungen von Sondervergütungen an den Gesellschafter z.B. für die Hingabe von Darlehen oder für die Überlassung von Wirtschaftsgütern führen bei der Gesell-

---

[267] Herrschende Meinung: BFH vom 14. Mai 1991, VIII R 21/88, BStBl II 1992, S. 167 ff.; BFH vom 30. März 1993, VIII R 63/91, BStBl II 1993, S. 706 ff.; BFH vom 13. Oktober 1998, VIII R 78/97, BStBl II 1999, S. 163/164; Schmidt, in: Schmidt § 15 EStG Rn. 401; Bitz, in: Littmann/Bitz/Pust, § 15 EStG Rn. 61; Hallerbach, Die Personengesellschaft im Einkommensteuerrecht, S. 197 ff.

[268] BFH vom 2. September 1985, IV B 51/85, BStBl II 1986, S. 10 ff.; BFH vom 3. Juli 1995, GrS 1/93, BStBl II 1995, S. 617/621; Schmidt, in: Schmidt § 15 EStG, Rn. 407; Jakob, Einkommensteuer, § 6 Rn. 1006 ff.

[269] BFH vom 13. Oktober 1998, VIII R 4/98, BStBl II 1999, S. 284 /185; Hallerbach, Die Personengesellschaft im Einkommensteuerrecht, S. 197.

schaft zu Aufwand und mindern den Gewinn auf der Ebene der Gesellschaft[270]. Andererseits sind Zahlungen des Gesellschafters an die Gesellschaft aus entgeltlichen Veräußerungsgeschäften[271] Einnahmen der Gesellschaft, die den Gewinn erhöhen. Zur ersten Stufe der Gewinnermittlung gehören auch die Ergebnisse der Ergänzungsbilanzen, mit denen Wertansätze in der Steuerbilanz der Personengesellschaft korrigiert werden. Positive oder negative Ergänzungsbilanzen sind z.B. bei einem Gesellschafterwechsel oder bei der Übertragung einzelner Wirtschaftsgüter zwischen Gesellschafter und Gesellschaft zu erstellen. Das Ergebnis einer Ergänzungsbilanz bildet zusammen mit dem Anteil am Steuerbilanzgewinn der Gesellschaft die in § 15 Abs. 1 Satz 1 Nr. 2 EStG an erster Stelle genannten Gewinnanteile[272].

b. Gewinnermittlung auf der zweiten Stufe

Auf der zweiten Gewinnermittlungsstufe wird für jeden Gesellschafter separat eine Sonderbilanz erstellt. In diesen Sonderbilanzen werden die in § 15 Abs. 1 Satz 1 Nr. 2 EStG genannten Sondervergütungen, Aufwand und Ertrag der aktiven und passiven Wirtschaftsgüter des dem einzelnen Gesellschafter gehörigen Sonderbetriebsvermögens und sonstige Sonderbetriebseinnahmen und Sonderbetriebsausgaben erfasst. Zweck dieser zweiten Gewinnermittlungsstufe ist, den Gesellschafter einem Einzelunternehmer insoweit gleichzustellen, als die Vorschriften des Gesellschaftsrechts nicht entgegenstehen[273]. Da ein Einzelunternehmer seinen Gewinn nicht um ein fiktives Gehalt, Mietentgelt oder Darlehenszinsen i.S.v. Sondervergütungen gemäß § 15 Abs. 1 Satz 1 Nr. 2 EStG mindern kann, müssen die bei der Gesellschaft als Aufwand verbuchten Sondervergütungen wieder dem Gewinn hinzugerechnet werden. Technisch werden diese Sondervergütungen in den jeweiligen Sonderbilanzen der Gesellschafter als Gewinn erfasst. Der Grundsatz der Gleichbehandlung eines Gesellschafters mit einem Einzelunternehmer bedingt auch die Erfassung von betrieblich genutzten Wirtschaftsgütern eines Gesellschafters als Sonderbetriebsvermögen. Da bei einem Einzelunternehmer betrieblich genutzte Wirtschaftsgüter des Unternehmers immer Betriebsvermögen sind, muss unter Gleichbehandlungsgrundsätzen auch das einem Gesellschafter gehörende,

---

[270] BFH vom 23. Januar 2001, VIII R 30/99, BStBl II 2001, S. 621/623; Schmidt, in: Schmidt, § 15 EStG Rn. 440.

[271] BFH vom 3. Mai 1993, GrS 3/92, BStBl II 1993, S. 616 ff.; BFH vom 28. Juli 1998, VIII R 23/95, BStBl II 1999, S. 53/54.

[272] BFH vom 28. September 1995, IV R 57/94, BStBl II 1996, S. 68/69

[273] BFH vom 19. Oktober 1970, GrS 1/70, BStBl II 1971, S. 177/178; BFH vom 24. August 2000, IV R 51/98, DStR 2000, S. 1768/1770; Raupach, DStZ 1992, S. 692/696: Die Gleichstellung von Unternehmensgewinnen dient der Rechtsformneutralität der Unternehmensbesteuerung.

das einem Gesellschafter gehörende, betrieblich genutzte Wirtschaftsgut Betriebsvermögen der Gesellschaft sein. Dieses Ziel wird durch das Institut des Sonderbetriebsvermögens[274] erreicht. Das Sonderbetriebsvermögen aller Gesellschafter bildet zusammen mit dem Gesamthandsvermögen der Gesellschaft das Betriebsvermögen einer Personengesellschaft mit der Folge, dass stille Reserven auch bei den Wirtschaftsgütern des Sonderbetriebsvermögens entstehen können.

3. Das einkommensteuerliche Subjektsteuerprinzip

a. Bedeutung des Subjektsteuerprinzips für § 4 Abs. 4a EStG

Bei der Anwendung des § 4 Abs. 4a EStG auf Personengesellschaften stellt sich die Frage, ob die Überentnahmen für die Gesellschaft als solches oder für jeden Gesellschafter gesondert zu ermitteln sind. Dahinter verbirgt sich dasselbe Problem wie z.B. bei § 6b EStG, nämlich ob die Vorschrift des § 4 Abs. 4a EStG gesellschaftsbezogen oder gesellschafterbezogen anzuwenden ist. Entscheidend für die Lösung des Problems ist, inwieweit Personengesellschaften ein gewisse Steuersubjektivität haben und deshalb Anknüpfungspunkt für die Regelung des § 4 Abs. 4a EStG sein können, obwohl steuerpflichtig gemäß § 1 Abs. 1 EStG nur natürliche Personen sind. Grundlage für diese Frage ist das im Einkommensteuerrecht verankerte Subjektsteuerprinzip.

Ermittelt man die Überentnahmen gesellschaftsbezogen[275], so sind auf die gesamten Schuldzinsen, den Gesamtgewinn sowie die Einlagen und Entnahmen aller Gesellschafter abzustellen. Dagegen sind bei der gesellschafterbezogenen Ermittlung der Überentnahmen für jeden Gesellschafter jeweils nur seine anteiligen Schuldzinsen, sein anteiliger Gewinn sowie seine Entnahmen und seine Einlagen anzusetzen. Der materielle Unterschied beider Betrachtungsweisen besteht darin, dass bei der gesellschaftsbezogenen Ermittlung die Gewinne, Entnahmen und Einlagen aller Gesellschafter saldiert werden[276]. Folge ist, dass die

---

[274] Ein Wirtschaftsgut gehört zum Sonderbetriebsvermögen eines Gesellschafters, wenn es, obwohl es im Eigentum eines oder mehrerer Gesellschafter steht, dazu geeignet und bestimmt ist, dem Betrieb der Personengesellschaft zu dienen; Schmidt, in: Schmidt, § 15 EStG Rn. 506.

[275] Siehe Ley, NWB Fach 3, S. 11167/11181.

[276] Dazu folgendes Beispiel:
An der AB-OHG sind die Gesellschafter A und B zu gleichen Teilen beteiligt. Der Gewinn der Gesellschaft beläuft sich im Wirtschaftsjahr 01 auf 50.000 EUR. Gesellschafter A tätigt im Wirtschaftsjahr 01 Entnahmen in Höhe von 35.000 EUR. Jeder Gesellschafter legt im selben Wirtschaftsjahr 1.000 EUR ein.
Berechnung der Über-/Unterentnahmen:

Überentnahmen einzelner Gesellschafter durch Unterentnahmen anderer Gesellschafter ausgeglichen werden können.

b. Inhalt des Subjektsteuerprinzips

Das sog. Subjektsteuerprinzip[277] besagt, dass alle Einkünfte von demjenigen Steuerpflichtigen zu versteuern sind, der sie erzielt hat. Als bereits erwirtschaftete aber noch nicht realisierte Einkünfte gelten auch die stillen Reserven; sie müssen im Falle der Realisation[278] von dem Steuerpflichtigen versteuert werden, bei dem sie angewachsen sind. Damit nicht vereinbar ist, dass stille Reserven auf ein anderes Steuersubjekt übergehen (Verbot der interpersonellen Verlagerung stiller Reserven). Dieser Grundsatz ist verankert in § 2 Abs. 1 EStG, wonach der Einkommensteuer alle Einkünfte eines Steuerpflichtigen unterliegen. Besteuert werden soll jeder Steuerpflichtige nach seiner individuellen Leistungsfähigkeit. Bei Personengesellschaften kann es insoweit zu Problemen kommen. Im Mittelpunkt steht die Frage nach der Steuersubjekteigenschaft von Personengesellschaften. Obwohl Gesellschaften partiell als Steuerrechtssubjekt anerkannt werden[279], ist Besteuerungssubjekt nach § 1 Abs. 1 EStG der Gesellschafter als

---

Gesellschaftsbezogen:

Gesellschaft AB-OHG	
Gewinn	+ 50.000 EUR
Entnahmen (A+B)	- 35.000 EUR
Einlagen (A+B)	+ 2.000 EUR
Unterentnahme	+ 17.000 EUR

Gesellschafterbezogen:

Gesellschafter A		Gesellschafter B	
anteiliger Gewinn	+ 25.000 EUR	anteiliger Gewinn	+ 25.000 EUR
Entnahme	- 35.000 EUR	Entnahme	-
Einlage	+ 1.000 EUR	Einlage	+ 1.000 EUR
Überentnahme	- 9.000 EUR	Unterentnahme	+ 26.000 EUR

Das Beispiel zeigt die unterschiedlichen Ergebnisse der gesellschafts- und der gesellschafterbezogenen Betrachtungsweise. Während bei der gesellschaftsbezogenen Anwendung des § 4 Abs. 4a EStG keine Überentnahme im Wirtschaftsjahr 01 entstanden ist, ist nach der gesellschafterbezogenen Betrachtungsweise eine Überentnahme in Höhe von 9.000 EUR beim Gesellschafter A anzusetzen.

277 Tipke/Lang, Steuerrecht, S. 218: Danach muss grundsätzlich jedes Steuersubjekt sein eigenes Einkommen versteuern.

278 Zum Realisationstatbestand siehe Reiß, StuW 2000, S. 399/406 ff.: Eine Realisation setzt voraus, dass Wirtschaftsgüter entgeltlich auf einen anderen übertragen werden. Nur bei den betrieblichen Einkunftsarten gibt es daneben den Entnahmetatbestand als spezifisch steuerlichen Realisationstatbestand.

279 Nach Ansicht der herrschenden Meinung ist die Personengesellschaft Subjekt der Gewinnermittlung und der Einkünftequalifikation; vgl. D. II. 1.

natürliche Person. Anders als bei Kapitalgesellschaften ist eine Personengesellschaft nicht ein von den Gesellschaftern getrenntes Steuersubjekt. Andererseits negiert das Einkommensteuerrecht die Existenz der Personengesellschaft nicht[280]. Nach dem Gedanken des Subjektsteuerprinzips müssen trotz der partiellen Steuerrechtsfähigkeit der Gesellschaft auf der Ebene der Gesellschafter alle Einkünfte nach der individuellen Leistungsfähigkeit der Gesellschafter versteuert werden. Die Steuersubjekteigenschaft von Personengesellschaften kann grundsätzlich nur soweit gehen, wie die Grundsätze des Subjektsteuerprinzips es zu lassen.

Schwierigkeiten mit dem Subjektsteuerprinzip treten bei Personengesellschaften auf, wenn Vorgänge zwischen der Gesellschaft und ihren Gesellschaftern zu beurteilen sind. Wird z.B. ein einzelnes Wirtschaftsgut aus dem Betriebsvermögen eines Gesellschafters in das Gesamthandsvermögen der Gesellschaft übertragen, so wechselt trotz eines „Rechtsträgerwechsels"[281] das Besteuerungssubjekt insoweit nicht, als die stillen Reserven bei dem jeweiligen Gesellschafter in der Höhe verhaftet bleiben, als er vor und nach dem Übertragungsvorgang steuerrechtlich an dem entsprechenden Wirtschaftsgut beteiligt ist[282]. Zwar verliert der

[280] Jachmann, DStZ 2002, S. 203/204; Reiß, StuW 2000, S. 399/405: In § 15 Abs. 1 Satz 1 Nr. 2 EStG regelt der Gesetzgeber, dass mehrere Personen in einer Personengesellschaft zusammengeschlossen zur Erzielung steuerpflichtiger Einkünfte gemeinsam tätig werden.

[281] Zivilrechtlich wird die Personengesellschaft seit dem Urteil des BGH vom 29. Januar 2001, II ZR 331/00, DStR 2001 , S. 310 als eigener Rechtsträger anerkannt. Im Steuerrecht herrscht nach wie vor Streit, ob die Mitunternehmerschaft als eigenständiger Rechtsträger zu behandeln ist. Für einen Rechtsträgerwechsel Hallerbach, in: Festschrift für Jakob, S. 101/103: Die Personengesellschaft ist steuerrechtlich partiell als eigenes Rechtssubjekt anzuerkennen; dagegen Reiß, StuW 2000, S. 399/404, wonach es im Zusammenhang mit der Besteuerung nur darauf ankommen kann, ob die Personengesellschaft Besteuerungssubjekt ist.

[282] Umfassend zu § 6 Abs. 5 EStG unter D. II. 3. c. aa; gemäß § 6 Abs. 5 Satz 3 EStG i.d.F. des StEntlG 1999/2000/2002 war bei der Übertragung eines Einzelwirtschaftsguts zwischen dem Einzel- oder Sonderbetriebsvermögen eines Gesellschafters und dem Gesamthandsvermögen der Personengesellschaft der Teilwert anzusetzen. Löst die Übertragung einzelner Wirtschaftsgüter zwischen Gesellschafter und Gesellschaft die Besteuerung der in dem übertragenen Wirtschaftsgut enthaltenen stillen Reserven aus, werden die Personengesellschaft einerseits und die Gesellschafter andererseits als unterschiedliche Rechtsträger behandelt (Hallerbach, in: Festschrift für Jakob, S. 101/103; Jachmann, DStZ 2002, S. 203/206; Reiß, StuW 2000, S. 399/404). Außerachtgelassen wird dabei allerdings, dass das Besteuerungssubjekt insoweit nicht wechselt, als der übertragende Gesellschafter vor und nach dem Übertragungsvorgang steuerrechtlich an dem entsprechenden Wirtschaftsgut beteiligt ist. Im Gegensatz dazu ist gemäß § 6 Abs. 5 Satz 3 EStG i.d.F. des StSenkG bei der Übertragung eines Wirtschaftsguts aus dem Sonder- oder Einzelbetriebsvermögen eines Gesellschafters in das Gesamthandsvermögen der Gesellschaft oder umgekehrt der Buchwert anzusetzen. Der Buchwertansatz verstößt gegen das Verbot der interpersonellen Verlagerung von stillen Reserven und somit gegen das Subjektsteuerprinzip, soweit die stillen Reserven auf andere Gesellschafter übergehen.

übertragende Gesellschafter zivilrechtlich sein Alleineigentum an dem jeweiligen Wirtschaftsgut. Als Gesellschafter der Personengesellschaft ist er nur noch in seiner gesamthänderischen Verbundenheit daran beteiligt. Soweit das Wirtschaftsgut aber auch nach der Übertragung ihm zuzurechnen ist, findet kein Wechsel des Steuersubjekts statt. Die stillen Reserven bleiben beim selben Steuerpflichtigen verhaftet, da Steuersubjekt nicht die Gesellschaft, sondern der einzelne Gesellschafter ist. Unter Beachtung des Subjektsteuerprinzips ist steuerlich weder der Ansatz des Buchwerts, noch der Ansatz des Teilwerts geboten. Vielmehr ist ein Zwischenwert anzusetzen. Die stillen Reserven müssen insoweit aufgedeckt werden, als sie nach der Übertragung nicht mehr auf den übertragenden Gesellschafter entfallen[283]. Soweit dem Gesellschafter die stillen Reserven seines Wirtschaftguts auch nach der Übertragung zugeordnet werden können, findet keine interpersonelle Verlagerung von stillen Reserven statt. Ein Aufdecken der stillen Reserven ist insoweit nicht geboten.

Zu dem Ergebnis einer anteiligen Gewinnrealisation gelangt man selbst dann, wenn man die Rechtssubjektivität von Personengesellschaften bejaht. Da in diesem Fall bei der Vermögensübertragung zwischen Gesellschaft und Gesellschafter ein Rechtsträgerwechsel im vollem Umfang stattfindet, müssten zwar grundsätzlich die gesamten stillen Reserven aufgedeckt werden. Da das Besteuerungs-

[283] Reiß, StuW 2000, S. 399; Reiß, BB 2000, S. 1965; van Lishaut, DB 2000, S. 1784/1787 f. und Herrmann/Neufang, BB 2000, S. 2599 kommen durch Auslegung des Entnahmebegriffs entgegen der ständigen Rechtsprechung des BFH zum selben Ergebnis (vgl. unter D. V. 2. a.). Da das Subjektsteuerprinzip verlangt, dass die stillen Reserven bei demjenigen Steuerpflichtigen versteuert werden, bei dem sie entstanden sind, liegt eine Entnahme nach ihrer Ansicht bereits dann vor, wenn die Erfassung der stillen Reserven bei dem übertragenden Steuerpflichtigen nicht mehr möglich ist. Soweit die stillen Reserven eines Wirtschaftsguts bei einer Übertragung auf andere Gesellschafter übergehen, ist der Tatbestand einer Entnahme erfüllt. Die Übertragung erfolgt insoweit zu betriebsfremden Zwecken und nicht zur Erzielung eigener betrieblicher Einkünfte. Ein Gewinn ist in der Höhe zu realisieren, in der die stillen Reserven entsprechend dem Gewinnverteilungsschlüssel auf die übrigen Gesellschafter entfallen. Soweit dem übertragenden Gesellschafter die stillen Reserven des Wirtschaftsguts auch nach der Übertragung zugeordnet werden können, liegt wegen des Subjektsteuerprinzips keine Entnahme vor. Ein anteiliges „Überspringen" von stillen Reserven auf die anderen Gesellschafter lässt sich durch die Bildung einer negativen Ergänzungsbilanz (Ley/Strahl, DStR 2001, S. 1997/2006; Ley, KÖSDI 2001, S. 12982/12992 ff.) verhindern (Reiß, StuW 2000, S. 399). Ergänzungsbilanzen gewährleisten, dass trotz der Übertragung eines Wirtschaftsguts in das Gesamthandsvermögen einer Personengesellschaft die im Wirtschaftsgut bereits vorhandenen stillen Reserven bei ihrer Auflösung dem Steuersubjekt zugerechnet werden, das sie erwirtschaftet hat. Werden dem Übertragenden die stillen Reserven eines Wirtschaftsguts durch die Erstellung einer solchen Ergänzungsbilanz in voller Höhe zugeordnet, kann der Ansatz einer anteiligen Entnahme bzw. Gewinnrealisation auch nach dieser Ansicht entfallen. Die Besteuerung der stillen Reserven bei dem Steuerpflichtigen, der sie erwirtschaftet hat, ist sichergestellt.

subjekt aber insoweit nicht wechselt, als der übertragende Gesellschafter vor und nach der Übertragung an dem entsprechenden Wirtschaftsgut beteiligt ist, dürfen die stillen Reserven trotz des Rechtsträgerwechsels nicht in voller Höhe aufgedeckt werden. Die konsequente Verwirklichung des Rechtsträgerprinzips wäre nämlich nur dann möglich, wenn die Personengesellschaft selbst der Besteuerung unterläge[284]. Die Tatsache, dass im Einkommensteuerrecht nur natürliche Personen Besteuerungssubjekte sein können, muss insoweit zur Missachtung der Gesellschaft als Rechtsträger führen, als die Individualbesteuerung des Gesellschafters dazu zwingt[285].

c. Verwirklichung des Subjektsteuerprinzips durch den Gesetzgeber bei § 6 Abs. 5, § 6b und § 16 Abs. 3 EStG

Nach den Grundsätzen des Subjektsteuerprinzips ist eine Verlagerung von stillen Reserven auf ein anderes Steuersubjekt verboten. Ob der Gesetzgeber das Subjektsteuerprinzip konsequent verwirklicht hat, soll anhand von § 6 Abs. 5, § 6b und § 16 Abs. 3 EStG genauer untersucht werden.

aa. § 6 Abs. 5 EStG

§ 6 Abs. 5 EStG, der den Mitunternehmererlass[286] abgelöst hat, regelt die Überführung und Übertragung von Einzelwirtschaftsgütern bei Einzelunternehmern und Personengesellschaften. Bereits i.d.F. des StEntlG 1999/2000/2002[287] ist gemäß § 6 Abs. 5 Satz 1 EStG bei der Überführung eines Wirtschaftsguts von einem Betriebsvermögen in ein anderes Betriebsvermögen desselben Steuerpflichtigen zwingend der Buchwert anzusetzen. Dasselbe gilt nach Satz 2 für die Überführung eines Wirtschaftsguts aus dem eigenen Betriebsvermögen eines Steuerpflichtigen in dessen Sonderbetriebsvermögen bei einer Mitunternehmerschaft und umgekehrt sowie für die Überführung zwischen verschiedenen Sonderbetriebsvermögen desselben Steuerpflichtigen bei verschiedenen Mitunternehmerschaften. Dagegen war nach § 6 Abs. 5 Satz 3 EStG i.d.F. des StEntlG 1999/2000/2002 bei der Übertragung eines Einzelwirtschaftguts zwischen dem Einzel- oder Sonderbetriebsvermögen eines Gesellschafters und dem Gesamthandsvermögen der Personengesellschaft sowie den jeweiligen Sonderbetriebsvermögen verschiedener Gesellschafter derselben Personengesellschaft

---

[284] Hallerbach, in: Festschrift für Jakob, S. 101/103/104.

[285] Hallerbach, Die Personengesellschaft im Einkommensteuerrecht, S. 94 ff.

[286] BMF vom 20. Dezember 1977, IV B 2 – S 2241 – 231/77, BStBl I 1978, S. 8 ff.

[287] Steuerentlastungsgesetz (StEntlG) 1999/2000/2002: Gesetz vom 24. März 1999, BGBl I 1999, S. 402.

zwingend der Teilwert des Wirtschaftsguts anzusetzen. Der in den Sätzen 1 und 2 geregelte Buchwertansatz führt nicht zu einem Verstoß gegen das Subjektsteuerprinzip, da die stillen Reserven trotz der Überführung des Wirtschaftsguts beim selben Steuerpflichtigen verbleiben[288]. Das Gewinnrealisierungsgebot[289] in § 6 Abs. 5 Satz 3 EStG i.d.F. des StEntlG 1999/2000/2002 beruht auf dem Konzept, dass bei Übertragungen zwischen einer Mitunternehmerschaft und seinen Mitunternehmern ein Rechtsträgerwechsel stattfindet[290], Personengesellschaft und ihre Gesellschafter also unterschiedliche Rechtsträger sind. Durch den Teilwertansatz wird das Subjektsteuerprinzip in der Weise umgesetzt, dass stille Reserven nicht auf ein anderes Steuersubjekt überspringen können. Allerdings geht die uneingeschränkte Gewinnrealisierung über das Ziel hinaus. Eine Aufdeckung der stillen Reserven ist nach dem Subjektsteuerprinzip insoweit nicht erforderlich, als stille Reserven nicht auf ein anderes Steuersubjekt übergehen. Sowohl bei der Einbringung eines Wirtschaftsguts gegen Gewährung von Gesellschaftsrechten (offene Einlage)[291] als auch bei der unentgeltlichen Übertragung, soweit der Übertragende auch nach dem Übertragungsvorgang an dem betreffenden Wirtschaftsgut beteiligt ist, verbleiben alle bzw. ein Teil der stillen Reserven bei dem übertragenden Gesellschafter. Insoweit ist einer Besteuerung der stillen Reserven nach dem Subjektsteuerprinzip nicht geboten.

Mit der Einführung des StSenkG[292] wurde der Teilwertansatz in § 6 Abs. 5 Satz 3 EStG i.d.F. des StEntlG 1999/2000/2002 wieder aufgehoben. Nunmehr ist bei

---

288 So auch schon nach der finalen Entnahmelehre des BFH: BFH vom 15. Juli 1976, I R 17/74, BStBl II 1976, S.748; BFH vom 6. November 1985, I R 242/81, BStBl II 1986, S. 333, wonach die Besteuerung der stillen Reserven eines Wirtschaftsguts unterbleibt, wenn und solange die Erfassung der stillen Reserven bei demselben Steuerpflichtigen gewährleistet ist.

289 Der zwingende Teilwertansatz bei der Übertragung von einzelnen Wirtschaftsgütern gemäß § 6 Abs. 5 Satz 3 EStG i.d.F. des StEntlG 1999/2000/2002 bedeutete eine Beschränkung der bisherigen Rechtsprechung des BFH: Korn, in: Festschrift für Jakob, S. 157/163; Jachmann, DStZ 2002, S. 203/205; Wacker, NWB Fach 3, S. 10797/10800. Nach der finalen Entnahmelehre des BFH waren Übertragungen von Einzelwirtschaftsgütern zwischen dem Gesamthandsvermögen von Personengesellschaften und dem Einzel- bzw. Sonderbetriebsvermögen der Gesellschafter sowie zwischen den jeweiligen Sonderbetriebsvermögen verschiedener Gesellschafter derselben Personengesellschaft zu Buchwerten möglich, selbst wenn dadurch stille Reserven auf andere Gesellschafter übergegangen sind.

290 Entwurf des StEntlG 1999/2000/2002, Bundestag Drucksache 14/23, S. 173; Hallerbach, in: Festschrift für Jakob, S. 101/103.

291 Eine Übertragung gegen Gewährung von Gesellschaftsrechten (= entgeltliche Übertragung) liegt vor, wenn dem übertragenden Gesellschafter der Verkehrswert des Wirtschaftsguts kapitalmäßig gutgeschrieben wird. Da stille Reserven nicht auf andere Gesellschafter verlagert werden, wäre nach dem Gedanken des Subjektsteuerprinzip der Buchwertansatz geboten. Dieser könnte durch die Erstellung einer negativen Ergänzungsbilanz für den übertragenden Gesellschafter erreicht werden.

292 Steuersenkungsgesetz (StSenkG): Gesetz vom 23. Oktober 2000, BGBl I 2000, S. 1433.

der Übertragung eines einzelnen Wirtschaftsguts zwischen dem Einzel- oder Sonderbetriebsvermögen eines Gesellschafters und dem Gesamthandsvermögen einer Personengesellschaft sowie zwischen den jeweiligen Sonderbetriebsvermögen verschiedener Gesellschafter derselben Personengesellschaft zwingend[293] der Buchwert des Wirtschaftsguts anzusetzen. Folge ist die interpersonelle Verlagerung stiller Reserven auf andere Gesellschafter und somit ein Verstoß gegen das Subjektsteuerprinzip. Ob der Gesetzgeber auch die Rechtsträgerschaft der Personengesellschaft wieder einschränken wollte, ist fraglich. In der Gesetzesbegründung[294] wird lediglich angeführt, dass der Teilwertansatz in § 6 Abs. 5 Satz 3 EStG i.d.F. des StEntlG 1999/2000/2002 Umstrukturierungen im mittelständischen Bereich erschwert habe. Deshalb spricht viel dafür, dass der Gesetzgeber mit der Einführung des Buchwertansatzes nicht die Rechtsträgereigenschaft von Personengesellschaften abschaffen, sondern die Besteuerung von stillen Reserven trotz eines Rechtsträgerwechsels vermeiden wollte.

bb. § 6b EStG

§ 6b EStG soll die Veräußerung von Wirtschaftsgütern des Betriebsvermögens erleichtern, indem die steuerneutrale Übertragung von stillen Reserven auf bestimmte Reinvestitionsobjekte gestattet wird. In der Vergangenheit hat der BFH[295] in mehreren Urteilen entschieden, dass es sich bei § 6b EStG um eine Regelung handelt, die bezogen auf den einzelnen Gesellschafter anzuwenden ist (gesellschafterbezogene Betrachtungsweise). Danach war es möglich, Gewinne aus der Veräußerung eines Wirtschaftsguts im Einzel- oder Sonderbetriebsvermögen eines Gesellschafters auf Reinvestitionsgüter im Gesamthandsvermögen der Personengesellschaft und umgekehrt zu übertragen. Mit der Einführung des § 6b Abs. 10 EStG i.d.F. des StEntlG 1999/2000/2002 wurde die Personengesellschaft und nicht mehr der Gesellschafter selbst zur Inanspruchnahme der Steuervergünstigung gemäß § 6b EStG berechtigt. Bei dieser gesellschaftsbezogenen Betrachtungsweise tritt an die Stelle des Steuerpflichtigen die Gesellschaft, soweit Wirtschaftsgüter zum Gesamthandsvermögen der Gesellschaft gehören.

Der Wechsel zur gesellschaftsbezogenen Steuervergünstigung in § 6b Abs. 10 EStG korrespondiert mit dem in § 6 Abs. 5 Satz 3 EStG i.d.F. des StEntlG

[293] Der Mitunternehmererlass (BMF vom 20. Dezember 1977, IV B 2 – S 2241 – 231/77, BStBl I 1978, S. 8 ff.) sah in diesen Fällen ein Wahlrecht vor. Danach konnte entweder der Buchwert, der Teilwert oder ein Zwischenwert angesetzt werden.

[294] Beschlussempfehlung zum Steuersenkungsgesetz, Bundestag Drucksache 14/3760, S. 2.

[295] BFH vom 10. Juli 1980, IV R 136/77, BStBl II 1981, S. 84; BFH vom 10. Juli 1980, IV R 12/80, BStBl II 1981, S. 90; BFH vom 28. Januar 1981, IV R 111/77, BStBl II 1981, S. 430.

1999/2000/2002 angeordneten Teilwertansatz. Einerseits wird in beiden Regelungen die Personengesellschaft als eigener Rechtsträger behandelt. Bei § 6 Abs. 5 Satz 3 EStG i.d.F. des StEntlG 1999/2000/2002 führt die Übertragung eines Einzelwirtschaftsguts zwischen Gesellschaft und Gesellschafter zur Gewinnrealisierung. Gemäß § 6b Abs. 10 EStG i.d.F. des StEntlG 1999/2000/2002 gilt die Personengesellschaft als eigenständiger Rechtsträger hinsichtlich der Wirtschaftsgüter des Gesamthandsvermögens. Andererseits war die Einschränkung der finalen Entnahmelehre[296] in § 6 Abs. 5 Satz 3 EStG i.d.F. des StEntlG 1999/2000/2002 zwangsläufig mit dem Wechsel von der gesellschafter- zur gesellschaftsbezogenen Betrachtungsweise in § 6b EStG verbunden. Bei der Übertragung von einzelnen Wirtschaftsgütern zwischen dem Einzel- oder Sonderbetriebsvermögen eines Gesellschafters und dem Gesamthandsvermögen der Personengesellschaft sowie zwischen den jeweiligen Sonderbetriebsvermögen verschiedener Gesellschafter derselben Personengesellschaft war gemäß § 6 Abs. 5 Satz 3 EStG i.d.F. des StEntlG 1999/2000/2002 entgegen den Grundsätzen der finalen Entnahmelehre (s.u. D. V. 2. a.) zwingend der Teilwert anzusetzen. Da es für einen Steuerpflichtigen hinsichtlich der Gewinnauswirkung keinen Unterschied machen sollte[297], ob er das Wirtschaftsgut zunächst in ein anderes ihm zustehendes Betriebsvermögen überführt, es dann veräußert und die Reinvestition in diesem Betriebsvermögen vornimmt, oder ob er das Wirtschaftsgut veräußert und die Reinvestition dann direkt in dem anderen Betriebsvermögen vornimmt, war zwangsläufig auch eine Änderung des § 6b EStG erforderlich. Durch den Wechsel zur gesellschaftsbezogenen Betrachtungsweise in § 6b Abs. 10 EStG i.d.F. des StEntlG 1999/2000/2002 war gerade keine Gewinnübertragung aus der Veräußerung von Wirtschaftsgütern des Einzel- oder Sonderbetriebsvermögens eines Gesellschafters auf Reinvestitionsgüter im Gesamthandsvermögen der Personengesellschaft mehr möglich.

Wegen des Gleichklangs von § 6b Abs. 10 EStG und § 6 Abs. 5 Satz 3 EStG i.d.F. des StEntlG 1999/2000/2002 war nicht verständlich, warum im StSenkG nur bei § 6 Abs. 5 Satz 3 EStG wieder zum ursprünglichen finalen Entnahmebegriff (s.u. D. V. 2. a.) zurückgekehrt wurde. Während gemäß § 6 Abs. 5 Satz 3 EStG i.d.F. des StSenkG trotz eines Rechtsträgerwechsels die steuerneutrale

---

[296] Vgl. auch Strahl FR 2001, S. 1154/1155; Jachmann, DStZ 2002, S. 203/205. Nach der finalen Entnahmelehre des BFH war die Übertragung eines Wirtschaftsguts zwischen dem Einzel- oder Sonderbetriebsvermögen eines Gesellschafters und dem Gesamthandsvermögen der Gesellschaft oder zwischen den jeweiligen Sonderbetriebsvermögen verschiedener Gesellschafter derselben Personengesellschaft zu Buchwerten möglich; eingehend dazu unter D. V. 2. a. bb.

[297] Jachmann, DStZ 2002, S. 203/204: Ein Steuerpflichtiger soll nur in dem Umfang zur Übertragung der stillen Reserven nach § 6b EStG auf ein Reinvestitionsgut in einem anderen Betriebsvermögen berechtigt sein, in dem er das alte Wirtschaftsgut steuerneutral gemäß § 6 Abs. 5 Satz 3 EStG in ein anderes Betriebsvermögen hätte übertragen können.

Übertragung von einzelnen Wirtschaftsgütern zwischen der Personengesellschaft und ihren Gesellschaftern oder zwischen den Gesellschaftern untereinander wieder möglich war, konnten die bei der Veräußerung eines Wirtschaftsguts des Gesamthandsvermögens aufgedeckten stillen Reserven wegen der gesellschaftsbezogenen Betrachtungsweise in § 6b Abs. 10 EStG i.d.F. des StEntlG 1999/2000/2002 nicht auf ein Reinvestitionsgut im Einzel- oder Sonderbetriebsvermögen eines Gesellschafters übertragen werden. Erst mit dem UntStFG[298] erfolgte die Angleichung des § 6b EStG an § 6 Abs. 5 Satz 3 EStG i.d.F. des StSenkG durch die Rückkehr zur gesellschafterbezogenen Betrachtungsweise. Nunmehr können Gewinne aus der Veräußerung von Wirtschaftsgütern des Einzel- oder Sonderbetriebsvermögens eines Gesellschafters wieder auf Reinvestitionsgüter im Gesamthandsvermögen der Personengesellschaft übertragen werden. Im Gegensatz zu § 6 Abs. 5 Satz 3 EStG können bei § 6b EStG aber keine stillen Reserven auf andere Gesellschafter übergehen. Der veräußernde Gesellschafter kann den Gewinn aus der Veräußerung eines Wirtschaftsguts seines Einzel- oder Sonderbetriebsvermögens nämlich nur von dem Teil der Anschaffungs- oder Herstellungskosten eines Reinvestitionsguts im Gesamthandsvermögen der Personengesellschaft abziehen, der entsprechend seiner Beteiligungsquote an der Personengesellschaft auf ihn entfällt[299]. Dasselbe gilt umgekehrt, so dass der Gewinn aus der Veräußerung eines Einzelwirtschaftsguts des Gesamthandsvermögens einer Personengesellschaft nur insoweit von den Anschaffungs- oder Herstellungskosten eines Reinvestitionsguts im Einzel- oder Sonderbetriebsvermögen eines Gesellschafters abgezogen werden darf, als der Veräußerungsgewinn anteilig auf den Gesellschafter entfällt. Eine interpersonelle Verlagerung von stillen Reserven wie bei § 6 Abs. 5 Satz 3 EStG wird dadurch vermieden. Entgegen § 6 Abs. 5 Satz 3 EStG befolgt § 6b EStG trotz der Rückkehr zur gesellschafterbezogenen[300] Betrachtungsweise das Subjektsteuerprinzip. Gewinne dürfen gemäß § 6b EStG i.d.F. des UntStFG nur insoweit steuerneutral zwischen der Personengesellschaft und ihren Gesellschaftern übertragen werden, als der Gewinn anteilig auf den reinvestierenden Gesellschafter entfällt. Diese anteilige Übertragungsmöglichkeit von stillen Reserven zwischen Gesellschaft und Gesellschaftern ist vom Subjektsteuerprinzip nicht nur gedeckt,

---

[298] Unternehmenssteuerfortentwicklungsgesetz (UntStFG): Gesetz vom 20. Dezember 2001, BGBl I 2001, S. 3858.

[299] Jachmann, DStZ 2002, S. 203/206.

[300] Die gesellschafterbezogene Betrachtungsweise verhindert eine interpersonelle Verlagerung von stillen Reserven ebenso wie die gesellschaftsbezogene Betrachtungsweise nach dem StEntlG 1999/2000/2002. Der Unterschied zwischen beiden Ansätzen besteht darin, dass bei der gesellschaftsbezogenen Sichtweise nicht einmal der Teil des Veräußerungsgewinns eines Wirtschaftsguts des Gesamthandsvermögens steuerneutral nach § 6b EStG auf ein Reinvestitionsgut im Einzel- oder Sonderbetriebsvermögen eines Gesellschafters übertragen werden konnte, der anteilig auf den Gesellschafter entfällt.

sondern gewollt[301]. Stille Reserven sind nämlich nur dann und insoweit aufzudecken, als die Besteuerung bei dem Steuerpflichtigen, der sie erwirtschaftet hat, nicht mehr gewährleistet ist. Soweit die stillen Reserven aber beim selben Steuerpflichtigen verbleiben, ist eine Gewinnrealisation verfehlt[302]. Die gesellschafterbezogene Betrachtungsweise in § 6b EStG, die den steuerneutralen Übergang von Gewinnen zulässt, soweit sie auf den jeweiligen Gesellschafter entfallen, und die Versteuerung verlangt, soweit stille Reserven auf andere Steuerpflichtige übergehen, setzt dieses Prinzip konsequent um.

cc. § 16 Abs. 3 EStG

In § 16 Abs. 3 Sätze 2 bis 4 EStG wird die Realteilung einer Mitunternehmerschaft als besonderer Aufgabetatbestand geregelt. Eine Realteilung liegt vor, wenn die Beteiligten einer Personengesellschaft diese Personengesellschaft auflösen und beenden und alle Wirtschaftsgüter in ein anderes Betriebsvermögen überführen, oder wenn die Personengesellschaft bestehen bleibt, jedoch Teile des Betriebsvermögens einem oder mehreren ausscheidenden Gesellschaftern als Abfindung überlassen wird. Soweit die Realteilung auf die Übertragung von Teilbetrieben oder Mitunternehmeranteilen gerichtet war, durften die betroffenen Wirtschaftsgüter in entsprechender Anwendung des § 6 Abs. 3 EStG in den Betriebsvermögen der Gesellschafter mit dem Buchwert angesetzt werden (§ 16 Abs. 3 Satz 2, 2. HS EStG i.d.F. des StEntlG 1999/2000/2002). Gemäß § 16 Abs. 3 Satz 2 EStG i.d.F. des StEntlG 1999/2000/2002 galt die Realteilung einer Mitunternehmerschaft als Aufgabe eines Mitunternehmeranteils, sofern den bisherigen Gesellschaftern der Personengesellschaft im Rahmen der Realteilung lediglich Einzelwirtschaftsgüter zugewiesen wurden. Die Realteiler mussten die Einzelwirtschaftsgüter in ihrem Betriebsvermögen mit dem gemeinen Wert ansetzen, das heißt die in den zugewiesenen Wirtschaftsgütern enthaltenen stillen Reserven aufdecken[303]. Die Auflösung der stillen Reserven bei der Übertragung einzelner Wirtschaftsgüter im Rahmen der Realteilung erfolgte in Einklang mit der Einführung des § 6 Abs. 5 Satz 3 EStG i.d.F. des StEntlG 1999/2000/2002. Ebenso wie die Beseitigung des Wahlrechts zur Buchwertfortführung bei der Übertragung von Einzelwirtschaftsgütern aus dem Einzel- oder Sonderbetriebsvermögen eines Gesellschafters in das Gesamthandsvermögen der Personengesellschaft durch § 6 Abs. 5 Satz 3 EStG (StEntlG 1999/2000/2002) diente der Ansatz des gemeinen Werts bei der Realteilung einer Personengesellschaft unter Zuweisung von Einzelwirtschaftsgütern der Beschränkung der finalen Entnah-

---

[301] Zum Inhalt des Subjektsteuerprinzips siehe D. II. 3. b.
[302] Hallerbach, Festschrift für Jakob, S. 101/103; Reiß, StuW 2000, S. 399/407.
[303] Jachmann, DStZ 2002, S. 203/207.

melehre[304]. Der Ansatz des gemeinen Werts konnte bei der Realteilung die interpersonelle Verlagerung von stillen Reserven vermeiden, sofern einzelne Wirtschaftsgüter betroffen waren. Nur bei der Übertragung von Teilbetrieben und Mitunternehmeranteilen im Rahmen der Realteilung durften in Anlehnung an § 6 Abs. 3 EStG stille Reserven unaufgedeckt auf andere Rechtsträger übergehen (§ 16 Abs. 3 Satz 2, 2. HS EStG i.d.F. des StEntlG 1999/2000/2002).

Obwohl mit dem StSenkG in § 6 Abs. 5 Satz 3 EStG bei der Übertragung von Einzelwirtschaftsgütern zwischen dem Gesamthandsvermögen der Personengesellschaft und dem Einzel- oder Sonderbetriebsvermögen eines Gesellschafters der Buchwertansatz angeordnet wurde, blieb § 16 Abs. 3 Satz 2 EStG unverändert. Während bei einer Übertragung von einzelnen Wirtschaftsgütern anlässlich einer Realteilung zwingend die stillen Reserven aufzudecken waren, musste bei der Übertragung von Einzelwirtschaftsgütern zwischen einer Personengesellschaft und den Gesellschaftern gemäß § 6 Abs. 5 Satz 3 EStG i.d.F. des StSenkG der Buchwert angesetzt werden. Erst mit dem UntStFG wurde § 16 Abs. 3 Satz 2 EStG an die Neufassung des § 6 Abs. 5 Satz 3 EStG angeglichen[305]. Nunmehr ist bei denen im Zuge einer Realteilung gemäß § 16 Abs. 3 Satz 2 EStG zugeteilten Wirtschaftsgüter grundsätzlich der Buchwert anzusetzen, egal, ob es sich dabei um Teilbetriebe, Mitunternehmeranteile oder einzelne Wirtschaftsgüter handelt. Nur sofern nach einer Realteilung, bei der einzelnen Wirtschaftsgüter übertragen worden sind, zum Buchwert übertragener Grund und Boden, übertragene Gebäude oder andere übertragene wesentliche Betriebsgrundlagen innerhalb einer Sperrfrist von drei Jahren nach der Übertragung veräußert oder entnommen werden, ist gemäß § 16 Abs. 3 Satz 3 EStG rückwirkend der gemeine Wert anzusetzen. Einzelwirtschaftsgüter können wieder sowohl während des Bestehens einer Personengesellschaft gemäß § 6 Abs. 5 Satz 3 EStG als auch im Rahmen einer Realteilung steuerneutral aus dem Gesamthandsvermögen einer Personengesellschaft in das Einzel- oder Sonderbetriebsvermögen eines Gesellschafters übertragen werden. Allerdings findet auch bei der Realteilung eine interpersonelle Verlagerung stiller Reserven und damit ein Verstoß gegen das Subjektsteuerprinzip statt. Im Gegensatz zu § 6b EStG gehen gemäß § 16 Abs. 3 Satz 2 EStG die stillen Reserven in vollem Umfang über. Eine Begrenzung auf die anteiligen stillen Reserven, die entsprechend der Gewinnverteilungsquote auf den übertragenden Gesellschafter entfallen[306], ist nicht vorgesehen.

---

[304] Wacker, in: Schmidt, § 16 EStG Rn. 531; Jachmann, DStZ 2002, S. 203/207.

[305] Im Unterschied zu § 6b EStG wurde § 16 Abs. 3 Satz 2 bis 4 EStG durch das UntStFG rückwirkend zum 1. Januar 2001 geändert. Die Rückkehr zur gesellschafterbezogenen Betrachtungsweise in § 6b EStG erfolgte dagegen erst zum 1. Januar 2002.

[306] Auch in § 6b EStG ist die Übertragung von Gewinnen nicht ausdrücklich auf die Höhe begrenzt, in der die Gewinne anteilig auf den einzelnen Gesellschafter entfallen. Durch die

dd. Zwischenergebnis

Die durch das StEntlG 1999/2000/2002 beschlossenen Regelungen in § 6 Abs. 5 Satz 3 EStG, § 6b Abs. 10 EStG und § 16 Abs. 3 Satz 2 EStG verfolgten denselben Gedanken. Der Gesetzgeber setzte konsequent das Konzept der Besteuerung aufgrund eines Rechtsträgerwechsels um, indem die Personengesellschaft einerseits und ihre Gesellschafter andererseits als unterschiedliche Rechtsträger behandelt wurden. Die zwingende Gewinnrealisierung bei der Übertragung von Einzelwirtschaftsgütern zwischen dem Gesamthandsvermögen der Personengesellschaft und dem Einzel- oder Sonderbetriebsvermögen eines Gesellschafters sowie zwischen den jeweiligen Sonderbetriebsvermögen verschiedener Gesellschafter derselben Personengesellschaft hatte zur Folge, dass stille Reserven nicht auf ein anderes Steuersubjekt überspringen konnten. Das Verbot der interpersonellen Verlagerung stiller Reserven wurde beachtet. Allerdings verlangt das Subjektsteuerprinzip nicht, dass stille Reserven auch insoweit aufgedeckt werden, als sie beim selben Steuerpflichtigen verbleiben. Soweit die stillen Reserven nicht auf ein anderes Steuersubjekt übergehen, wäre eine Gewinnrealisation nicht erforderlich gewesen.

Mit dem Erlass des StSenkG kehrte der Gesetzgeber in § 6 Abs. 5 Satz 3 EStG zur finalen Entnahmelehre des BFH zurück. Nunmehr war bei der Übertragung von einzelnen Wirtschaftsgütern zwischen dem Gesamthandsvermögen einer Personengesellschaft und dem Einzel- oder Sonderbetriebsvermögen eines Gesellschafters sowie zwischen den jeweiligen Sonderbetriebsvermögen verschiedener Gesellschafter derselben Gesellschaft zwingend der Buchwert anzusetzen. Dadurch kommt es bei den Übertragungsvorgängen im Rahmen des § 6 Abs. 5 Satz 3 EStG zu einem Überspringen von stillen Reserven auf andere Steuersubjekte. Im Gegensatz dazu war bei § 6b und § 16 Abs. 3 Satz 2 EStG nach wie vor keine steuerneutrale Übertragung von Einzelwirtschaftsgütern zwischen dem Gesellschafter- und dem Gesellschaftsvermögen möglich. Erst mit dem UntStFG erfolgte die notwendige Angleichung an § 6 Abs. 5 Satz 3 EStG i.d.F. des StEntlG 1999/2000/2002. Nunmehr können Einzelwirtschaftsgüter sowohl gemäß § 6 Abs. 5 Satz 3 EStG, als auch gemäß § 6b EStG und gemäß § 16 Abs. 3 Satz 2 EStG ohne Aufdeckung der stillen Reserven rechtsträgerübergreifend zwischen der Personengesellschaft und ihren Gesellschaftern übertragen werden. Ein Verstoß gegen das Verbot der interpersonellen Verlagerung von stillen Reserven und damit auch gegen das Subjektsteuerprinzip liegt allerdings nur bei §

---

gesellschafterbezogene Betrachtungsweise kann der Gewinn aus der Veräußerung eines Wirtschaftsguts des Gesamthandsvermögens einer Personengesellschaft aber nur insoweit von den Anschaffungs- oder Herstellungskosten eines Reinvestitionsguts im Einzel- oder Sonderbetriebsvermögen eines Gesellschafters abgezogen werden, als der Veräußerungsgewinn anteilig entsprechend der Beteiligungsquote auf den jeweiligen Gesellschafter entfällt.

6 Abs. 5 Satz 3 EStG und bei § 16 Abs. 3 Satz 2 EStG vor. Im Rahmen des § 6b EStG können trotz der Rückkehr zur gesellschafterbezogenen Betrachtungsweise stille Reserven nicht auf einen anderen Gesellschafter überspringen, da sich die Vorschrift nur quotal auf den Anteil des Gesellschafters auswirkt. Der Verstoß gegen das Subjektsteuerprinzip in § 6 Abs. 5 Satz 3 EStG und in § 16 Abs. 3 Satz 2 EStG macht es möglich, dass unter Beteiligung von Personengesellschaften stille Reserven so verschoben werden können, dass sie nicht mehr von demjenigen zu versteuern sind, der sie erwirtschaftet hat. Eine Vorschrift, die die Übertragung von Einzelwirtschaftsgütern zwischen einer Personengesellschaft und ihren Gesellschaftern unter konsequenter Beachtung des Subjektsteuerprinzips regelt, müsste deshalb folgende Differenzierung treffen: Soweit die stillen Reserven auch nach der Übertragung beim übertragenden Gesellschafter verbleiben, ist der Buchwert anzusetzen. Soweit aber die stillen Reserven des übertragenen Wirtschaftsguts auf einen oder mehrere andere Gesellschafter übergehen, ist eine Gewinnrealisation erforderlich.

d. § 4 Abs. 4a EStG und das Subjektsteuerprinzip: gesellschafts- versus gesellschafterbezogene Betrachtungsweise

aa. Problemstellung

Gemäß § 1 Abs. 1 EStG i.V.m. § 2 Abs. 1 EStG muss eine natürliche Person alle Einkünfte versteuern, die sie erzielt hat. Da eine Personengesellschaft weder einkommensteuer- noch körperschaftsteuerpflichtig ist, ist der einzelne Gesellschafter als natürliche Personen Subjekt der Einkommensteuer. Jeder Gesellschafter wird nach seiner individuellen Leistungsfähigkeit besteuert. Dies bedeutet, dass ein Steuerpflichtiger nur die Einkünfte erzielt, deren Tatbestand er selbst erfüllt. Beachtet man den Grundsatz des Subjektsteuerprinzips bei der Anwendung des § 4 Abs. 4a EStG auf Personengesellschaften, dürften Überentnahmen nur bei dem Gesellschafter angesetzt werden, der sie getätigt hat[307]. Jeder Gesellschafter müsste seine Überentnahmen getrennt von den anderen – gesellschafterbezogen - ermitteln und die bei ihm angefallenen, nicht abziehbaren Schuldzinsen seinem Gewinnanteil hinzurechnen. Andererseits sind Personengesellschaften hinsichtlich der Einkünftequalifikation und der Einkünfteermitt-

---

[307] Das Subjektsteuerprinzip spricht für eine gesellschafterbezogene Ermittlung der Überentnahmen im Rahmen des § 4 Abs. 4a EStG: Wacker, in: Blümich, § 4 EStG Rn. 168d; Reiß, in: Kirchhof, § 15 EStG Rn. 359; Biber, EStB 2000, S. 140; Franz/Seitz, Stbg 2000, S. 97/103; Groh, DStR 2001, S. 105/108; Ley, NWB Fach 3, S. 11167/11181 f.; Meyer/Ball, INF 2000, S. 76/81; Paus, StWa 2000, S. 57/61; Paus, FR 2000, S. 957/967; Prinz, FR 2000, S. 134/135; Reiß, StuW 2000, S. 399/410 f.; Schulze zur Wiesche, DB 2000, S. 2189/2191; Wendt, FR 2000, S. 417/431.

lung partielles Steuerrechtssubjekt (s.o. D. II. 1.). Der Gewinn der Gesellschaft wird zunächst auf der Ebene der Gesellschaft bestimmt und erst dann auf die einzelnen Gesellschafter verteilt. Da § 4 Abs. 4a EStG als Gewinnermittlungsvorschrift auf der Ebene der Personengesellschaft ansetzt[308], wäre eine gesellschaftsbezogene Betrachtung geboten. In diesem Fall wäre eine Gewinnhinzurechnung nach § 4 Abs. 4a EStG auch bei einem Gesellschafter möglich, der selbst keine Überentnahmen getätigt hat[309].

Eine gesellschaftsbezogene Anwendung des § 4 Abs. 4a EStG verstößt gegen den Grundsatz des Subjektsteuerprinzips und dem daraus abgeleiteten Grundsatz der Besteuerung nach Maßgabe der individuellen Leistungsfähigkeit[310]. Allerdings verwirklicht das Einkommensteuergesetz das Subjektsteuerprinzip nicht durchgängig. Das Gesetz lässt bei der Übertragung von Einzelwirtschaftsgütern zwischen dem Gesamthandsvermögen einer Personengesellschaft und den Sonderbetriebsvermögen der Gesellschafter gemäß § 6 Abs. 5 Satz 3 EStG und bei

[308] § 4 Abs. 4a EStG ist zumindest auch auf der Ebene der Gesellschaft, das heißt auf den Gewinn, die Entnahmen und Einlagen im Gesamthandsvermögen anzuwenden. Daneben sind auch die Gewinne, die Einlagen und Entnahmen in den Sonderbetriebsvermögen der einzelnen Gesellschafter zu berücksichtigen (vgl. D. II. 3. d. bb. aE und D. III.).

[309] Dazu folgendes Beispiel (Vgl. Meyer/Ball, INF 2000, S. 76/81, Beispiel 11):
Der Gewinn der AB-OHG beträgt im Wirtschaftsjahr 01 600.000 EUR. Die beiden Gesellschafter A und B sind je zur Hälfte beteiligt. A entnimmt im Wirtschaftsjahr 01 500.000 EUR, B nur 200.000 EUR. Die Schuldzinsen betragen 30.000 EUR.
Lösung nach der gesellschaftsbezogenen Betrachtungsweise:

Gewinn 01	+ 600.000 EUR
Entnahmen (A und B)	- 700.000 EUR
Überentnahme	- 100.000 EUR

Im Wirtschaftsjahr 01 liegt eine Überentnahme in Höhe von 100.000 EUR vor. Dem Gewinn sind nicht abziehbare Schuldzinsen in Höhe von 6% der Überentnahmen – entspricht 6.000 EUR - hinzuzurechnen (typisierte Schuldzinsen sind geringer als tatsächlich angefallene Schuldzinsen). Da Gesellschafter A und B zu gleichen Teilen beteiligt sind, ist der Gewinn jedes Gesellschafters um 3.000 EUR zu erhöhen, obwohl Gesellschafter B selbst keine Überentnahme getätigt hat.
Lösung nach der gesellschafterbezogenen Betrachtungsweise:

Gesellschafter A		Gesellschafter B	
Gewinn 01	+ 300.000 EUR	Gewinn	+ 300.000 EUR
Entnahmen	- 500.000 EUR	Entnahme	- 200.000 EUR
Überentnahme	- 200.000 EUR	Unterentnahme	+ 100.000 EUR

Ermittelt man die Überentnahmen gesellschafterbezogen, liegt eine Überentnahme nur beim Gesellschafter A vor. Die Überentnahme beträgt im Gegensatz zur gesellschaftsbezogenen Ermittlung 200.000 EUR, da eine Saldierung mit der Unterentnahme des Gesellschafters B nicht möglich ist. Der Gewinnhinzurechnungsbetrag beim Gesellschafter A beläuft sich auf 12.000 EUR (6% von 200.000 EUR). Gesellschafter B hat dagegen eine Unterentnahme getätigt, die mit Überentnahmen vorangegangener oder zukünftiger Wirtschaftjahre verrechnet werden kann.

[310] Reiß, StuW 2000, S. 399/411.

der Realteilung gemäß § 16 Abs. 3 Satz 2 EStG Ausnahmen zu (s.o. D. II. 3. c. aa. und cc.). Eine interpersonelle Verlagerung von stillen Reserven innerhalb einer Personengesellschaft ist insoweit zulässig. Denkbar wäre deshalb, dass auch § 4 Abs. 4a EStG eine Ausnahmeregelung zum Subjektsteuerprinzip darstellt und auf der Ebene der Gesellschaft anzuwenden ist.

bb. § 4 Abs. 4a EStG als Gewinnermittlungsvorschrift: betriebsbezogene Betrachtungsweise

Obwohl Personengesellschaften nicht Besteuerungssubjekt der Einkommensteuer sind, sind sie in § 15 Abs. 1 Satz 1 Nr. 2 EStG ausdrücklich vorgesehen. Dort wird den Gesellschaftern das Ergebnis der Tätigkeit der Gesellschaft als Anteil am Gewinn zugerechnet. Für die Gewinnermittlung bedeutet dies, dass, um den Gewinn der Gesellschaft auf die einzelnen Gesellschafter verteilen zu können, zunächst der Gewinn der Gesellschaft festgestellt werden muss. Insoweit erfolgt grundsätzlich eine gesellschaftsbezogene Gewinnermittlung. § 4 Abs. 4a EStG ist als Gewinnermittlungsvorschrift auf dieser Ebene anwendbar.

Im Einkommensteuergesetz gibt es Ausnahmen von dem Grundsatz, dass der Gewinn auf der Ebene der Personengesellschaft gesellschaftsbezogen zu ermitteln ist. Voraussetzung dafür ist, dass eine personenbezogene Gewinnermittlungsvorschrift vorliegt, die gesellschafterbezogen anzuwenden ist. So handelt es sich z.B. bei der Vorschrift des § 6b EStG um eine personenbezogene Steuervergünstigung[311], zu dessen Inanspruchnahme die einzelnen Gesellschafter und nicht die Gesellschaft berechtigt sind[312]. Zwar geht auch der BFH[313] davon aus, dass das Einkommensteuergesetz grundsätzlich die „Einheit" der Personengesellschaft zum Ausgangspunkt der Einkommensbesteuerung der Gesellschafter macht. Allerdings müsse die „Einheit" der Personengesellschaft gegenüber der „Vielheit" der Gesellschafter und ihrer persönlichen Steuerpflicht jedenfalls dann zurücktreten, wenn die Ableitung von Rechtsfolgen aus dieser „Einheit" zu einer dem Gesetzeszweck nicht entsprechenden Erweiterung oder Einschränkung einer personenbezogenen Steuervergünstigung führen würde. Sinn und Zweck des § 6b EStG verlangen, dass die Aufdeckung der stillen Reserven durch Veräußerung nur dann nicht zur sofortigen Besteuerung führt, wenn die

---

[311] So die herrschende Meinung: grundlegend BFH vom 10. Juli 1980, IV R 136/77, BStBl II 1981, S. 84 ff.; a.A. Knobbe-Keuk, Bilanz- und Unternehmenssteuerrecht, S. 417 ff.

[312] Mit dem StEntlG 1999/2000/2002 wurde für die Zeit von 1999 bis 2001 in § 6b Abs. 10 EStG die gesellschaftsbezogene Betrachtungsweise eingeführt. Mit dem UntStFG ist der Gesetzgeber ab dem Jahre 2002 wieder zur alten, personenbezogenen Auffassung zurückgekehrt (s.o. D. II. 3. c. bb.).

[313] BFH vom 10. Juli 1980, IV R 136/77, BStBl II 1981, S. 84/88.

stillen Reserven in einem Zeitraum von mindestens sechs Jahren vor der Veräußerung bei der veräußernden natürlichen Person angewachsen sind[314]. Auch der Wortlaut des § 6b EStG lässt sich als Argument für eine gesellschafterbezogene Gewinnermittlunsgvorschrift anführen[315]. Mit Steuerpflichtiger in § 6b EStG kann nur der einzelne Gesellschafter gemeint sein, da Personengesellschaften gemäß § 1 Abs. 1 EStG nicht einkommensteuerpflichtig sind. Eine steuerliche Vergünstigung muss aber der Personengesellschaft selbst und nicht den einzelnen Gesellschaftern zugerechnet werden, wenn dahingehend eine ausdrückliche gesetzliche Regelung, wie z.B. in § 1 Abs. 1 Satz 2 FördG oder in § 1 Abs. 1 Satz 3 InvZulG, besteht[316]. Da in § 4 Abs. 4a EStG ausdrücklich keine Regelung getroffen ist, könnte es sich bei § 4 Abs. 4a EStG ebenso wie bei § 6b EStG ausnahmsweise um eine gesellschafterbezogene Gewinnermittlungsvorschrift handeln. Dafür könnte sprechen, dass die gesellschaftsbezogene Betrachtungsweise zu einer dem Gesetzeszweck nicht entsprechenden Erweiterung oder Einschränkung des § 4 Abs. 4a EStG führen würde. Eine Überentnahme eines Betriebes läge nämlich auch vor, wenn die Überentnahme eines Gesellschafters die Unterentnahmen der anderen Gesellschafter übersteigt. Dagegen wäre § 4 Abs. 4a EStG nicht anwendbar, wenn die Überentnahme eines Gesellschafters durch Unterentnahmen der anderen Gesellschafter ausgeglichen werden kann. Für den Gesellschafter, der eine Überentnahme getätigt hat, würde die Wirkung des § 4 Abs. 4a EStG durch die gesellschaftsbezogene Ermittlung der Überentnahmen abgeschwächt, während für die Gesellschafter mit Unterentnahmen u.U. § 4 Abs. 4a EStG anwendbar wäre, obwohl sie keine Überentnahmen getätigt haben.

Voraussetzung für eine gesellschafterbezogene Betrachtungsweise wäre aber, dass es sich bei § 4 Abs. 4a EStG wie bei § 6b EStG um eine personenbezogene Vorschrift handelt. Dies ist nicht der Fall. Die Regelung des § 4 Abs. 4a EStG ist betriebsbezogen und somit gesellschaftsbezogen anzuwenden[317]. Nach Sinn und Zweck der Vorschrift soll der Schuldzinsenabzug erst beschränkt werden, wenn ein Betrieb überschuldet ist. Eine Personengesellschaft ist aber erst überschuldet, wenn das Eigenkapital aller Gesellschafter negativ ist. Auf die Kapi-

---

[314] BFH vom 10. Juli 1980, IV R 136/77, BStBl II 1981, S. 84/88.
[315] BFH vom 3. Mai 1993, GrS 3/92, BStBl II 1993, S. 616.
[316] BFH vom 13. Juli 1993, VIII R 85/91, DStR 1994, S. 166/167.
[317] BMF vom 22. Mai 2000, IV C 2 – S 2144 – 60/00, BStBl I 2000, S. 588, Tz. 30; Wacker, in: Blümich, § 4 EStG Rn. 168c; Horlemann, in: Herrmann/Heuer/Raupach, Steuerreform 1999/2000/2002, § 4 EStG Rn. R 41; Schallmoser, in: Herrmann/Heuer/Raupach, § 4 EStG Rn. 1041; Crezelius, in: Kirchhof, § 4 EStG Rn. 163; v. Reden, in: Littmann/Bitz/Pust, §§ 4, 5 EStG Rn. 1658; Schmidt, in: Schmidt, § 15 EStG Rn. 431; Eggesiecker/Ellerbeck, Schuldzinsen bei der Einkommensteuer mit dem neuen § 4 Abs. 4a EStG als Schwerpunkt, Rn. 358; Keune/Oeldemann, Blickpunkt Steuern NWB 4/2000, S. 1461/1464; Kohlhaas, DStR 2000, S. 901/902; Korn/Strahl, KÖSDI 2000, S. 12281/12283; Neufang, Stbg 2000, S. 104/106; Neumann, EStB 2000, S. 165/170; Wieczorek, Stbg 2000, S. 301/305.

talkonten einzelner Gesellschafter kommt es hier nicht an. Zwar knüpft das Gesetz in § 4 Abs. 4a EStG nicht unmittelbar an das negative Eigenkapitalkonto an. Dadurch dass eine Überentnahme aber als Überschuss der Entnahmen über Gewinn und Einlagen eines Wirtschaftsjahres definiert ist und die Vorjahre mit in die Berechnung einbezogen werden, wird mittelbar auf das Eigenkapital eines Betriebes abgestellt (s.o. C. I. 2. b.). Diese kapitalorientierte Sicht des § 4 Abs. 4a EStG verlangt bei der Anwendung des § 4 Abs. 4a EStG auf Personengesellschaften, die Kapitalkonten aller Gesellschafter zusammenzurechnen. Eine Gewinnerhöhung durch nicht abziehbare Schuldzinsen darf auch bei Personengesellschaften erst stattfinden, wenn das Eigenkapital der Gesellschaft durch Entnahmen negativ wird. Für eine betriebsbezogene und damit eine gesellschaftsbezogene Betrachtungsweise spricht auch der Wortlaut des § 4 Abs. 4a EStG. Im Gegensatz zu § 6b EStG wird in § 4 Abs. 4a EStG nicht der „Steuerpflichtige" genannt. Da steuerpflichtig im Sinne des Einkommensteuergesetzes gemäß § 1 Abs. 1 Satz 1 EStG nur natürliche Personen sind, ist das Fehlen des Begriffs „Steuerpflichtiger" ein Hinweis darauf, dass § 4 Abs. 4a EStG auf der Ebene des Betriebes und nicht auf der Ebene des einzelnen Gesellschafters anzuwenden ist. Zwar ist dem Gegenargument, dass Einlagen und Entnahmen nur durch den einzelnen Gesellschafter und nicht durch die Gesellschaft selbst getätigt werden können[318], zuzustimmen. Eine Personengesellschaft hat keine private Sphäre[319], so dass Über- und Unterentnahmen nur in der Sphäre der Gesellschafter enstehen können[320]. Durch die betriebsbezogene Betrachtung sollen aber nicht die Über- bzw. Unterentnahmen der Gesellschafter auf die Gesellschaft übertragen werden. Lediglich für die Frage, ob der Schuldzinsenabzug einer Personengesellschaft nach § 4 Abs. 4a EStG einzuschränken ist, ist auf den Betrieb als solches abzustellen und die Über- und Unterentnahmen aller Gesellschafter zusammenzuaddieren.

Ermittelt man die nicht abziehbaren Schuldzinsen gemäß § 4 Abs. 4a EStG betriebsbezogen im Sinne von gesellschaftsbezogen, sind nicht nur die Gewinne, Einlagen und Entnahmen der Gesamthandsbilanz zu berücksichtigen, sondern auch die Gewinne, Einlagen und Entnahmen auf der Ebene der Sonderbilanzen bzw. Ergänzungsbilanzen[321]. Zwar werden grundsätzlich die in § 15 Abs. 1 Satz 1 Nr. 2 Satz 1 EStG genannten Sondervergütungen für jeden Gesellschafter ge-

---

[318] Prinz, FR 2000, S. 134/135.
[319] Wendt, FR 2000, S. 417/431.
[320] Groh, DStR 2001, S. 105/108.
[321] Für die Ermittlung der Überentnahmen sind bei Personengesellschaften neben dem Gewinn, den Entnahmen und Einlagen laut Steuerbilanz der Gesellschaft auch der Gewinn, die Einlagen und Entnahmen laut Ergänzungs- und Sonderbilanzen der Gesellschafter – unabhängig davon, ob die Überentnahmen gesellschaftsbezogen oder gesellschafterbezogen ermittelt werden - zu berücksichtigen (s.u. D. III.).

sondert berechnet. Eine gesellschafterbezogene Ermittlung der Überentnahmen auf der Ebene des Sonderbetriebsvermögens ist aber wegen der betriebsbezogenen Betrachtungsweise des § 4 Abs. 4a EStG auszuschließen[322]. Eine Beschränkung des Schuldzinsenabzugs soll nach Sinn und Zweck des § 4 Abs. 4a EStG erst eintreten, wenn das gesamte Kapital eines Betriebes durch Entnahmen verbraucht ist[323]. Zum Kapital einer Personengesellschaft gehört aber neben dem Gesamthandskapital auch das Kapital aus den Ergänzungs- und Sonderbilanzen der einzelnen Gesellschafter.

Obwohl § 4 Abs. 4a EStG gesellschaftsbezogen anzuwenden ist, soll im Folgenden zur besseren Verständlichkeit auch die gesellschafterbezogene Betrachtungsweise dargestellt werden.

cc. Verstoß gegen das Subjektsteuerprinzip

Bei § 4 Abs. 4a EStG handelt es sich um eine Gewinnermittlungsvorschrift, die betriebsbezogen im Sinne von gesellschaftsbezogen anzuwenden ist. Insoweit fügt sich die Regelung des § 4 Abs. 4a EStG in die einkommensteuerliche Struktur der Personengesellschaften ein, wonach die Gesellschaft Subjekt der Gewinnermittlung ist. Im Gegensatz zu § 6b EStG, der nach Abschaffung des § 6b Abs. 10 EStG i.d.F. des StEntlG 1999/2000/2002 wieder eine gesellschafterbezogene Steuervergünstigung darstellt, verstößt § 4 Abs. 4a EStG gegen das Subjektsteuerprinzip. Eine Erhöhung um nicht abziehbare Schuldzinsen gemäß § 4 Abs. 4a EStG ist auch bei einem Gesellschafter möglich, der selbst keine Überentnahmen getätigt hat. Das Einkommensteuergesetz verstößt aber auch in anderen Vorschriften gegen das Subjektsteuerprinzip. So können z.B. in § 6 Abs. 5 Satz 3 EStG und in § 16 Abs. 3 Satz 2 EStG stille Reserven zwischen den Gesellschaftern einer Personengesellschaft verlagert werden. Durch die in den genannten Vorschriften vorgesehene Durchbrechung des Subjektsteuerprinzips wird deutlich, dass der Gesetzgeber bei der Besteuerung von Personengesellschaften nicht mehr uneingeschränkt an dem Grundsatz festhalten will, dass jeder Steuerpflichtige die Einkünfte versteuern muss, die er erzielt hat. Vielmehr wird bei Personengesellschaften in bestimmten Konstellationen die Möglichkeit eröffnet, steuerliche Folgen auf einen anderen Gesellschafter zu verlagern.

---

[322] A.A. Ley, DStR 2001, S. 1005/1008: Sie unterscheidet zwischen der grundsätzlich gesellschaftsbezogenen Gewinnermittlung auf der Ebene der Gesellschaft und der gesellschafterbezogenen Gewinnermittlung auf der Ebene des Sonderbetriebsvermögens. Diese Differenzierung muss ihrer Ansicht nach auch für die Anwendung des § 4 Abs. 4a EStG gelten, so dass die Überentnahmen zumindest auf der Ebene des Sonderbetriebsvermögens gesellschafterbezogen ermittelt werden müssen.

[323] Eggesiecker/Ellerbeck, StB 2000, S. 297/302.

III. Abstellen auf das Ergebnis der Gesellschaftsbilanz inklusive der Ergänzungs- und Sonderbilanzen der Gesellschafter

Unabhängig davon, ob man § 4 Abs. 4a EStG gesellschafts- oder gesellschafterbezogen anwendet, sind bei der Ermittlung der Überentnahmen neben der Gesamthandsbilanz der Gesellschaft auch die Sonder- und Ergänzungsbilanzen der Gesellschafter zu berücksichtigen[324]. Ein Außerachtlassen der Ergebnisse der Sonder- und Ergänzungsbilanzen[325] widerspräche der Gesetzessystematik des § 15 Abs. 1 Satz 1 Nr. 2 EStG. Neben den Gewinnanteilen der Gesellschafter gehören gerade auch die in § 15 Abs. 1 Satz 1 Nr. 2 Satz 1 EStG genannten Sondervergütungen zu dem Gesamtergebnis einer Personengesellschaft[326]. Bei der Ermittlung der Überentnahmen ist deshalb auch der Sonderbetriebsvermögensbereich zu berücksichtigen. Dies bedeutet für die Anwendung des § 4 Abs. 4a EStG, dass nicht nur der Gewinn, die Entnahmen und die Einlagen laut Steuerbilanz der Gesellschaft maßgeblich sind, sondern auch der Gewinn, die Entnahmen und Einlagen aus den Ergänzungs- und Sonderbilanzen der einzelnen Gesellschafter. Wegen der betriebsbezogenen Betrachtungsweise des § 4 Abs. 4a EStG sind für die Ermittlung der Überentnahmen alle Gewinne, Einlagen und Entnahmen eines Wirtschaftsjahres in einer Gesamtrechnung zu saldieren.

IV. Der Begriff der Schuldzinsen i.S.v. § 4 Abs. 4a EStG bei Personengesellschaften

1. Schuldzinsen im Gesamthandsvermögen

Unter den Begriff Schuldzinsen fallen in § 4 Abs. 4a EStG alle Zinsen (zum Begriff der Schuldzinsen, s.o. C. III.), die von einer Personengesellschaft für Fremddarlehen gezahlt werden, soweit eine betriebliche Veranlassung vorliegt.

2. Schuldzinsen im Sonderbetriebsvermögen

Da bei der Berechnung der Überentnahmen auf das Gesamtergebnis der Personengesellschaft abgestellt wird, sind auch die Schuldzinsen in den Sonderbe-

---

[324] BMF vom 22. Mai 2000, IV C 2 – S 2144 – 60/00, BStBl I 2000, S. 588, Tz. 30; Schmidt, in: Schmidt, § 15 EStG Rn. 430; Korn, in: Korn, § 4 EStG Rn. 855; Eggesiecker/Ellerbeck, Schuldzinsen bei der Einkommenstuer mit dem neuen § 4 Abs. 4a EStG als Schwerpunkt, Rn. 184/356; Hegemann/Querbach, DStR 2000, S. 408/414; Ley, NWB Fach 3, S. 11167/11180; Neufang, BB 2000, S. 1702/1711; Paus, FR 2000, S. 957/967; Wendt, FR 2000, S. 417/431.
[325] Meyer/Ball, INF 2000, S. 76/81; fraglich Crezelius, in: Kirchhof, § 4 EStG Rn. 169.
[326] BFH vom 3. Mai 1993, GrS 3/92, BStBl II 1993, S. 616.

triebsvermögen der Gesellschafter bei der Ermittlung der nicht abziehbaren Schuldzinsen gemäß § 4 Abs. 4a EStG zu berücksichtigen[327]. Auch Schuldzinsen im Sonderbetriebsvermögen stellen Betriebausgaben, sog. Sonderbetriebsausgaben, dar und beeinflussen das Gesamtergebnis der Gesellschaft[328]. Es wird zwar daran gedacht[329], die Schuldzinsen im Sonderbetriebsvermögen mangels privater Veranlassung bei der Anwendung des § 4 Abs. 4a EStG außen vorzulassen. Dagegen spricht, dass die Prüfung des § 4 Abs. 4a EStG stets voraussetzt, dass Schuldzinsen betrieblich veranlasst sind (s.o. C. IV. 1.). Privat veranlasste Schuldzinsen sind schon gemäß § 4 Abs. 4 EStG nicht abziehbar und bei der Ermittlung der nicht abziehbaren Schuldzinsen gemäß § 4 Abs. 4a EStG nicht mehr zu beachten. In den meisten Fällen wird diese Frage aber keine Auswirkung auf die Höhe der Gewinnhinzurechnung nach § 4 Abs. 4a EStG haben, da Schulden im Sonderbetriebsvermögen in der Regel der Finanzierung von Wirtschaftsgütern des Anlagevermögens dienen und diese Schuldzinsen als Zinsen für Investitionsdarlehen nach § 4 Abs. 4a Satz 5 EStG unbeschränkt abziehbar sind. Die Privilegierung nach Satz 5 gilt für alle Schuldzinsen, die im Zusammenhang mit der Finanzierung von Wirtschaftsgütern des Sonderbetriebsvermögens I oder II stehen, soweit diese dem Anlagevermögen zuzuordnen sind.

3. Schuldzinsen für ein Gesellschafterdarlehen

Der Zinsaufwand der Gesellschaft für ein Darlehen eines Gesellschafters gehört nicht zu den Schuldzinsen i.S.v. § 4 Abs. 4a EStG[330], so dass diese Zinsen nicht bei der Berechnung des Höchstbetrages gemäß § 4 Abs. 4a Satz 4 EStG zu berücksichtigen sind. Zwar werden diese Zinszahlungen bei der Gesellschaft als Aufwand gebucht. Diesem Aufwand steht aber eine Sonderbetriebseinnahme des Gesellschafters gemäß § 15 Abs. 1 Satz 1 Nr. 2 EStG gegenüber, so dass sich der Gesamtgewinn der Gesellschaft nicht schmälert. Nach Sinn und Zweck des § 4 Abs. 4a EStG dürfen Zinsaufwendungen bei der Berechnung der nicht abziehbaren Schuldzinsen nur einbezogen werden, wenn die Schuldzinsen vorher im Rahmen der Ermittlung des Gesamtergebnisses als Betriebsausgaben abgezogen worden sind[331]. Haben Schuldzinsen den Gewinn nicht gemindert, kommt eine Gewinnerhöhung gemäß § 4 Abs. 4a EStG nicht in Betracht.

[327] Schmidt, in: Schmidt, § 15 EStG Rn. 430; Ley, DStR 2001, S. 1005/1007; Korn, KÖSDI 2000, S. 12548/12556.
[328] Korn, KÖSDI 2000, S. 12548/12556; Paus, FR 2000, S. 957/967.
[329] Ley, NWB Fach 3, S. 11167/11181.
[330] BMF vom 22. Mai 2000, IV C 2 – S 2144 – 60/00, BStBl I 2000, S. 588, Tz. 32; Ley, NWB Fach 3, S. 11167/11182; Wendt, FR 2000, S. 417/431.
[331] Vgl. BMF vom 22. Mai 2000, IV C 2 – S 2144 – 60/00, BStBl I 2000, S. 588, Tz. 32.

4. Schuldzinsen für ein Gesellschaftsdarlehen

Stellt die Gesellschaft einem Gesellschafter ein Darlehen zur Verfügung, sind die Zinszahlungen des Gesellschafters im Sonderbetriebsvermögen Betriebsausgaben und im Gesamthandsvermögen der Gesellschaft Betriebseinnahmen. Da der Zinsaufwand des Gesellschafters den Gesamtgewinn nicht mindert, fallen diese Schuldzinsen nicht unter den Zinsbegriff des § 4 Abs. 4a EStG[332]. Eine Berücksichtigung bei der Berechnung des Höchstbetrags nach Satz 4 scheidet aus.

V. Der Begriff des Gewinns, der Entnahme und Einlage bei der Anwendung des § 4 Abs. 4a EStG auf Personengesellschaften

1. Gewinn i.S.d. § 4 Abs. 4a EStG

Der Gewinn einer Personengesellschaft ist der Gewinn i.S.v. § 15 Abs. 1 Satz 1 Nr. 2 EStG. Er setzt sich zusammen aus dem Steuerbilanzgewinn der Gesamthand, dem Ergebnis etwaiger Ergänzungsbilanzen sowie den Gewinnen aus den Sonderbilanzen der jeweiligen Gesellschafter.

2. Entnahmen und Einlagen i.S.d. § 4 Abs. 4a EStG

Für die Ermittlung der Überentnahmen ist entscheidend, ob und in welcher Höhe Einlagen und Entnahmen in einem Wirtschaftsjahr getätigt wurden (vgl. auch C. V. 2.). Zu klären ist deshalb, ob bei Überführung bzw. Übertragung von Einzelwirtschaftsgütern zwischen verschiedenen Betriebsvermögen eines Steuerpflichtigen oder innerhalb einer Personengesellschaft der Tatbestand einer Entnahme bzw. Einlage erfüllt ist.

Grundsätzlich gilt der Entnahme- und Einlagebegriff des § 4 Abs. 1 EStG auch für die Ermittlung der Überentnahmen gemäß § 4 Abs. 4a EStG, da der Begriff der Einlagen und Entnahmen in § 4 Abs. 4a EStG mit dem in § 4 Abs. 1 EStG identisch ist[333].

---

[332] Vgl. BMF vom 22. Mai 2000, IV C 2 – S 2144 – 60/00, BStBl I 2000, S. 588, Tz. 32; zur Argumentation im umgekehrten Fall (Darlehen eines Gesellschafters an die Gesellschaft) s.o. D. IV. 3.

[333] BMF vom 22. Mai 2000, IV C 2 – S 2144 – 60/00, BStBl I 2000, S. 588, Tz. 8; Horlemann, in: Herrmann/Heuer/Raupach, Steuerreform 1999/2000/2002, § 4 EStG Rn. R 17/40; Crezelius, in: Kirchhof, § 4 EStG Rn. 163; Reiß, in: Kirchhof, § 15 EStG Rn. 361; Korn, in: Korn, § 4 EStG Rn. 839/840; Eggesiecker/Ellerbeck, FR 2000, S. 689/692; Keu-

a. Der finale Entnahme- und Einlagebegriff der Rechtsprechung bei der Überführung bzw. Übertragung von Einzelwirtschaftgütern

aa. Der Entnahme- und Einlagebegriff beim Einzelunternehmer

Eine Legaldefinition des Entnahmebegriffs findet sich in § 4 Abs. 1 Satz 2 EStG. Danach sind Entnahmen alle Wirtschaftsgüter (Bargeld, Waren, Erzeugnisse, Nutzungen und Leistungen), die der Steuerpflichtige dem Betrieb für sich, für seinen Haushalt oder für andere betriebsfremde Zwecke im Laufe des Wirtschaftsjahres entnommen hat. Einlagen sind nach § 4 Abs. 1 Satz 5 EStG alle Wirtschaftsgüter (Bareinzahlungen und sonstige Wirtschaftsgüter), die der Steuerpflichtige dem Betrieb im Laufe des Wirtschaftsjahres zugeführt hat. Nicht ausdrücklich geklärt ist, ob bei der Überführung eines Wirtschaftsguts zwischen verschiedenen Betriebsvermögen desselben Steuerpflichtigen oder bei der Übertragung eines Wirtschaftsguts innerhalb einer Personengesellschaft der Tatbestand einer Entnahme bzw. Einlage erfüllt ist. Entscheidend hierfür muss sein, was das Gesetz mit anderen betriebsfremden Zwecken meint, was also den Betrieb eines Steuerpflichtigen umfasst.

Die Rechtsprechung legt den Begriff der Entnahme final aus. Zweck des Entnahmetatbestandes ist es, die Besteuerung von stillen Reserven, die in einem Wirtschaftsgut liegen, bei dem Steuerpflichtigen zu gewährleisten, der sie erwirtschaftet hat[334]. Eine Entnahme liegt danach vor[335], wenn ein Wirtschaftsgut aus dem betrieblichen Bereich in den privaten Bereich übergeht oder wenn es innerhalb des betrieblichen Bereichs eines Steuerpflichtigen von einem Betrieb oder Betriebsteil in einen anderen übergeht und eine spätere steuerliche Erfassung der im Buchansatz für dieses Wirtschaftsgut enthaltenen stillen Reserven nicht mehr sichergestellt ist. Wird dagegen ein Wirtschaftsgut von einem Betriebsvermögen in ein anderes Betriebsvermögen desselben Steuerpflichtigen überführt und ist die Besteuerung der stillen Reserven weiterhin gewährleistet, liegt keine Entnahme vor. Mit dieser Definition des Entnahmebegriffs stellt der BFH sicher, dass die stillen Reserven bei dem Steuerpflichtigen versteuert werden, der sie erwirtschaftet hat. Wechselt ein Wirtschaftsgut aus dem Betrieb eines Steuerpflichtigen in den Betrieb eines anderen Steuerpflichtigen ist der Tat-

ne/Oeldemann, Blickpunkt Steuern NWB 4/2000, S. 1461/1466; Kohlhaas, DStR 2000, S. 901/902; Paus, StWa 2000, S. 57/59; Schulze zur Wiesche, DB 2000, S. 2189; Söffing, DStZ 2000, S. 203/204; Wendt, FR 2000, S. 417/424; Wieczorek, Stbg 2000, S. 301/303.

334 BFH vom 30. September 1960, VI 137/59 U, BStBl III 1960, S. 489/490

335 BFH vom 30. September 1960, VI 137/59 U, BStBl III 1960, S. 489/490; BFH vom 17. August 1972, IV R 26/69, BStBl II 1972, S. 903/904; BFH vom 7. Oktober 1974, GrS 1/73, BStBl II 1975, S. 168/170; BFH vom 14. April 1988, IV R 271/84, BStBl II 1988, S. 667/669; BFH vom 14. Juni 1988, VIII R 387/83, BStBl II 1989, S. 187/188.

bestand einer Entnahme verwirklicht mit der Folge, dass die stillen Reserven beim übertragenden Steuerpflichtigen aufzudecken sind. Dieser Entnahmebegriff beachtet das sog. Subjektsteuerprinzip, wonach die stillen Reserven von demjenigen Steuerpflichtigen zu versteuern sind, der sie erwirtschaftet hat. Die Aufdeckung der stillen Reserven ist nicht geboten, solange ein Wirtschaftsgut im Betriebsvermögen eines Steuerpflichtigen verbleibt – unabhängig davon, ob es innerhalb des betrieblichen Bereichs von einem Betrieb in einen anderen Betrieb wechselt. Dieser Gedanke wurde vom Gesetzgeber auch im neu geschaffenen § 6 Abs. 5 Satz 1 EStG übernommen.

Diesem Entnahmebegriff liegt ein weiter Betriebsbegriff zugrunde[336]. Überführungen von Einzelwirtschaftsgütern innerhalb des betrieblichen Bereichs eines Steuerpflichtigen stellen keine Entnahmen bzw. Einlagen dar. Zwar ist Bedingung, dass die spätere Erfassung der stillen Reserven im neuen Betrieb gewährleistet ist. Diese Einschränkung beruht aber nicht auf dem Betriebsbegriff, sondern auf dem Zweck (Finalität) des Entnahmebegriffs, nämlich die Besteuerung der stillen Reserven bei dem Steuerpflichtigen, der sie erwirtschaftet hat, sicherzustellen.

bb. Der Entnahme- und Einlagebegriff im Zusammenhang mit Personengesellschaften

Der finale Entnahmebegriff der Rechtsprechung gilt grundsätzlich ebenso für Sachverhalte, an denen Personengesellschaften beteiligt sind. Eine Besonderheit bei Personengesellschaften ist aber, dass neben der Ebene der Gesellschafter die Ebene der Gesellschaft existiert. Wirtschaftsgüter können zwischen dem Gesamthandsvermögen der Gesellschaft und dem Sonderbetriebsvermögen eines Gesellschafters übertragen werden. Auch eine Übertragung aus dem Betriebsvermögen eines Gesellschafters in das Gesamthandsvermögen der Gesellschaft oder umgekehrt ist möglich. Es stellt sich in diesem Zusammenhang die Frage, ob der Tatbestand der Entnahme bzw. Einlage erfüllt ist. Der Gesetzgeber hat für bestimmte Konstellationen seit kurzem in § 6 Abs. 5 EStG eine Bewertungsvorschrift geschaffen, die den bis dahin gültigen Mitunternehmererlass[337] abgelöst hat.

---

[336] BFH vom 30. September 1960, VI 137/59 U, BStBl III 1960, S. 489/490; BFH vom 17. August 1972, IV R 26/69, BStBl II 1972, S. 903/904; BFH vom 25. Juli 2000, VIII R 46/99, DStR 2000, S. 1905: In diesem Urteil stellt der BFH zum ersten Mal ausdrücklich fest, dass er im Rahmen des Entnahmebegriffs den weiten Betriebsbegriff vertritt.

[337] BMF vom 20. Dezember 1977, IV B 2 – S 2241 – 231/77, BStBl I 1978, S. 8 ff.

aaa. Der Entnahmebegriff nach dem sog. Mitunternehmererlass

Der sog. Mitunternehmererlass[338] fasst die Rechtsprechung des BFH zur steuerlichen Behandlung von Übertragungsvorgängen zwischen einer Personengesellschaft und ihren Gesellschaftern zusammen:

Ausgangspunkt für den BFH ist auch bei Sachverhalten, an denen Personengesellschaften beteiligt sind, der finalen Entnahmebegriff, wie er ihn bei Einzelunternehmern entwickelt hat (s.o. D. V. 2. a. aa.). Zu beachten ist bei Personengesellschaften aber, dass, obwohl Veräußerungsgeschäfte zwischen einem Gesellschafter und der Gesellschaft wie unter Fremden möglich sind, ein Gesellschafter der Gesellschaft nicht als ein Dritter gegenübersteht[339]. Das Eigentumsrecht eines Gesellschafters erstreckt sich auf alle Gegenstände des Gesellschaftsvermögens, beschränkt allerdings durch die Mitberechtigung der anderen Gesellschafter[340]. Aus diesem Grund verneint der BFH[341] eine Entnahme, wenn ein Gesellschafter einzelne Wirtschaftsgüter seines Einzel- oder Sonderbetriebsvermögens in das Gesamthandsvermögen der Personengesellschaft überträgt. Da der Tatbestand einer Entnahme nicht erfüllt ist, ist die Übertragung erfolgsneutral zu behandeln und der Buchwert des Wirtschaftsguts anzusetzen. Werden dem einbringenden Gesellschafter als Gegenleistung Gesellschaftsrechte gewährt, liegt nach Ansicht des BFH im Gegensatz zum bloßen Verbringen eines Wirtschaftsguts von einem Betrieb in einen anderen Betrieb desselben Steuerpflichtigen zusätzlich ein tauschähnlicher Vorgang, i.S. einer Veräußerung, vor. Die Beteiligten haben die Wahl, die Einbringung als erfolgswirksamen Vorgang zu gestalten, indem sie die stillen Reserven des Wirtschaftsguts ganz oder teilweise aufdecken. Auch der Mitunternehmererlass[342] gewährte den Beteiligten in

---

[338] BMF vom 20. Dezember 1977, IV B 2 – S 2241 – 231/77, BStBl I 1978, S. 8 ff.

[339] BFH vom 15. Juli 1976, I R 17/74, BStBl II 1976, S. 748/749.

[340] BFH vom 15. Juli 1976, I R 17/74, BStBl II 1976, S. 748/749.

[341] Der BFH unterscheidet in seiner Begründung, warum keine Entnahme vorliegt, danach, ob das Wirtschaftsgut aus dem Einzel- oder dem Sonderbetriebsvermögen eines Gesellschafters stammt. Bei der Übertragung aus dem Einzelbetriebsvermögen eines Gesellschafters in das Gesamthandsvermögen der Gesellschaft ist der Entnahmetatbestand nicht erfüllt, weil sich der Vorgang als eine besondere Form des Verbringens eines Wirtschaftsguts aus einem Betrieb in einen anderen Betrieb desselben Steuerpflichtigen darstellt (BFH vom 15. Juli 1976, I R 17/74, BStBl II 1976, S. 748/749). Dagegen liegt bei der Übertragung aus dem Sonderbetriebsvermögen eines Gesellschafters in das Gesamthandsvermögen der Gesellschaft keine Entnahme vor, weil das Wirtschaftsgut den Funktionszusammenhang, in dem es bisher bei der Gesellschaft stand, nicht verlässt (für den umgekehrten Fall: BFH vom 29. Juli 1997, VIII R 57/94, BStBl II 1998, S. 652/655). Vgl. auch Anmerkung zum BFH-Urteil vom 25. Juli 2000, VIII R 46/99, DStR 2000 S. 1905/1907; BMF vom 20. Dezember 1977, IV B 2 – S 2241 – 231/77, BStBl I 1978, S. 8 ff., Rn. 24 ff. und 56 ff.

[342] BMF vom 20. Dezember 1977, IV B 2 – S 2241 – 231/77, BStBl I 1978, S. 8 ff., Rn. 24 ff., 56 ff. und für den umgekehrten Vorgang, der Übertragung aus dem Gesamthandsvermö-

diesen Fällen das Wahlrecht, das übertragene Wirtschaftsgut mit den Buchwert, dem Teilwert oder einem Zwischenwert anzusetzen. Überführt ein Steuerpflichtiger ein Wirtschaftsgut aus seinem eigenen Betriebsvermögen in sein Sonderbetriebsvermögen bei einer Personengesellschaft, liegt nach Ansicht der Rechtsprechung[343] keine Entnahme vor, da sich dieser Vorgang als eine besondere Form des Verbringens eines Wirtschaftsguts aus einem Betrieb in einen anderen Betrieb desselben Steuerpflichtigen darstellt. Im aufnehmenden Sonderbetriebsvermögen ist das Wirtschaftsgut mit dem Buchwert anzusetzen. Dasselbe gilt nach Ansicht des BFH[344], wenn ein Gesellschafter ein Wirtschaftsgut seines Sonderbetriebsvermögens unentgeltlich in das Sonderbetriebsvermögen eines anderen Gesellschafters derselben Personengesellschaft überträgt.

Im Gegensatz zum bisher definierten finalen Entnahmebegriff beim Einzelunternehmer (s.o. D. V. 2. a. aa.), ist nach der Rechtsprechung des BFH bei Personengesellschaften eine interpersonelle Verlagerung von stillen Reserven möglich. Der BFH verneint eine Entnahme und damit eine Besteuerung der stillen Reserven nämlich selbst dann, wenn Wirtschaftsgüter auf einen anderen Rechtsträger übertragen werden[345]. Wird eine Wirtschaftsgut aus dem Sonderbetriebsvermögen eines Gesellschafters in das Sonderbetriebsvermögen eines anderen Gesellschafters derselben Personengesellschaft zum Buchwert übertragen, gehen die stillen Reserven im ganzen, und wird ein Wirtschaftsgut aus dem Einzel- oder Sonderbetriebsvermögen eines Gesellschafters in das Gesamthandsvermögen der Gesellschaft zum Buchwert übertragen, teilweise auf ein anderes Steuersubjekt über. Nur bei der Überführung eines Wirtschaftsguts aus dem Einzel- bzw. Sonderbetriebsvermögen eines Gesellschafters in ein anderes Einzel- bzw.

---

gen in das Einzel- oder Sonderbetriebsvermögen eines Gesellschafters gegen Minderung von Gesellschaftsrechten Rn. 32 ff., 77 ff.

343 BMF vom 20. Dezember 1977, IV B 2 – S 2241 – 231/77, BStBl I 1978, S. 8 ff., Rn. 67; BFH vom 7. Februar 1964, VI 19/63, BStBl III 1964, S. 328; BFH vom 29. Juli 1997, VIII R 57/94, BStBl II 1998, S. 652; in diesem Fall findet kein Rechtsträgerwechsel statt, so dass stille Reserven nicht auf ein anderes Steuersubjekt überspringen können. Das Wirtschaftsgut verbleibt im betrieblichen Bereich desselben Steuersubjekts.

344 BFH vom 28. August 1974, I R 18/73, BStBl II 1975, S. 166/167; BFH vom 12. Oktober 1977, I R 248/74, BStBl II 1978, S. 191; BFH vom 14. Juni 1988, VIII R 387/83, BStBl II 1989, S. 187; BFH vom 24. März 1992, VIII R 48/90, BStBl II 1993, S. 93/95; BFH vom 29. Juli 1997, VIII R 57/94, BStBl II 1998, S. 652/655; BMF vom 20. Dezember 1977, IV B 2 – S 2241 – 231/77, BStBl I 1978, S. 8 ff., Rn. 36 ff.

345 Unstreitig liegt ein Rechtsträgerwechsel vor, wenn ein Wirtschaftsgut aus dem Sonderbetriebsvermögen eines Gesellschafters in das Sonderbetriebsvermögen eines anderen Gesellschafters derselben Personengesellschaft übertragen wird. Ob auch die Gesellschaft einerseits und ihre Gesellschafter andererseits unterschiedliche Rechtsträger sind, ist umstritten (s.o. D. II. 1.: partielle Steuerrechtsfähigkeit von Personengesellschaften). Auf jeden Fall gehen bei einer Buchwertübertragung die stillen Reserven eines Wirtschaftsguts anteilig auf die anderen Gesellschafter und somit auf andere Steuersubjekte über.

Sonderbetriebsvermögen desselben Steuerpflichtigen ist eine Verlagerung von stillen Reserven ausgeschlossen, da das Wirtschaftsgut auch nach der Überführung dem selben Besteuerungssubjekt zuzurechnen ist. Durch diese Rechtsprechung erweitert der BFH den finalen Entnahmebegriff dahingehend, dass bei Übertragungsvorgängen innerhalb einer Personengesellschaft nur noch die Erfassung der stillen Reserven sichergestellt sein muss. Nicht erforderlich ist, dass die stillen Reserven bei dem Gesellschafter versteuert werden, der sie erwirtschaftet hat. Da trotz des Wechsels des Besteuerungssubjekts die stillen Reserven nicht aufgedeckt werden müssen, verstößt die Rechtsprechung des BFH insoweit gegen das Subjektsteuerprinzip (s.o. D. II. 3.). Zur Vermeidung der interpersonellen Verlagerung von stillen Reserven müsste man bei diesen Übertragungsvorgängen eine Entnahme in der Höhe ansetzen (s.o. D. II. 3. b.), in der die stillen Reserven auf die anderen Gesellschafter übergehen.

bbb. Der Entnahmebegriff des § 6 Abs. 5 EStG

In § 6 Abs. 5 EStG i.d.F. des StEntlG 1999/2000/2002[346] regelte der Gesetzgeber erstmals die Überführung bzw. Übertragung von Einzelwirtschaftsgütern für Einzelunternehmer und Mitunternehmerschaften. Wird ein einzelnes Wirtschaftsgut von einem Einzel- bzw. Sonderbetriebsvermögen in ein anderes Einzel- bzw. Sonderbetriebsvermögen desselben Steuerpflichtigen überführt (§ 6 Abs. 5 Satz 1 und 2 EStG), ist – so auch die ständige Rechtsprechung des BFH[347] - der Buchwert des Wirtschaftsguts anzusetzen, sofern die Besteuerung der stillen Reserven sichergestellt ist. § 6 Abs. 5 Satz 3 i.d.F. des StEntlG 1999/2000/2002 setzte den Gedanken der Besteuerung aufgrund eines Rechtsträgerwechsels konsequent um, indem bei der Übertragung eines Einzelwirtschaftsguts zwischen dem Einzel- oder Sonderbetriebsvermögen eines Gesellschafters und dem Gesamthandsvermögen der Personengesellschaft sowie zwischen den jeweiligen Sonderbetriebsvermögen verschiedener Gesellschafter derselben Personengesellschaft entgegen der Ansicht des BFH zwingend der Teilwert anzusetzen war[348]. Durch das StSenkG wurde diese Rechtsfolge wieder

[346] § 6 Abs. 5 EStG i.d.F. des StEntlG 1999/2000/2002 (Gesetz vom 24. März 1999, BGBl I 1999, S. 402) wurde geändert durch das StSenkG (Gesetz vom 23. Oktober 2000, BGBl I 2000, S. 1433) und das UntStFG (Gesetz vom 20. Dezember 2001, BGBl I 2001, S. 3858); zu den Einzelheiten s.o. D. II. 3. c. aa.

[347] Entsprechend dem Subjektsteuerprinzip sind gemäß § 6 Abs. 5 Satz 1 und Satz 2 EStG die stillen Reserven nicht aufzudecken, sofern die Besteuerung der stillen Reserven sichergestellt ist. Da das Wirtschaftsgut in diesen Fällen beim selben Steuerpflichtigen verbleibt, ist eine Verlagerung von stillen Reserven auf andere Steuersubjekte ausgeschlossen und eine Gewinnrealisation nicht erforderlich.

[348] In dieser Fassung war eine interpersonelle Verlagerung von stillen Reserven nicht möglich, vgl. oben D. II. 3. c. aa.

aufgehoben. Nunmehr ist bei der Übertragung von Einzelwirtschaftsgütern zwischen dem Einzel- oder Sonderbetriebsvermögen eines Gesellschafters und dem Gesamthandsvermögen der Personengesellschaft sowie zwischen den jeweiligen Sonderbetriebsvermögen verschiedener Gesellschafter derselben Personengesellschaft zwingend der Buchwert anzusetzen. Das Wahlrecht der Rechtsprechung[349] zwischen dem Ansatz des Buchwerts und des Teilwerts bei der Übertragung gegen Gewährung oder Minderung von Gesellschaftsrechten ist dadurch entfallen. Es stellt sich die Frage, ob der Gesetzgeber mit der Neuregelung des § 6 Abs. 5 EStG i.d.F. des StEntlG 1999/2000/2002 bzw. mit der Änderung des § 6 Abs. 5 EStG durch das StSenkG den bisherigen finalen Entnahmebegriff der Rechtsprechung abgelöst und ein neues Konzept zur Besteuerung von Übertragungsvorgängen bei Personengesellschaften geschaffen hat.

Obwohl § 6 Abs. 5 EStG dem Wortlaut nach nur regelt, mit welchem Wert ein Wirtschaftsgut bei bestimmten Überführungs- bzw. Übertragungsvorgängen anzusetzen ist, könnte man die Vorschrift in Abkehr von der finalen Entnahmelehre des BFH auch als gesetzliche Wertung verstehen[350], dass allen in § 6 Abs. 5 EStG beschriebenen Fällen eine Entnahme und Einlage im Sinne des § 4 Abs. 1 Satz 2 bzw. Satz 5 EStG zugrunde liegt. Als Argument dafür wird der Wortlaut des § 6 Abs. 5 Satz 1 EStG angeführt, wonach ein Steuerpflichtiger mehrere Betriebsvermögen und folglich auch mehrere Betriebe haben kann. Der Neuregelung in § 6 Abs. 5 EStG könne deshalb nur der enge Betriebsbegriff zugrunde liegen[351], so dass es auf das finale Element bei der Verwirklichung des Entnahmetatbestandes nicht mehr ankomme; der Zweck der Entnahmeregelung, nämlich die Sicherstellung der Besteuerung der stillen Reserven wäre erst bei der Bewertung nach § 6 Abs. 5 Satz 1 EStG zu berücksichtigen. Für dieses Gesetzesverständnis könnte auch sprechen, dass der Buchwertansatz in § 6 Abs. 5 EStG durch den Gesetzgeber nicht hätte angeordnet werden müssen, wenn der Überführung bzw. Übertragung des Wirtschaftsguts keine Entnahme zugrunde liegt. Denn nur wenn in den Fällen des § 6 Abs. 5 EStG eine Entnahme gemäß § 4 Abs. 1 Satz 2 EStG bejaht wird, ist eine gesetzliche Regelung notwendig, die abweichend von der Bewertungsvorschrift des § 6 Abs. 1 Nr. 4 EStG den Ansatz des Buchwertes vorschreibt.

Gegen eine generelle Neuregelung des Entnahmebegriffs durch § 6 Abs. 5 EStG spricht, dass der Gesetzgeber in § 6 Abs. 5 Sätze 1 und 2 EStG den finalen Entnahmebegriff der Rechtsprechung übernommen hat. Gemäß § 6 Abs. 5 Satz 1 und 2 EStG ist der Buchwert eines Wirtschaftsguts anzusetzen, wenn ein einzel-

---

[349] BFH vom 15. Juli 1976, I R 17/74, BStBl II 1976, S. 748.

[350] Crezelius, in: Kirchhof, § 4 EStG Rn. 94; Meurer, in: Lademann/Söffing/Brockhoff, § 4 EStG Rn. 349.

[351] Crezelius, in: Kirchhof, § 4 EStG Rn. 94.

nes Wirtschaftsgut aus einem Einzel- oder Sonderbetriebsvermögen in ein anderes Einzel- oder Sonderbetriebsvermögen desselben Steuerpflichtigen überführt wird und die Besteuerung der stillen Reserven sichergestellt ist. Auch das Argument, am Wortlaut des § 6 Abs. 5 Satz 1 EStG wird deutlich, dass jeder Steuerpflichtige mehrere Betrieb haben kann und deshalb von einem engen Betriebsbegriff auszugehen ist, ist nicht überzeugend. Es war schon immer anerkannt, dass ein Steuerpflichtiger mehrere Betriebe nebeneinander unterhalten kann. Lediglich für den Begriff der Entnahme wurden alle Betriebe eines Unternehmers zu einem betrieblichen Bereich zusammengefügt und eine Entnahme erst bejaht, wenn ein Wirtschaftsgut diesen betrieblichen Bereich verlassen hat[352]. Obwohl der Buchwertansatz nicht hätte angeordnet werden müssen, wenn keine Entnahme vorliegt, war die Einführung des § 6 Abs. 5 Sätze 1 und 2 EStG wünschenswert. Endlich wurde die Rechtsprechung des BFH zum finalen Entnahmebegriff in das Gesetz aufgenommen und dort übersichtlich in einem Paragraphen geregelt.

Da in § 6 Abs. 5 Satz 3 EStG i.d.F. des StEntlG 1999/2000/2002 im Widerspruch zum Mitunternehmererlass bei der Übertragung von Wirtschaftsgütern zwischen dem Einzel- oder Sonderbetriebsvermögen eines Gesellschafters und dem Gesamthandsvermögen der Personengesellschaft sowie zwischen den jeweiligen Sonderbetriebsvermögen verschiedener Gesellschafter derselben Personengesellschaft zwingend der Teilwertansatz angeordnet wurde, wäre denkbar, dass der Gesetzgeber nur in diesen Fällen den Entnahmebegriff ändern wollte. Vielleicht wollte er einen Entnahmetatbestand schaffen, bei dem trotz der Beteiligung von Personengesellschaften die Besteuerung der stillen Reserven bei dem Steuerpflichtigen gewährleistet wird, der sie erwirtschaftet hat (zum finalen Entnahmebegriff der Rechtsprechung im Zusammenhang mit Personengesellschaften: keine Entnahme trotz Rechtsträgerwechsel, s.o. D. V. 2. a. bb. aaa.). Dafür könnte der Teilwertansatz in § 6 Abs. 5 Satz 3 EStG i.d.F. des StEntlG 1999/2000/2002 sprechen, durch den der Gesetzgeber eine interpersonelle Verlagerung von stillen Reserven vermied[353].

---

[352] Grundlegend zum weiten Betriebsbegriff im Rahmen der finalen Entnahmelehre: BFH vom 30. September 1960, VI 137/59 U, BStBl III 1960, S. 489/490; bei anderen Steuersachverhalten vertritt der BFH den engen Betriebsbegriff; so ist z.B. bei der Betriebsaufgabe gemäß § 16 EStG jeder einzelne Betrieb ein Gewerbebetrieb im Sinne dieser Vorschrift, so dass ein Steuerpflichtiger nach der Aufgabe eines ganzen Gewerbebetriebs noch einen weiteren Gewerbebetrieb unterhalten kann (BFH vom 9. August 1989, X R 62/87, BStBl II 1989, S. 973/974).

[353] Das Subjektsteuerprinzip verlangt allerdings nur, dass die stillen Reserven insoweit aufgedeckt werden, als sie nach der Übertragung nicht mehr auf den übertragenden Gesellschafter entfallen (s.o. D. II. 3. b.)

Trotz dieser Argumente kann die Regelung in § 6 Abs. 5 Satz 3 EStG nicht als gesetzliche Neuregelung des Entnahmebegriffs verstanden werden. Der Gesetzgeber hatte nicht die Absicht[354], den bisherigen finalen Entnahmebegriff des BFH neu zu definieren. Er wollte lediglich die Besteuerung der stillen Reserven aufgrund eines Rechtsträgerwechsels sicherstellen. Dafür reichte eine Bewertungsvorschrift aus, die zwingend den Ansatz des Teilwerts anordnet. Außerdem würde § 6 Abs. 5 Satz 3 EStG neben dem Wertansatz den Entnahmebegriff selbst regeln, was eigentlich in § 4 Abs. 1 EStG[355] hätte geschehen müssen[356]. Auch die Tatsache, dass der Teilwert später durch das StSenkG wieder abgeschafft wurde und nunmehr in § 6 Abs. 5 Satz 3 EStG zwingend der Buchwertansatz angeordnet ist, spricht gegen eine Neuregelung des Entnahmetatbestandes. Zum einen hätte der Gesetzgeber ansonsten mit der Einführung des Buchwerts in § 6 Abs. 5 Satz 3 EStG i.d.F. des StSenkG den Entnahmebegriff erneut geändert. Zum anderen sollten mit dem StSenkG die steuerneutralen Übertragungsvorgänge nach dem sog. Mitunternehmererlass wieder ermöglicht werden[357]. Die Absicht des Gesetzgebers, den Mitunternehmererlass zumindest teilweise[358] wieder einzuführen, macht deutlich, dass er an den bisherigen Entnahmebegriff des BFH anknüpfen und nur die Bewertung der Übertragungsvorgänge in § 6 Abs. 5 EStG regeln wollte.

ccc. Zwischenergebnis

Der finale Entnahmebegriff des BFH[359], wie er schon dem Mitunternehmererlass zugrunde gelegen hat, gilt trotz der Neuregelung des § 6 Abs. 5 EStG weiter.

---

[354] Bundestag Drucksache 14/23; als Begründung für den Teilwertansatz in § 6 Abs. 5 Satz 3 EStG i.d.F. des StEntlG 1999/2000/2002 findet sich lediglich der Hinweis auf die Missbrauchsanfälligkeit und auf den vorliegenden „Rechtsträgerwechsel“ (Reiß, StuW 2000, S. 399/402).

[355] Reiß, StuW 2000, S. 399/406.

[356] Söffing, DStZ 2000, S. 203/204.

[357] Vgl. Beschlussempfehlung Vermittlungsausschuss, Bundestag Drucksache 14/3760; Reiß, StuW 2000, S. 399/402 weist darauf hin, dass aus der Begründung zu den Beschlüssen des Vermittlungsausschusses nur hervorgeht, dass eine steuerneutrale Übertragung ab dem 1. Januar 2001 nach dem sog. Mitunternehmererlass wieder „möglich“ sein soll, nicht aber, dass der Buchwertansatz zwingend erforderlich ist.

[358] Der Gesetzgeber hat den Mitunternehmererlass nur teilweise wieder eingeführt, da das Wahlrecht, ob der Buch-, der Teil- oder ein Zwischenwert anzusetzen ist, abgeschafft wurde.

[359] Der BFH hat in einem neueren Urteil (BFH vom 25. Juli 2000, VIII R 46/99, DStR 2000, S. 1905; vgl. auch BFH vom 29. Juli 1997, VIII R 57/94, BStBl II 1998, S. 652/655) trotz des finalen Entnahmebegriffs versucht, den Gedanken des Subjektsteuerprinzips umzusetzen. So hat der BFH bei der unentgeltlichen Übertragung eines Wirtschaftsguts aus dem Gesamthandsvermögen einer Personengesellschaft in das Betriebsvermögen eines Gesellschafters entschieden, dass keine Entnahme des übertragenden Gesellschafters vorliegt, da die Mit-

Zwar ist die Ansicht der Rechtsprechung und nunmehr auch des Gesetzgebers, dass bei der Übertragung von Einzelwirtschaftsgütern zwischen dem Einzel- oder Sonderbetriebsvermögen eines Gesellschafters und dem Gesamthandsvermögen der Personengesellschaft sowie zwischen den jeweiligen Sonderbetriebsvermögen verschiedener Gesellschafter derselben Personengesellschaft nicht die stillen Reserven aufgedeckt werden müssen, auf Kritik gestoßen[360]. Zurecht wird eingewandt, dass gegen das Subjektsteuerprinzip des Einkommensteuerrechts verstoßen wird[361], soweit aufgrund von Buchwertübertragungen stille Reserven auf andere Gesellschafter verlagert werden. Aus diesem Grund wollen Kritiker trotz des Buchwertansatzes in § 6 Abs. 5 Satz 3 EStG i.d.F. des StSenkG eine Entnahme bejahen und stille Reserven aufdecken, soweit stille Reserven auf andere Gesellschafter übergehen[362]. Ein solches Vorgehen lässt aber außer Betracht, dass § 6 Abs. 5 Satz 3 EStG seit dem 01. Januar 2001 zwingend den Buchwertansatz[363] vorschreibt und eine interpersonelle Verlagerung von stillen Reserven zulässt. Der Gesetzgeber hat mit der Änderung des § 6 Abs. 5 EStG durch das StSenkG den finalen Entnahmebegriff der Rechtsprechung, wie er dem Mitunternehmererlass zugrunde gelegen hat, in das Gesetz übernommen und eine Verlagerung von stillen Reserven auf ein anderes Steuersubjekt zugelassen. Danach liegt keine Einlage bzw. Entnahme vor, wenn ein Wirtschaftsgut aus einem Sonder- oder Einzelbetriebsvermögen eines Gesellschafters in das Gesamthandsvermögen der Personengesellschaft oder umgekehrt sowie zwischen den jeweiligen Sonderbetriebsvermögen verschiedener Gesellschafter der-

---

berechtigung des Gesellschafters am Gesellschaftsvermögen wie ein eigenes Betriebsvermögen des Gesellschafters zu behandeln ist. Nach Ansicht des BFH kommt aber eine anteilige Entnahme durch die übrigen Gesellschafter in Betracht, soweit die stillen Reserven vor der Übertragung nicht dem übertragenden Gesellschafter zuzurechnen waren. Dem Verzicht der anderen Gesellschafter auf ihren Anteil an den stillen Reserven könnte eine Schenkung zugrunde liegen, der eine Entnahme vorausgegangen ist. Dieses Urteil steht im Widerspruch zu den bisherigen Entscheidungen des BFH, in denen er trotz einer Verlagerung von stillen Reserven eine Entnahme verneinte; so z.B. BFH vom 28. August 1974, I R 18/73, BStBl II 1975, S. 166/167; BFH vom 12. Oktober 1977, I R 248/74, BStBl II 1978, S. 191; BFH vom 24. März 1992, VIII R 48/90, BStBl II 1993, S. 93/95; BFH vom 29. Juli 1997, VIII R 57/94, BStBl II 1998, S. 652/655. Seit dem 01.01.2001 sieht das Gesetz in § 6 Abs. 5 Satz 3 EStG den Buchwertansatz zwingend vor.

[360] Brandenberg, FR 2000, S. 1182/1188 f.; Kloster/Kloster, GmbHR 2000, S. 1129/1133; Reiß, StuW 2000, S. 399/406 ff.; Thiel/Rödder, FR 1998, S. 401/412.

[361] Brandenberg, FR 2000, S. 1182/1188 f.; Kloster/Kloster, GmbHR 2000, S. 1129/1133; Reiß, StuW 2000, S. 399/406 ff.; Thiel/Rödder, FR 1998, S. 401/412; s.o. D. II. 3. b. .

[362] Glanegger, in: Schmidt, § 6 EStG Rn. 531; Herrmann/Neufang, BB 2000, S. 2599/2602 f.; van Lishaut, DB 2000, S. 1784/1785; van Lishaut, DB 2001, S. 1519/1524; Reiß, BB 2000, S. 1965/1968f.

[363] BMF vom 7. Juni 2001, IV A 6 – S 2241 – 52/01, BStBl I 2001, S. 367, Tz. 2; Kloster/Kloster, GmbHR 2000, S. 1129/1133; Korn, NWB Fach 2, S. 7443/7468; Mitsch/Grüter, INF 2000, S. 651/653; Spiegelberger/Wälzholz, DStR 2001, S. 1093/1094.

selben Personengesellschaft übertragen wird. Auch die Überführung eines Wirtschaftsguts aus dem eigenen Betriebsvermögen eines Gesellschafters in dessen Sonderbetriebsvermögen bei einer Personengesellschaft sowie zwischen verschiedenen Sonderbetriebsvermögen desselben Steuerpflichtigen bei verschiedenen Gesellschaften stellt keine Entnahme bzw. Einlage dar.

b. Besonderheiten des Entnahmebegriffs bei der Überführung eines Wirtschaftsguts zwischen verschiedenen Betriebsvermögen desselben Steuerpflichtigen

aa. Problemstellung

Wird ein Einzelwirtschaftsgut aus dem Betrieb eines Steuerpflichtigen in einen anderen Betrieb desselben Steuerpflichtigen überführt, liegt nach dem finalen Entnahmebegriff der Rechtsprechung weder eine Entnahme aus dem abgebenden Betriebsvermögen, noch eine Einlage in das aufnehmende Betriebsvermögen vor, sofern die Besteuerung der stillen Reserven sichergestellt ist (s.o. D. V. 2. a. aa.). Für die Anwendung des § 4 Abs. 4a EStG könnte dieser Entnahmebegriff zu Schwierigkeiten führen, wenn man die Überentnahmen für jeden Einzelbetrieb eines Steuerpflichtigen gesondert ermittelt. Vermögensverschiebungen zwischen verschiedenen Betriebsvermögen desselben Steuerpflichtigen hätten wegen des finalen Entnahmebegriffs keine Auswirkung auf die Berechnung der Über- bzw. Unterentnahmen, weil keine Entnahme bzw. Einlage i.S.d § 4 Abs. 4a EStG anzusetzen ist. Da sich § 4 Abs. 4a EStG aber am Stand des Eigenkapitalkontos jedes Einzelbetriebes orientiert, müsste sich jede Kapitalveränderung auch in der Überentnahmeberechnung wieder finden.

Dieses Problem tritt allerdings nur auf, wenn § 4 Abs. 4a EStG auf jeden Einzelbetrieb und nicht einheitlich auf den betrieblichen Bereich eines Steuerpflichtigen angewandt würde. Würde man nämlich die nicht abziehbaren Schuldzinsen gemäß § 4 Abs. 4a EStG einheitlich für den gesamten betrieblichen Bereich eines Steuerpflichtigen ermitteln, wären Vermögensverschiebungen zwischen verschiedenen Betriebsvermögen eines Steuerpflichtigen irrelevant. Entscheidend wäre nur, der Gesamtgewinn aller Einzelbetriebe und die Entnahmen bzw. Einlagen in den bzw. aus den betrieblichen Bereich. Würde man dagegen die nicht abziehbaren Schuldzinsen für jeden einzelnen Betrieb eines Steuerpflichtigen gesondert berechnen, müsste jeder Abgang bzw. Zugang von Eigenkapital aus einem bzw. in einen Betrieb auch im Rahmen der Ermittlung der Über- bzw. Unterentnahmen berücksichtigt werden.

bb. Gesonderte Berechnung der Überentnahmen gemäß § 4 Abs. 4a EStG für jeden Einzelbetrieb eines Steuerpflichtigen

§ 4 Abs. 4a EStG ist – wie oben bereits dargelegt (s.o. D. II. 3. d. bb.) – betriebsbezogen und nicht personenbezogen[364] anzuwenden. Damit ist aber noch nicht entschieden, ob unter einer betriebsbezogener Betrachtungsweise die Anwendung des § 4 Abs. 4a EStG getrennt auf jeden Einzelbetrieb oder einheitlich auf den gesamten betrieblichen Bereich eines Steuerpflichtigen zu verstehen ist. Es stellt sich also die Frage, ob die Überentnahmen eines Betriebes durch die Unterentnahmen eines anderen Betriebes desselben Steuerpflichtigen ausgeglichen werden können oder ob die nicht abziehbaren Schuldzinsen gemäß § 4 Abs. 4a EStG für jeden Einzelbetrieb getrennt zu berechnen sind.

Für eine einheitliche Betrachtung des gesamten betrieblichen Bereichs eines Steuerpflichtigen könnte sprechen, dass der BFH beim Entnahmebegriff den sog. weiten Betriebsbegriff vertritt (s.o. D. V. 2. a. aa.). Der weite Betriebsbegriff bei der Auslegung des Entnahmetatbestandes durch den BFH führt aber nicht dazu, dass dem Einkommensteuergesetz insgesamt ein weiter Betriebsbergriff zugrunde zu legen wäre[365]. Der BFH[366] selbst vertritt außerhalb des Entnahmebegriffs den sog. engen Betriebsbegriff und betrachtet jeden selbständigen organisatorischen Einzelbetrieb als Betrieb im Sinne der §§ 4 bis 6 EStG. So ist der Betrieb in § 141 Abs. 1 AO nicht i.S.d. Unternehmensbegriffs gemäß § 2 Abs. 1 Satz 2 UStG aufzufassen, der die gesamte gewerbliche oder berufliche

---

[364] Wäre § 4 Abs. 4a EStG eine personenbezogene Vorschrift und würde man die Überentnahmen für jeden Gesellschafter einer Personengesellschaft gesondert berechnen, wäre § 4 Abs. 4a EStG konsequenterweise auf den gesamten betrieblichen Bereich eines Steuerpflichtigen anwendbar. § 4 Abs. 4a EStG würde auf jedes Steuersubjekt nur einmal angewandt, so dass der Bagatellbetrag von 2.050 Euro nur einmal pro Steuerpflichtiger zu gewähren wäre. Alle Einzelbetriebe und Beteiligungen einer natürlichen Person müssten für die Berechnung der Überentnahmen in einer Gesamtschau zusammengerechnet werden. Der Schuldzinsenabzug gemäß § 4 Abs. 4a EStG würde erst beschränkt, wenn nach Saldierung der Gewinne, Einlagen und Entnahmen aller Einzelbetriebe und Beteiligungen eines Steuerpflichtigen eine Überentnahme vorläge. Überentnahmen im Einzelbetrieb könnten durch Unterentnahmen aus der Beteiligung ausgeglichen werden (so Reiß, StuW 2000, S. 399/410/411). Dagegen ist es nicht konsequent, wenn man bei Personengesellschaften die Überentnahmen gesellschafterbezogen ermittelt, hinsichtlich des § 4 Abs. 4a EStG aber den sog. engen Betriebsbegriff vertritt und § 4 Abs. 4a EStG auf jede Gewinnermittlung separat anwendet (so aber Wendt, FR 2000, S. 417/424/431). Entweder ist § 4 Abs. 4a EStG eine betriebsbezogene und damit eine gesellschaftsbezogene Gewinnermittlungsvorschrift oder aber man wendet § 4 Abs. 4a EStG gesellschafterbezogen und damit personenbezogen auf jedes Steuersubjekt.

[365] Patt, in: Herrmann /Heuer/Raupach, Steuerreform 1999/2000/2002, § 6 EStG Rn. R 109; Reiß, StuW 2000, S. 399/406.

[366] BFH vom 13. Oktober 1988, IV R 136/85, BStBl II 1989, S. 7/8; für die Gewerbesteuer BFH vom 9. August 1989, X R 130/87, BStBl II 1989, S. 901/902.

Tätigkeit eines Unternehmens umfasst. Betrieb ist nach Ansicht des BFH[367] vielmehr die auf Erreichung eines arbeits- bzw. produktionstechnischen Zwecks gerichtete organisatorische Zusammenfassung personeller, sachlicher und anderer Arbeitsmittel zu einer selbständigen Einheit. Bei der Betriebsaufgabe gemäß § 16 EStG ist es z.B. möglich, dass ein Steuerpflichtiger nach Aufgabe eines ganzen Gewerbebetriebs noch einen weiteren Gewerbebetrieb unterhält[368], so dass jeder einzelne Betrieb einen Gewerbebetrieb im Sinne dieser Vorschrift darstellt. Auch in der Praxis[369] wird für jeden einzelnen Betrieb eine Gewinnermittlung nach § 4 Abs. 1 EStG durchgeführt und eine gesonderte Bilanz erstellt. Da es sich bei § 4 Abs. 4a EStG um eine kapitalorientierte Gewinnermittlungsvorschrift handelt, die den Schuldzinsenabzug bei Betrieben mit negativem Eigenkapital beschränken will, ist jede in sich geschlossene Einheit i.S.v. § 4 Abs. 1 EStG bei der Ermittlung der nicht abziehbaren Schuldzinsen für sich zu betrachten[370]. Die Berechnung der Überentnahmen gemäß § 4 Abs. 4a EStG ist somit für jeden Einzelbetrieb bzw. für jede Personengesellschaft gesondert vorzunehmen. Der weite Betriebsbegriff bei der Definition des Entnahmebegriffs beruht lediglich auf der normspezifischen, zweckgerichteten Auslegung des Entnahmetatbestandes. Aus diesem Grund kann ein Steuerpflichtiger im Rahmen des § 4 Abs. 4a EStG nicht die Überentnahmen eines Betriebes mit den Unterentnahmen eines anderen Betriebes ausgleichen[371]. Zur Vermeidung von Überentnahmen des einen Betriebes sind vielmehr Einlagen, also Kapitalbewegungen, erforderlich.

cc. Ansatz einer Entnahme bzw. einer Einlage bei der Überführung eines Wirtschaftsguts zwischen verschiedenen Betriebsvermögen desselben Steuerpflichtigen

Wendet man § 4 Abs. 4a EStG gesondert für jeden Einzelbetrieb eines Steuerpflichtigen an, ist fraglich, ob im Rahmen der Ermittlung der Überentnahmen

---

[367] BFH vom 13. Oktober 1988, IV R 136/85, BStBl II 1989, S. 7/8.
[368] BFH vom 9. August 1989, X R 62/87, BStBl II 1989, S. 973/974.
[369] Wacker, in: Blümich, § 4 EStG Rn. 127; Patt, in: Herrmann/Heuer/Raupach, Steuerreform 1999/2000/2002, § 4 EStG Rn. R 109; Heinicke, in: Schmidt, § 4 EStG Rn. 25.
[370] Herrschende Ansicht: Horlemann, in: Herrmann/Heuer/Raupach, Steuerreform 1999/2000/2002, § 4 EStG Rn. R 41; Korn, KÖSDI 2000, S. 12548/12549; Wendt, FR 2000 S. 417/424; vgl. auch Meyer/Ball, INF 2000, S. 76/79; a.A. Paus, FR 2000, S. 957/962: Er will die Überentnahmen bzw. Unterentnahmen gemäß § 4 Abs. 4a EStG nicht für jeden Betrieb gesondert ansetzen, sondern die Überentnahmen des einen Betriebes mit den Unterentnahmen des anderen Betriebes saldieren.
[371] A.A. Paus, FR 2000, S. 957/962.

der finale Entnahmebegriff der Rechtsprechung uneingeschränkt gelten kann[372]. Zu beachten ist nämlich, dass bei der Ermittlung der Überentnahmen, obwohl sich § 4 Abs. 4a EStG an dem im Betrieb befindlichen Eigenkapital orientiert (s.o. C. I. 2. b.), nur der Gewinn, die Einlagen und Entnahmen eines Betriebes zu berücksichtigen sind. Andere Kapitalveränderungen sind bei der Berechnung der Überentnahmen unerheblich. Wird ein Wirtschaftsgut von einem Betrieb in einen anderen Betrieb desselben Steuerpflichtigen überführt, findet eine Kapitalverschiebung zwischen zwei Betrieben statt, die sich in der Berechnung der Überentnahmen dieser Betriebe nicht widerspiegelt, wenn man wegen des finalen Entnahmebegriffs[373] keine Entnahme bzw. Einlage ansetzt. Das Wirtschaftsgut wird lediglich technisch mit dem Buchwert aus dem abgebenden Betrieb ausgebucht und in den aufnehmenden Betrieb eingebucht, ohne dass ein Entnahmegewinn zu versteuern ist. Da sich aber das Betriebsvermögen des abgebenden Betriebes durch diese Ausbuchung verringert, mindert sich auch das Entnahmevolumen. Gleichzeitig erhöht sich im aufnehmenden Betrieb das Eigenkapital und damit auch das Entnahmevolumen um den Buchwert des Wirtschaftsguts. Betrachtet man das Eigenkapital jedes einzelnen Betriebes, findet durch die Überführung eines Wirtschaftsguts von einem Betriebsvermögen in das andere Betriebsvermögen eine Erhöhung bzw. Minderung statt, ohne dass sich der Saldo aus Gewinnen und Einlagen abzüglich Entnahmen ändert.

§ 4 Abs. 4a EStG will den Schuldzinsenabzug begrenzen, sobald ein Betrieb überschuldet ist und kein positives Eigenkapital mehr für Entnahmen zur Verfügung steht. Einem Steuerpflichtigen muss es aber nach Sinn und Zweck der Regelung weiterhin möglich sein, das positive Kapital aus seinem Betrieb zu entnehmen, ohne dass der Schuldzinsenabzug gemäß § 4 Abs. 4a EStG eingeschränkt wird. Aus diesem Grund muss sich jede Kapitalveränderung in einem Betrieb auch in der Berechnung der Überentnahmen wieder finden. Der Zugang von Eigenkapital muss das Entnahmevolumen i.S.d. § 4 Abs. 4a EStG erhöhen bzw. der Abgang von Eigenkapital das Entnahmevolumen mindern, selbst wenn nach dem finalen Entnahmebegriff der Rechtsprechung keine Einlage bzw. Entnahme vorliegt. Dies bedeutet für die Ermittlung der Überentnahmen, dass bei der Überführung von Wirtschaftsgütern zwischen verschiedenen Betriebsvermögen desselben Steuerpflichtigen eine Entnahme im abgebenden Betriebsver-

---

[372] Es wäre durchaus möglich, die Überentnahmen für jeden Betrieb getrennt zu berechnen und bei der Überführung eines Wirtschaftsguts aus einem Betrieb in einen anderen Betrieb desselben Steuerpflichtigen im Rahmen des § 4 Abs. 4a EStG keine Entnahme bzw. Einlage anzusetzen, wenn die Besteuerung der stillen Reserven sichergestellt ist; vgl. das Beispiel 6 bei Meyer/Ball, INF 2000, S. 76/79.

[373] BFH vom 30. September 1960, VI 137/59 U, BStBl III 1960, S. 489/490; BFH vom 14. April 1988, IV R 271/84, BStBl II 1988, S. 667/669; BFH vom 14. Juni 1988, VIII R 387/83, BStBl II 1989, S. 187/188.

mögen bzw. eine Einlage im aufnehmenden Betriebsvermögen anzusetzen ist[374]. Ansonsten könnte eine spätere Entnahme des überführten Wirtschaftsguts zu Überentnahmen führen, obwohl der Betrieb noch über positives Eigenkapital verfügt (vgl. Betrieb B im nachstehenden Beispiel). Eine Entnahme bzw. Einlage ist in diesen Fällen natürlich nur im Rahmen der Ermittlung der Überentnahmen rechentechnisch anzusetzen. Für die Frage, ob stille Reserven aufgedeckt werden oder ein Entnahmegewinn zu versteuern ist, gilt weiterhin uneingeschränkt der finale Entnahmebegriff des BFH.

Bei diesem Vorgehen können nicht abziehbaren Schuldzinsen gemäß § 4 Abs. 4a EStG unter Umständen auch entstehen, wenn ein Steuerpflichtiger seinem betrieblichen Bereich insgesamt keine Mittel entzieht, sondern nur ein Wirtschaftsgut von einem Betrieb in einen anderen Betrieb überführt[375]. Andererseits sind gezielte Kapitalbewegungen von entschuldeten Betrieben in Betriebe mit hohen Verbindlichkeiten möglich, um eine Zinskürzung in den letzteren Betrieben zu vermindern[376].

Dazu folgendes Beispiel: Unternehmer X überführt im Wirtschaftsjahr 02 aus seinem Betriebsvermögen A ein Grundstück zum Buchwert (= Teilwert) von 150 in sein Betriebsvermögen B. In seinem Betrieb A befinden sich sonstige Wirtschaftsgüter mit einem Buchwert von 20. Im Betrieb A entnimmt X im Wirtschaftsjahr 02 bei einem Gewinn von 50 Wirtschaftsgüter in Höhe von 10 und legt gleichzeitig 20 ein. Im Wirtschaftsjahr 01 entstanden im Betrieb A Unterentnahmen in Höhe von 170. Im Betrieb B erzielt X im Wirtschaftsjahr 02 lediglich einen Gewinn von 30, wobei er Wirt-

---

[374] BMF vom 22. Mai 2000, IV C 2 – S 2144 – 60/00, BStBl I 2000, S. 588, Tz. 10; ein Teil des Schrifttums stimmt dieser Ansicht schon deshalb zu, weil ihrer Meinung nach für die Frage, ob eine Entnahme vorliegt, nicht auf den finalen Entnahmebegriff des BFH, sondern auf den engen Betriebsbegriff abzustellen ist. Danach liegt bei der Überführung eines Wirtschaftsguts aus einem Betriebsversmögen in ein anderes Betriebsvermögen desselben Steuerpflichtigen auch außerhalb des § 4 Abs. 4a EStG eine Entnahme bzw. Einlage vor. § 6 Abs. 5 Satz 1 EStG ordnet für diesen Fall an, dass anstelle des Teilwerts, der eigentlich gemäß § 6 Abs. 1 Nr. 4 bzw. Nr. 5 EStG angesetzt werden müsste, die Buchwerte fortzuführen sind; a.A. Reiß, in: Kirchhof, § 15 EStG Rn. 361; v. Reden, in: Littmann/Bitz/Pust, §§ 4, 5 EStG Rn. 1657; Hundsdoerfer/Henning, BB 2000, S. 542/543; Meyer/Ball, INF 2000, S. 76/79; Söffing, DStZ 2000, S. 203/204; Wieczorek, Stbg 2000, S. 301/303: Sie lehnen den Ansatz einer Entnahme bzw. Einlage für die Berechnung der Überentnahmen gemäß § 4 Abs. 4a EStG bei der Überführung einzelner Wirtschaftsgüter zwischen verschiedenen Betriebsvermögen desselben Steuerpflichtigen strikt ab. Grund dafür ist, dass nach ständiger Rechtsprechung des BFH bei der Überführung eines Wirtschaftsguts von einem Betrieb in einen anderen Betrieb desselben Steuerpflichtigen wegen des finalen Entnahmebegriffs gerade keine Entnahme vorliegt, wenn die Besteuerung der stillen Reserven sichergestellt ist. An dieser Rechtslage hat sich ihrer Ansicht nach auch bei der Anwendung des § 4 Abs. 4a EStG nichts geändert.

[375] Vgl. auch Reiß, StuW 2000, S. 399/411.

[376] Meyer/Ball, INF 2000, S. 76/79.

schaftsgüter in Höhe von 20 einlegt und in Höhe von 5 entnimmt. Die Unterentnahmen aus dem Vorjahr belaufen sich hier auf 70.

Bilanzen zum 31. 12. 01

Betrieb A

Grundstück	150	Kapital	170
sonst. aktive WG	20		

Betrieb B

aktive WG	70	Kapital	70

Bilanzen zum 31. 12. 02

Betrieb A

sonst. aktive WG	80	Kapital	20
		Gewinn	+ 50
		Einlagen	+ 20
		Entnahme	- 10
		Kapital	80

Betrieb B

Grundstück	150	Kapital	220
sonst. aktive WG	115	Gewinn	+ 30
		Einlage	+ 20
		Entnahme	- 5
		Kapital	265

1. Variante
Berechnung der Überentnahmen für 02 ohne Ansatz einer Entnahme bzw. einer Einlage für das überführte Grundstück:

Betrieb A		Betrieb B	
Gewinn	+ 50	Gewinn	+ 30
Einlagen	+ 20	Einlagen	+ 20
Entnahmen	- 10	Entnahmen	- 5
Unterentnahme 02	+ 60	Unterentnahme 02	+ 45
Unterentnahme aus 01	+ 170	Unterentnahme aus 01	+ 70
Unterentnahme	+ 230	Unterentnahme	+ 115

2. Variante
Berechnung der Überentnahmen für 02, wobei im abgebenden Betriebsvermögen zusätzlich eine Entnahme in Höhe von 150 und im aufnehmenden Betriebsvermögen eine Einlage in Höhe von 150 für das überführte Grundstück angesetzt wird:

Betrieb A		Betrieb B	
Gewinn	+ 50	Gewinn	+ 30
Einlagen	+ 20	Einlagen (inkl. Grst.)	+ 170
Entnahmen (inkl. Grst.)	- 160	Entnahmen	- 5
Überentnahme 02	- 90	Unterentnahme 02	+ 195
Unterentnahme aus 01	+ 170	Unterentnahme 01	+ 70
Unterentnahme	+ 80	Unterentnahme	+ 265

Im Betrieb A könnten - würde man trotz des Abgangs des Grundstücks keine Entnahme ansetzen (Variante 1) – noch 230 entnommen werden, ohne dass der Schuldzinsenabzug gemäß § 4 Abs. 4a EStG beschränkt würde. Dabei würde bereits bei einer Entnahme von mehr als 80 ein negatives Kapitalkonto entstehen (siehe Bilanz zum 31.12.02). Dagegen würde der Unternehmer X, würde er am Ende des Jahres das Grundstück aus seinem Betrieb B entnehmen, eine Überentnahme tätigen, wenn man den Zugang des Grundstücks nicht als Einlage ansetzt (Variante 2). Laut Bilanz ist das Eigenkapital aber auch nach der Entnahme positiv. Behandelt man die Überführung eines Grundstücks zwischen verschiedenen Betriebsvermögen eines Steuerpflichtigen für die Ermittlung der Überentnahmen wie eine Entnahme bzw. Einlage, entspricht die Höhe der Über- bzw. Unterentnahmen dem Stand des Eigenkapitalkontos laut Bilanz (Variante 2).

dd. Der Wert der anzusetzenden Einlage bzw. Entnahme

Setzt man bei der Überführung eines Wirtschaftsguts zwischen verschiedenen Betriebsvermögen desselben Steuerpflichtigen im Rahmen der Ermittlung der Überentnahmen rechentechnisch eine Entnahme bzw. Einlage an, stellt sich die Frage, mit welchem Wert diese Entnahme bzw. Einlage zu berücksichtigen ist. Grundsätzlich gilt für Einlagen bzw. Entnahmen die Bewertungsregelung des § 6 Abs. 1 Nr. 4 und Nr. 5 EStG, wonach der Teilwert anzusetzen ist. Für die Überführung von Einzelwirtschaftsgütern von einem Betriebsvermögen in ein anderes Betriebsvermögen desselben Steuerpflichtigen gibt es aber eine Sonderbewertungsregel in § 6 Abs. 5 Satz 1 EStG. Danach ist der Buchwert anzusetzen, wenn die Besteuerung der stillen Reserven sichergestellt ist. Hintergrund für den Buchwertansatz ist, dass bei der Überführung eines Wirtschaftsguts zwischen verschiedenen Betriebsvermögen eines Steuerpflichtigen nach dem finalen Entnahmebegriff des BFH gerade keine Entnahme bzw. Einlage vorliegt. Deshalb ist entweder der Buchwert gemäß § 6 Abs. 5 Satz 1 EStG anzusetzen, obwohl für die Anwendung des § 4 Abs. 4a EStG eine Einlage bzw. Entnahme zu berücksichtigen ist, oder der Teilwert anzusetzen, obwohl die Bewertungsvorschrift des § 6 Abs. 5 EStG für diesen Fall speziell den Buchwertansatz vorschreibt.

Für den Buchwertansatz spricht, dass das Wirtschaftsgut, da tatsächlich keine Entnahme bzw. Einlage vorliegt, gemäß § 6 Abs. 5 Satz 1 EStG technisch mit dem Buchwert aus der einen Bilanz ausgebucht und in die andere Bilanz eingebucht wird. Das Eigenkapital des abgebenden Betriebes und das Eigenkapital des aufnehmenden Betriebes verändern sich nur in Höhe des Buchwerts. Da sich § 4 Abs. 4a EStG am Stand des Eigenkapitalkontos orientiert, darf auch bei der Ermittlung der Überentnahmen nur der Buchwert angesetzt werden. Die stillen

Reserven des Wirtschaftsguts fließen als noch nicht realisierte Gewinne nicht in das Entnahmepotenzial ein. Gegen den Teilwertansatz spricht auch, dass in Höhe der Differenz zwischen Teilwert und Buchwert ein Entnahmegewinn entstehen würde, der bei Ermittlung der Überentnahmen berücksichtigt werden müsste. Dieser anzusetzende Entnahmegewinn würde die Entnahme im abgebenden Betriebsvermögen bis zum Buchwert ausgleichen, so dass nur der Buchwert selbst Auswirkung auf die Berechnung der Überentnahmen hätte. Nur für die Berechnung der Überentnahmen müsste ein u.U. schwer zu ermittelnder Teilwert gefunden werden, der das Ergebnis der Überentnahmen nicht beeinflussen würde und auch für die sonstige Buchhaltung keine Bedeutung hätte. Die Überführung eines Wirtschaftsguts zwischen verschiedenen Betriebsvermögen eines Steuerpflichtigen ist deshalb, obwohl der Vorgang für die Ermittlung der Überentnahmen gemäß § 4 Abs. 4a EStG als Entnahme aus dem abgebenden Betriebsvermögen und als Einlage in das aufnehmende Betriebsvermögen zu behandeln ist, für die Berechnung der Überentnahmen mit dem Buchwert anzusetzen, wenn die Voraussetzungen des § 6 Abs. 5 Satz 1 EStG erfüllt sind.

c. Besonderheiten des Entnahmebegriffs bei der Überführung bzw. Übertragung von Wirtschaftsgütern bei Personengesellschaften

aa. Problemstellung

Bisher wurde nur die Überführung von Einzelwirtschaftsgütern von einem Betriebsvermögen in ein anderes Betriebsvermögen desselben Steuerpflichtigen untersucht. Ein solcher Wechsel zwischen verschiedenen Betriebsvermögen desselben Steuerpflichtigen ist für die Ermittlung der Überentnahmen gemäß § 4 Abs. 4a EStG als Entnahme aus dem abgebenden Betrieb und als Einlage in den aufnehmenden Betrieb zu behandeln. Darüber hinaus stellt sich die Frage, wie Sachverhalte bei der Anwendung des § 4 Abs. 4a EStG zu beurteilen sind, an denen Personengesellschaften beteiligt sind. Denkbar sind folgende Konstellationen: ein Gesellschafter überträgt ein Einzelwirtschaftsgut seines Sonderbetriebsvermögens in das Gesamthandsvermögen der Gesellschaft oder umgekehrt, ein Gesellschafter überträgt ein Wirtschaftsgut seines Sonderbetriebsvermögens in das Sonderbetriebsvermögen eines anderen Gesellschafters derselben Gesellschaft, ein Gesellschafter überträgt ein Einzelwirtschaftsgut seines Einzelbetriebsvermögens in das Gesamthandsvermögen der Gesellschaft oder umgekehrt und ein Gesellschafter überführt ein Wirtschaftsgut aus seinem Sonderbetriebsvermögen in ein sonstiges Betriebsvermögen oder in ein Sonderbetriebsvermögen bei einer anderen Personengesellschaft.

Nach dem finalen Entnahmebegriff der Rechtsprechung, der auch dem Buchwertansatz in § 6 Abs. 5 Satz 2 und 3 EStG zugrunde liegt, ist der Tatbestand einer Entnahme bzw. Einlage nicht erfüllt, wenn ein Wirtschaftsgut aus dem Einzel- bzw. Sonderbetriebsvermögen eines Gesellschafters in das Gesamthandsvermögen der Personengesellschaft oder umgekehrt sowie zwischen den jeweiligen Sonderbetriebsvermögen verschiedener Gesellschafter derselben Personengesellschaft übertragen wird (s.o. D. V. 2. a. bb.). Dasselbe gilt für den Fall, dass ein Steuerpflichtiger ein Wirtschaftsgut seines Sonderbetriebsvermögens in sein Sonderbetriebsvermögen bei einer anderen Personengesellschaft überführt. Bei Übertragungsvorgängen, an denen Personengesellschaften beteiligt sind, sind Kapitalverschiebungen zwischen verschiedenen Betriebsvermögen möglich, ohne dass für die Berechnung der Überentnahmen wegen des finalen Entnahmebegriffs eine Einlage bzw. Entnahme anzusetzen wäre. Da zum Betriebsvermögen einer Personengesellschaft nicht nur die Wirtschaftsgüter des Gesamthandsvermögens der Gesellschaft, sondern auch die Wirtschaftsgüter der Sonderbetriebsvermögen der einzelnen Gesellschafter gehören, kann eine Kapitalverschiebung auch innerhalb der Gesellschaft, nämlich zwischen den einzelnen Gesellschaftern, stattfinden. Das Betriebsvermögen der Gesellschaft und damit das für Entnahmen zur Verfügung stehende Entnahmevolumen ändert sich jedoch insgesamt nicht. Da § 4 Abs. 4a EStG betriebsbezogen anzuwenden ist, finden bei jedem Einzelbetrieb und bei jeder Personengesellschaft getrennte Berechnungen der Überentnahmen statt, wobei bei der Gesellschaft die Überentnahmen gesellschaftsbezogen zu ermitteln sind (s.o. D. II. 3. d.). Für die Ermittlung der Überentnahmen könnte es deshalb einen Unterschied machen, ob das Wirtschaftsgut bei einem Übertragungsvorgang das Betriebsvermögen wechselt oder ob das Wirtschaftsgut nach der Übertragung bzw. Überführung demselben Betriebsvermögen zuzuordnen ist wie vorher.

Die Frage, ob Entnahmen und Einlagen für die Ermittlung der Überentnahmen gemäß § 4 Abs. 4a EStG bei der Übertragung von Wirtschaftsgütern zwischen Gesellschaft und Gesellschaftern anzusetzen sind, stellt sich nicht, wenn Veräußerungsgeschäfte[377] zu fremdüblichen Bedingungen abgeschlossen werden. In

[377] Ein entgeltliches Veräußerungsgeschäft in diesem Sinne liegt nicht bei der Übertragung gegen Gewährung oder Minderung von Gesellschaftsrechten vor. Zwar ist nach ständiger Rechtsprechung eine Übertragung gegen Gewährung oder Minderung von Gesellschaftsrechten ein tauschähnlicher Vorgang (so z.B. BFH vom 15. Juli 1976, I R 17/74, BStBl II 1976, S. 748/749). Für diesen tauschähnlichen Vorgang gilt aber die Sonderregelung des § 6 Abs. 5 Satz 3 EStG, was seit dem UntStFG gesetzlich klargestellt ist. Unter den Begriff entgeltliche Veräußerungsgeschäfte fallen nur solche Veräußerungen, in denen ein angemessenes Entgelt, das nicht in Gesellschaftsrechten besteht, gezahlt wird.

ständiger Rechtsprechung[378] erkennt der BFH entgeltliche Veräußerungen zwischen der Gesellschaft und ihren Gesellschaftern oder zwischen den einzelnen Gesellschaftern untereinander steuerlich an, wenn die Veräußerung zu Bedingungen wie unter fremden Dritten erfolgt. Der Veräußerer erzielt einen Gewinn in Höhe des Unterschieds zwischen dem Veräußerungserlös und dem Buchwert des Wirtschaftsguts. Beim Erwerber muss das Wirtschaftsgut nach der Veräußerung mit den Anschaffungskosten ausgewiesen werden.

bb. Übertragung bzw. Überführung eines Wirtschaftsguts zwischen verschiedenen Betriebsvermögen

Wird ein Wirtschaftsgut von einem Steuerpflichtigen aus dem eigenen Betriebsvermögen in dessen Sonderbetriebsvermögen bei einer Personengesellschaft oder zwischen verschiedenen Sonderbetriebsvermögen desselben Steuerpflichtigen bei verschiedenen Personengesellschaften überführt, stellt sich dieser Vorgang als eine besondere Form des Verbringens eines Wirtschaftsguts aus einem Betrieb in einen anderen Betrieb desselben Steuerpflichtigen dar. Nach ständiger Rechtsprechung des BFH[379] liegt in diesen Fällen keine Entnahme bzw. Einlage vor, wenn die Besteuerung der stillen Reserven gewährleistet ist. Da stille Reserven nicht auf ein anderes Steuersubjekt verlagert werden können, wird das Subjektsteuerprinzip befolgt. Für die Ermittlung der Überentnahmen im Rahmen des § 4 Abs. 4a EStG muss sich aber, wie bei der Überführung eines Wirtschaftsguts zwischen verschiedenen Einzelbetriebsvermögen desselben Steuerpflichtigen, wegen der kapitalorientierten Betrachtungsweise des § 4 Abs. 4a EStG jede Vermögensverschiebung zwischen verschiedenen Betriebsvermögen auch in der Berechnung der Überentnahmen widerspiegeln (s.o. D. V. 2. b. bb.). Aus diesem Grund sind für die Ermittlung der Überentnahmen eine Entnahme aus dem abgebenden Einzel- oder Sonderbetriebsvermögen und eine Einlage in das aufnehmende Einzel- oder Sonderbetriebsvermögen anzusetzen, die jeweils mit dem Buchwert gemäß § 6 Abs. 5 Satz 2 EStG zu bewerten sind.
Dasselbe gilt für die Übertragung eines Wirtschaftsguts aus dem Einzelbetriebsvermögen eines Gesellschafters in das Gesamthandsvermögen der Personengesellschaft und umgekehrt. Auch hier liegt wegen des finalen Entnahmebegriffs der Rechtsprechung[380] eigentlich keine Entnahme aus dem abgebenden Be-

---

[378] BFH vom 28. Januar 1976, I R 84/74, BStBl II 1976, S. 744; BFH vom 21. Oktober 1976, IV R 210/72, BStBl II 1977, S. 145/147; BFH vom 10. Juli 1980, IV R 136/77, BStBl II 1981, S. 84/87; BFH vom 3. Mai 1993, GrS 3/92, BStBl II 1993, S. 616/622.
[379] BFH vom 7. Februar 1964, VI 19/63 U, BStBl III 1964, S. 328; BFH vom 29. Juli 1997, VIII R 57/94, BStBl II 1998, S. 652 ff.
[380] BFH vom 15. Juli 1976, I R 17/74, BStBl II 1976, S. 748/749: keine Entnahme, obwohl ein Rechtsträgerwechsel stattfindet.

triebsvermögen bzw. keine Einlage in das aufnehmende Gesamthandsvermögen vor. Da aber auch hier eine Kapitalverschiebung zwischen zwei Betrieben stattfindet, für die getrennte Überentnahmeberechnungen gemäß § 4 Abs. 4a EStG durchzuführen sind, ist dieser Vorgang als Entnahme aus dem abgebenden Betrieb und als Einlage in den aufnehmenden Betrieb für die Anwendung des § 4 Abs. 4a EStG zu behandeln. Dies gilt selbst dann, wenn gemäß § 6 Abs. 5 Satz 3 EStG die anzusetzende Entnahme bzw. Einlage mit dem Buchwert zu berücksichtigen ist (s.o. D. V. 2. b. dd.).

cc. Übertragung eines Wirtschaftsguts innerhalb des Betriebsvermögens einer Personengesellschaft

Anders ist die Rechtslage, wenn ein Wirtschaftsgut aus dem Gesamthandsvermögen einer Personengesellschaft in das Sonderbetriebsvermögen eines Gesellschafters oder umgekehrt sowie zwischen den jeweiligen Sonderbetriebsvermögen verschiedener Gesellschafter derselben Personengesellschaft übertragen wird[381]. Zwar wechselt das Wirtschaftsgut in diesen Fällen den Eigentümer. Steuerrechtlich bleibt das Wirtschaftsgut aber weiterhin dem Betriebsvermögen der Personengesellschaft zugeordnet[382]. Nach Ansicht der Rechtsprechung liegt wegen des finalen Entnahmebegriffs auch in diesen Fällen keine Entnahme bzw. Einlage vor. Im Gegensatz zu den vorherigen Konstellationen ist hier eine Erfassung einer Entnahme bzw. einer Einlage für die Anwendung des § 4 Abs. 4a EStG nicht erforderlich[383]. Vermögensverschiebungen innerhalb des Betriebsvermögens einer Personengesellschaft berühren zwar das Kapitalkonto des einzelnen Gesellschafters; das Betriebsvermögen der Personengesellschaft im ganzen ändert sich aber nicht. Wird das Betriebsvermögen einer Personengesellschaft insgesamt durch eine Übertragung weder geschmälert noch vermehrt, muss dieser Vorgang auch nicht bei der Berechnung der Überentnahmen nachvollzogen werden[384]. Dies gilt allerdings nur, wenn man die Überentnahmen, wie hier vertreten, gesellschaftsbezogen i.S.v. betriebsbezogen ermittelt. Nur in diesem Fall sind Vermögensverschiebungen innerhalb einer Gesellschaft zwischen den einzelnen Gesellschaftern unbeachtlich. Werden die Überentnahmen

---

[381] Reiß, in: Kirchhof, § 15 EStG Rn. 366; Korn, KÖSDI 2000, S. 12548/12559; Meyer/Ball, INF 2000, S. 459/465; Reiß, StuW 2000, S. 399/410; Schulze zur Wiesche, DB 2000, S. 2189/2191.

[382] Bei einer Personengesellschaft gehören sowohl die Wirtschaftsgüter des Gesamthandsvermögens als auch die Wirtschaftsgüter im Eigentum eines Gesellschafters, die sich im Sonderbetriebsvermögen befinden, zum Betriebsvermögen der Gesellschaft.

[383] Voraussetzung ist allerdings, dass man die Überentnahmen – wie hier vertreten – gesellschaftsbezogen ermittelt.

[384] Vgl. Korn, KÖSDI 2000, S. 12548/12559.

dagegen getrennt für jeden Gesellschafter berechnet (gesellschafterbezogene Betrachtungsweise), müssen auch Vermögensverschiebungen innerhalb einer Gesellschaft im Rahmen des § 4 Abs. 4a EStG berücksichtigt werden. Übertragungen zwischen den Gesellschaftern bzw. zwischen der Gesellschaft und den Gesellschaftern müssen insoweit als Entnahme bzw. Einlage erfasst werden, als sich durch die Übertragung eines Wirtschaftsguts das Entnahmevolumen des einzelnen Gesellschafters verändert.

Obwohl der Ansatz einer Entnahme bzw. einer Einlage für die Anwendung des § 4 Abs. 4a EStG bei der Übertragung von Wirtschaftsgütern innerhalb des Betriebsvermögens einer Personengesellschaft nach der gesellschaftsbezogenen Betrachtungsweise nicht erforderlich ist, ist aus Gründen der Vereinfachung und der Übersichtlichkeit zu empfehlen, auch in diesen Fällen eine Einlage bzw. Entnahme bei der Ermittlung der Überentnahmen anzusetzen[385]. Vorteil ist, dass die Übertragung eines Wirtschaftsguts aus dem Sonderbetriebsvermögen eines Gesellschafters in das Gesamthandsvermögen der Personengesellschaft genauso behandelt würde, wie die Übertragung eines Wirtschaftsguts aus dem Einzelbetriebsvermögen eines Gesellschafters in das Gesamthandsvermögen der Gesellschaft. Eine Unterscheidung zwischen Übertragungen innerhalb des Betriebsvermögens einer Personengesellschaft und Übertragungen zwischen verschiedenen Betriebsvermögen entfiele[386]. Da sich der Ansatz der Entnahme und der Einlage im Rahmen der Gesamtbetrachtung der gesellschaftsbezogenen Betrachtungsweise gegenseitig aufhebt, hat ein solches Vorgehen keine Auswirkung auf die Höhe der Über- bzw. Unterentnahmen.

dd. Zwischenergebnis

Die Überführung eines Einzelwirtschaftsguts aus einem Betriebsvermögen in ein anderes Betriebsvermögen desselben Steuerpflichtigen sowie in dessen Sonderbetriebsvermögen bei einer Personengesellschaft oder umgekehrt ist für die Ermittlung der Überentnahmen gemäß § 4 Abs. 4a EStG als Einlage und als Entnahme zu behandeln. Dasselbe gilt, wenn ein Gesellschafter ein Wirtschaftsgut aus seinem Betriebsvermögen in das Gesamthandsvermögen der Gesellschaft überträgt. Dagegen ist es nicht erforderlich, die Übertragung von Einzelwirtschaftsgütern aus dem Sonderbetriebsvermögen eines Gesellschafters in das Gesamthandsvermögen der Gesellschaft oder umgekehrt als Entnahme bzw. Einla-

[385] So auch Ley: Sie will aus rechentechnischen Gründen in allen Fällen eine Entnahme bzw. Einlage ansetzen; Ley, DStR 2001, S. 1005/1009; Ley, NWB Fach 3, S. 11167/11186/11188.
[386] Außerdem muss man nicht zwischen der gesellschafts- und der gesellschafterbezogenen Betrachtungsweise differenzieren.

ge im Rahmen des § 4 Abs. 4a EStG zu behandeln[387]. Dasselbe gilt für die Übertragung einzelner Wirtschaftsgüter zwischen den jeweiligen Sonderbetriebsvermögen verschiedener Gesellschafter derselben Personengesellschaft[388]. Im Rahmen einer Gesamtbetrachtung sind wegen der gesellschaftsbezogenen Anwendung des § 4 Abs. 4a EStG Vermögensverschiebungen innerhalb einer Gesellschaft für die Ermittlung der Überentnahmen unbeachtlich[389]. Rechentechnisch bietet sich allerdings die Berücksichtigung entsprechender Entnahmen bzw. Einlagen an[390], da dadurch bei der ohnehin komplizierten Anwendung des § 4 Abs. 4a EStG auf Personengesellschaften gewisse Fehlerquellen vermieden werden können. Im Folgenden werden auch Vermögensverschiebungen zwischen dem Gesamthands- und dem Sonderbetriebsvermögen eines Gesellschafters als Entnahme und als Einlage für die Berechnung der Überentnahmen qualifiziert. Sind die Voraussetzungen des § 6 Abs. 5 EStG erfüllt - insbesondere die Besteuerung der stillen Reserven sichergestellt - sind diese Einlagen und Entnahmen im Rahmen des § 4 Abs. 4a EStG mit dem Buchwert anzusetzen.
Wie Überführungen bzw. Übertragungen von einzelnen Wirtschaftsgütern im Einzelfall zu behandeln sind, wird unter E. I. näher dargestellt.

d. Entnahmen und Einlagen im Rahmen des § 4 Abs. 4a EStG im Betriebsvermögen einer Personengesellschaft

aa. Entnahmen und Einlagen im Gesamthandsvermögen

Für die Ermittlung der Überentnahmen sind alle Gutschriften oder Belastungen in der Gesamthandsbilanz danach zu untersuchen, ob eine Entnahme oder Einlage im Rahmen des § 4 Abs. 4a EStG anzusetzen ist. Im einzelnen sind folgende Sachverhalte denkbar:

Wird das Kapitalkonto eines Gesellschafters zu Lasten des privaten Bankkontos erhöht, stellt dieser Vorgang eine Einlage i.S.d. § 4 Abs. 4a EStG in die Ge-

---

387 Korn, KÖSDI 2000, S. 12548/12559; Schulze zur Wiesche, DB 2000, S. 2189/2191; Söffing, DStZ 2000, S. 203/204; vgl. auch BMF vom 22. Mai 2000, IV C 2 - S 2144 – 60/00, BStBl I 2000, S. 588, Tz. 10 und 32.

388 Korn, KÖSDI 2000, S. 12548/12559.

389 Anders ist dies allerdings, wenn man § 4 Abs. 4a EStG – was abzulehnen ist (s.o. D. II. 3. d) - gesellschafterbezogen anwendet. Insoweit ist auf das Entnahmevolumen jedes einzelnen Gesellschafters abzustellen. Bei Vermögensverschiebungen innerhalb einer Personengesellschaft müssten dann Entnahmen bzw. Einlagen für die Ermittlung der Überentnahmen angesetzt werden.

390 Der Ansatz einer Entnahme und einer Einlage hat keine Auswirkung auf die Höhe der Über- bzw. Unterentnahmen, da sich die Entnahme und Einlage gegenseitig ausgleichen; gleiche Ansicht Ley, DStR 2001, S. 1005/1009.

samthand dar. Umgekehrt ist die Verminderung des Kapitalkontos zu Gunsten des privaten Bankkontos eine Entnahme. Dies ist für die Ermittlung der Überentnahmen selbst dann der Fall, wenn beim Gesellschafter im Rahmen der Kapitalzuführung bzw. des Kapitalabgangs Gesellschaftsrechte erweitert bzw. gemindert werden[391]. Wird die Kapitalerhöhung fremdfinanziert, entsteht eine Verbindlichkeit im Sonderbetriebsvermögen des Gesellschafters, da die Schulden in einem unmittelbaren wirtschaftlichen Zusammenhang mit der Beteiligung des Gesellschafters an der Personengesellschaft stehen[392] und nur dem einzelnen Gesellschafter zuzurechnen sind. Wie unter C. V. 2. c. bereits gezeigt, führt die Einlage eines fremdfinanzierten Wirtschaftsguts dazu, dass die Verbindlichkeit – hier im Sonderbetriebsvermögen – mit der Einlage des Wirtschaftsguts zu einer Betriebsschuld wird[393]. Der Einlage des Kapitals folgt die „Einlage" der Verbindlichkeit, wobei letztere wie eine Entnahme wirkt[394]. Aus diesem Grund ist entweder die Entstehung der Schuld im Sonderbetriebsvermögen eine Entnahme, die die Einlage im Gesamthandsvermögen saldiert[395] oder die Kapitalerhöhung selbst keine Einlage in das Betriebsvermögen der Gesellschaft[396], da der Erhöhung des Gesellschaftsvermögens in gleicher Höhe eine Minderung des Sonderkapitals durch Ansatz einer Sonderbetriebsschuld gegenüber steht. Beide Lösungen führen zu dem Ergebnis, dass eine fremdfinanzierte Kapitalerhöhung das Betriebsvermögen der Gesellschaft insgesamt nicht verändert. Setzt man aber die Verbindlichkeit im Sonderbetriebsvermögen als Entnahme an, kann auch die Kapitalerhöhung im Gesamthandsvermögen als Einlage berücksichtigt werden.

Eine Kapitalerhöhung in der Gesamthandsbilanz ist auch durch die Belastung des Gesellschafterdarlehenskontos möglich. Ein solches Konto unterscheidet

---

[391] Problematisch ist, dass ein solcher Vorgang nach neuester Rechtsprechung des BFH (BFH vom 19. Oktober 1998, VIII R 69/95, BStBl II 2000, S. 231 ff.; folgend BMF vom 29. März 2000 IV C 2 – S 2178 – 4/00, BStBl I 2000, S. 462) nicht mehr als Einlage bzw. Entnahme, sondern als tauschähnliches Rechtsgeschäft behandelt wird. Allerdings geht diesem tauschähnlichen Umsatz eine Einlage bzw. Entnahme in die bzw. aus der Gesellschaft voraus. Jede Minderung oder Mehrung des Kapitalkontos zu Gunsten oder zu Lasten des Privatvermögens verändert das Betriebsvermögen der Gesellschaft und muss im Rahmen der Ermittlung der Überentnahmen berücksichtigt werden; s.u. E. I. 1. a. und E. I. 4. a.

[392] BMF vom 20. Dezember 1977, IV B 2 – S 2241 – 231/77, BStBl I 1978, S. 8, Tz. 14; BFH vom 28. Oktober 1999, VIII R 42/98, BStBl II 2000, S. 390/392.

[393] Ursache ist der steuerrechtliche Zurechnungszusammenhang zwischen dem Wirtschaftsgut und der Verbindlichkeit: BFH vom 24. August 1956, III 218/54 S, BStBl III 1956, S. 325; BFH vom 4. Juli 1990, GrS 2-3/88, BStBl II 1990, S. 817/824.

[394] Vgl. Wacker, in: Blümich, § 4 EStG Rn. 168g: Wacker behandelt den umgekehrten Fall, nämlich die Entnahme eines fremdfinanzierten Wirtschaftsguts. Die Einlage eines fremdfinanzierten Wirtschaftsguts muss genau die entgegengesetzte Wirkung haben.

[395] Korn, KÖSDI 2000, S. 12548/12559.

[396] Ley, DStR 2001, S. 1005/1009.

sich von einem Kapital-/Beteiligungskonto, aus dem im Verhältnis zur Gesamtsumme der Kapitalkonten aller Gesellschafter die Beteiligungsquote des einzelnen Gesellschafters am Gesellschaftsvermögen hervorgeht[397], dadurch, dass auf diesem Konto nur eine schuldrechtliche Forderung des Gesellschafters gegenüber der Gesellschaft ausgewiesen wird[398]. Wird das Kapitalkonto eines Gesellschafters zu Lasten seines Darlehenskontos erhöht, findet lediglich eine Vermögensverschiebung aus dem Sonderbetriebsvermögen des Gesellschafters in das Gesamthandsvermögen der Gesellschaft statt. Da das Wirtschaftsgut den Funktionszusammenhang, in dem es bisher bei der Gesellschaft stand, nicht verlässt, liegt weder eine Entnahme noch eine Einlage vor[399]. Dies gilt auch für den umgekehrten Fall, dass das Kapitalkonto eines Gesellschafters zu Gunsten seines Darlehenskontos vermindert wird. Auch für die Anwendung des § 4 Abs. 4a EStG ist im Rahmen der gesellschaftsbezogenen[400] Betrachtungsweise der Ansatz einer Entnahme bzw. einer Einlage nicht zwingend erforderlich[401]. Aus Gründen der Übersichtlichkeit sollte hier aber von einer Entnahme aus dem Ge-

---

[397] Ley, KÖSDI 1994, S. 9972/9974.

[398] Vgl. BMF vom 30. Mai 1997, IV B 2 – S 2241 a – 51/93 II, BStBl I 1997, S. 627/628; Ley, KÖSDI 1994, S. 9972 ff.: Dieses Konto, das Darlehens- oder Forderungskonto genannt wird, ist aus der Sicht der Gesellschaft eine Verpflichtung und dementsprechend in der Steuerbilanz der Gesellschaft als Schuldposten auszuweisen (BFH vom 27. Juni 1996, IV R 80/95, BStBl II 1997, S. 36 ff.; DStR 1996, S. 1925 ff. m. Anm.). Gleichzeitig stellt das Konto eine Forderung des Gesellschafters gegenüber der Gesellschaft dar, die zum jeweiligen Sonderbetriebsvermögen des Gesellschafters gehört. Den in der Steuerbilanz der Personengesellschaft ausgewiesenen Schulden stehen Forderungen des Gesellschafters in der Sonderbilanz gegenüber. In der Gesamtbilanz der Personengesellschaft heben sich der Schuldposten in der Steuerbilanz und die Forderung in der Sonderbilanz gegenseitig auf. Übrig bleibt das Kapitalkonto des Gesellschafters in der Sonderbilanz, das zusammen mit dem Kapitalkonto aus der Steuerbilanz den jeweiligen Kapitalanteil des Gesellschafters wiedergibt (Söffing, Besteuerung der Mitunternehmer, S. 118/119).

[399] Im umgekehrten Fall, der unentgeltlichen Übertragung eines Wirtschaftsguts aus dem Gesamthandsvermögen der Gesellschaft in das Sonderbetriebsvermögen eines Gesellschafters, vgl. BFH vom 29. Juli 1997, VIII R 57/94, BStBl II 1998, S. 652/655; ebenso hat der BFH eine Entnahme verneint, wenn ein Wirtschaftsgut aus dem Sonderbetriebsvermögen eines Gesellschafters in das Sonderbetriebsvermögen eines anderen Gesellschafters derselben Personengesellschaft übertragen wird, BFH vom 28. August 1974, I R 18/73, BStBl II 1975, S. 166; BFH vom 12. Oktober 1977, I R 248/74, BStBl II 1978, S. 191; BFH vom 24. März 1992, VIII R 48/90, BStBl II 1993, S. 93 ff.; vgl. Ley, DStR 2001, S. 1005/1010.

[400] Zur Unterscheidung zwischen gesellschaftsbezogener und gesellschafterbezogener Betrachtungsweise s.o. D. II. 3. d.

[401] Korn, KÖSDI 2000, S. 12548/12559; Ley, DStR 2001, S. 1005/1009; steuerlich liegt zwar keine Einlage bzw. Entnahme vor, da die Vermögensverschiebung innerhalb des Betriebsvermögens der Personengesellschaft stattfindet. Auch für die Ermittlung der Überentnahmen ist der Ansatz einer Entnahme bzw. einer Einlage nicht zwingend (s.o. D. V. 2. c. cc.). Aus rechentechnischen Gründen empfiehlt sich aber, die Kapitalerhöhung als Einlage und die Belastung des Darlehenskontos als Entnahme aus dem Sonderbetriebsvermögen zu behandeln.

samthands- bzw. Sonderbetriebsvermögen und korrespondierend von einer Einlage in das Sonderbetriebs- bzw. Gesamthandsvermögen ausgegangen werden.

Die Gewinngutschrift auf dem Kapitalkonto eines Gesellschafters ist steuerlich keine Einlage[402], da der Gewinn dem Betrieb nicht von außen zugeführt wird (§ 4 Abs. 1 Satz 5 EStG). Gewinn ist gemäß § 4 Abs. 1 Satz 1 EStG der Unterschiedsbetrag zwischen dem Betriebsvermögen am Schluss des Wirtschaftsjahrs und dem Betriebsvermögen am Schluss des vorangegangenen Wirtschaftsjahrs, vermehrt um den Wert der Entnahmen und vermindert um den Wert der Einlagen. Der Gewinn wird im Rahmen der Ermittlung der Überentnahmen bereits als Posten „Gewinn" angesetzt. Minderungen des Kapitalkontos durch Verluste sind keine Entnahmen, da sie betrieblich veranlasst sind. Verluste werden bei der Berechnung der Überentnahmen auch nicht als negative Gewinne berücksichtigt[403]; im Verlustjahr werden Verluste mit Null angesetzt und lediglich mit einem Einlagenüberschuss desselben Jahres oder mit Unterentnahmen vorangegangener oder zukünftiger Jahre verrechnet.

bb. Entnahmen und Einlagen in der Ergänzungsbilanz

Für die Ermittlung der Überentnahmen gemäß § 4 Abs. 4a EStG sind auch die Einlagen und Entnahmen in den jeweiligen Ergänzungsbilanzen der Gesellschafter zu berücksichtigen[404]. Einlagen und Entnahmen treten hier in Form von Mehr- oder Minderbeträgen auf. So ist die erstmalige Zuführung von Vermögen im Falle der positiven Ergänzungsbilanz eine Einlage i.S.d. § 4 Abs. 4a EStG[405].

---

[402] A.A. Ley, DStR 2001, S. 1005/1009: Ihrer Ansicht nach stellt die Gewinngutschrift auf dem Kapitalkonto eine Einlage dar. Um eine doppelte Berücksichtigung desselben Betrags als Gewinn und als Einlage im Rahmen des § 4 Abs. 4a EStG zu vermeiden, will auch Ley die Gewinngutschrift nicht noch einmal als Einlage erfassen.

[403] Zur Frage, ob Verluste bei der Ermittlung der Überentnahmen anzusetzen sind, s.o. C. V. 3. g.

[404] Wendt, FR 2000, S. 417/431; vgl. D. III.

[405] Korn, KÖSDI 2000, S. 12548/12558; Ley, DStR 2001, S. 1005/1009; Wendt, FR 2000, S. 417/431;
dazu folgendes Beispiel: Der ausscheidende Gesellschafter C verkauft seinen Mitunternehmeranteil mit einem Buchwert von 100 an den neu eintretenden Gesellschafter X für 150. In Höhe des Mehrkapitals von 50 liegt eine Einlage vor, die bei der Ermittlung der Überentnahmen anzusetzen ist.

Bilanz der Gesellschaft:

Gesellschaft			
aktive WG	300	Gesellschafter A	100
		Gesellschafter B	100
		Gesellschafter X	100

Eine positive Ergänzungsbilanz ist erforderlich, wenn ein neu eintretender Gesellschafter einen Gesellschaftsanteil über dem Buchwert erwirbt. Da sich das positive Ergänzungskapital in den Folgejahren durch die zusätzliche Abschreibung mindert, gleicht sich die Einlage des positiven Ergänzungsbilanzkapitals mit der Zeit durch die Gewinnminderung infolge der Abschreibung wieder aus[406].

Das Minderkapital einer negativen Ergänzungsbilanz ist im Jahr der erstmaligen Bildung als Entnahme bei der Ermittlung der Überentnahmen zu berücksichtigen[407]. In der Folgezeit wirkt sich die negative Ergänzungsbilanz als zusätzlicher Ertrag aus, weil negative Abschreibungen den Gesamtgewinn erhöhen[408]. Da mittels einer negativen Ergänzungsbilanz stets eine Eigenkapitalaufstockung in der Gesamthandsbilanz neutralisiert wird, gleichen sich die als Entnahme zu behandelnde negative Ergänzungsbilanz und die als Einlage zu behandelnde Eigenkapitalerhöhung zum Teil gegenseitig aus[409]. Die spätere negative Abschreibung, die den Gewinn erhöht, vergrößert das Entnahmevolumen im Hinblick auf § 4 Abs. 4a EStG.

Ergänzungsbilanz (X):

positive Ergänzungsbilanz			
Mehrwert	50	Mehrkapital	50

406 Ley, NWB Fach 3, S. 11167/11184 f.

407 Korn, KÖSDI 2000, S. 12548/12558; Ley, DStR 2001, S. 1005/1009; Wendt, FR 2000, S. 417/431.

408 Korn, KÖSDI 2000, S. 12548/12558; Ley, DStR 2001, S. 1005/1009.

409 Beispiel: Gesellschafter C legt gegen Erhöhung seiner Gesellschaftsrechte (offene Sacheinlage) ein Grundstück aus seinem Einzelbetriebsvermögen mit einem Buchwert von 50 (Teilwert 100) in die Personengesellschaft ein, an der die Gesellschafter A,B und C zu gleichen Teilen beteiligt sind. Die stillen Reserven des Grundstücks dürfen gemäß § 6 Abs. 5 Satz 3 EStG nicht aufgedeckt werden (so auch schon vor dem UntStFG: BMF vom 7. Juni 2001, IV A 6 – S 2241 – 52/01, BStBl I 2001, S. 367, Tz. 1.). Für die Ermittlung der Überentnahmen ist im Gesamthandskapital eine Einlage in Höhe von 100 und im Ergänzungsbilanzkapital eine Entnahme in Höhe von 50 anzusetzen.

Bilanz der Gesellschaft:

Gesellschaft			
aktive WG	300	Gesellschafter A	100
Grundstück	100	Gesellschafter B	100
		Gesellschafter C	200

Ergänzungsbilanz (C):

negative Ergänzungsbilanz			
Minderkapital	50	Grundstück	50

cc. Entnahmen und Einlagen im Sonderbetriebsvermögen

In den Sonderbilanzen werden neben den zum Sonderbetriebsvermögen gehörenden Wirtschaftsgütern auch die Sonderbetriebseinnahmen[410] und die Sonderbetriebsausgaben erfasst. Zu den aktiven Wirtschaftsgütern des Sonderbetriebsvermögens gehört neben den Wirtschaftsgütern des Sonderbetriebsvermögens I und des Sonderbetriebsvermögens II auch das sog. Gesellschafterdarlehenskonto[411], das eine Forderung des Gesellschafters gegenüber der Gesellschaft darstellt. Belastungen oder Gutschriften in der Sonderbilanz sind danach zu prüfen, inwieweit Einlagen oder Entnahmen für die Anwendung des § 4 Abs. 4a EStG anzusetzen sind.

aaa. Einlagen in das Sonderbetriebsvermögen

Einlagen in das Sonderbetriebsvermögen liegen vor, wenn ein Gesellschafter Wirtschaftsgüter, wie z.B. ein Grundstück, aus seinem Privatvermögen in das Sonderbetriebsvermögen überführt, indem er das Grundstück der Gesellschaft zur Nutzung überlässt. Stammt das Wirtschaftsgut aus einem Einzelbetriebsvermögen des Gesellschafters, liegt wegen des finalen Entnahmebegriffs des BFH[412] an sich keine Entnahme bzw. Einlage vor. Für die Anwendung des § 4 Abs. 4a EStG ist dieser Vorgang aber wegen der betriebsbezogenen Ermittlung der Überentnahmen als Entnahme aus dem abgebenden Betrieb und als Einlage in das aufnehmende Sonderbetriebsvermögen zu behandeln[413]. Ist das Wirtschaftsgut fremdfinanziert, wird wegen des steuerrechtlichen Zurechnungszusammenhangs von Wirtschaftsgut und zugehöriger Schuld[414] die Verbindlichkeit zu einer Betriebsschuld. Die Entstehung der Sonderbetriebsschuld ist wie eine Entnahme zu behandeln[415], die die Einlage des Wirtschaftsguts ausgleicht. Die

---

410 Dazu gehören auch die Sondervergütungen gemäß § 15 Abs. 1 Satz 1 Nr. 2, 2. HS EStG.

411 Dieses Konto ist aus der Sicht der Gesellschaft eine Verpflichtung und dementsprechend in der Steuerbilanz der Gesellschaft als Schuldposten auszuweisen (BFH vom 27. Juni 1996, IV R 80/95, BStBl II 1997, S. 36 ff.; DStR 1996, S. 1925 ff. m. Anm.). Gleichzeitig stellt das Konto eine Forderung des Gesellschafters gegenüber der Gesellschaft dar, die zum jeweiligen Sonderbetriebsvermögen des Gesellschafters gehört.

412 BFH vom 7. Februar 1964, VI 19/63 U, BStBl III 1964, S. 328; BFH vom 29. Juli 1997, VIII R 57/94, BStBl II 1998, S. 652 ff.

413 BMF vom 22. Mai 2000, IV C 2 – S 2144 – 60/00, BStBl I 2000, S. 588, Tz. 10; s.o. D. V. 2. c. bb.

414 BFH vom 4. Juli 1990, GrS 2-3/88, BStBl II 1990, S. 817/824; BFH vom 1. Oktober 1996, VIII R 68/94, BStBl II 1997, S. 454/456; R 13 Abs. 15 EStR 1999; Horlemann, in: Herrmann/Heuer/Raupach, Steuerreform 1999/2000/2002, § 4 EStG Rn. R 52.

415 Vgl. C. V. 2. c.; Wacker, in: Blümich, § 4 EStG Rn. 168g; Korn, KÖSDI 2000, S. 12548/12559; Ley, DStR 2001, S. 1005/1011.

Schuldzinsen für einen Kredit im Sonderbetriebsvermögen sind Sonderbetriebsausgaben. Werden Sonderbetriebsausgaben mit privaten Mitteln bezahlt, handelt es sich um eine Einlage[416] in das Sonderbetriebsvermögen. Die Tilgung der Sonderbetriebsschuld zu Lasten des privaten Bankkontos führt auch zu einer Einlage in das Sonderbetriebsvermögen. Tilgt dagegen die Gesellschaft die Sonderbetriebsschulden eines Gesellschafters, liegt weder eine Entnahme noch eine Einlage vor, da die Übertragung von Wirtschaftsgütern (Geldbeträgen) aus dem Gesellschaftsvermögen in das Sonderbetriebsvermögen eines Gesellschafters keine Verwendung für betriebsfremde Zwecke darstellt[417]. Im Rahmen des § 4 Abs. 4a EStG ist der Ansatz einer Entnahme aus der Gesamthand und einer Einlage in das Sonderbetriebsvermögen wegen der gesellschaftsbezogenen Ermittlung der Überentnahmen nicht zwingend erforderlich, aus Gründen der Übersichtlichkeit aber zu empfehlen (s.o. D. V. 2. c. cc.).

Eine Einlage in das Sonderbetriebsvermögen ist auch die Gutschrift auf dem Darlehenskonto, wenn Vermögen von außerhalb der Personengesellschaft dem Sonderbetriebsvermögen eines Gesellschafters zugeführt wird. Folgende Beispiele sind denkbar[418]:

- Die Gutschrift einer Einkommen- oder Körperschaftsteuererstattung zu Gunsten eines Gesellschafters;
- Die Gutschrift der Erstattung des Solidaritätszuschlags zu Gunsten eines Gesellschafters;
- Die Gutschrift des Kaufpreises für ein vom Gesellschafter veräußertes Wirtschaftsgut, das zu seinem Privat- oder einem anderen Betriebsvermögen gehörte
- Sonstige Einzahlungen in die Gesellschaft aus dem Privatvermögen.

Wird das Kapitalkonto eines Gesellschafters gemindert und der Wert seinem Darlehenskonto gutgeschrieben, handelt es sich um eine Übertragung von Sachwerten aus dem Gesamthandsvermögen in das Sonderbetriebsvermögen. Eine solche Vermögensverschiebung ist keine Entnahme bzw. Einlage, da das Kapital nicht den Funktionszusammenhang verlässt, in dem es bisher bei der Gesellschaft stand [419]. Obwohl dieser Vorgang bei der gesellschaftsbezogenen Ermittlung der Überentnahmen nicht zwingend als Entnahme aus dem Gesamthandsvermögen und korrespondierend als Einlage in das Sonderbetriebsvermögen erfasst werden muss, ist aus rechentechnischen Gründen der Ansatz

---

[416] Korn, in: Korn, § 4 EStG Rn. 860; Ley, DStR 2001, S. 1005/1011.

[417] Korn, KÖSDI 2000, S. 12548/12559; Söffing, DStZ 2000, S. 203/204; Schulze zur Wiesche, DB 2000, S. 2189/2191; Ley, DStR 2001, S. 1005/1011; zum finalen Entnahmebegriff der Rechtsprechung siehe D. V. 2. a. bb.

[418] Vgl. Ley, DStR 2001, S. 1005/1010.

[419] BFH vom 29. Juli 1997, VIII R 57/94, BStBl II 1998, S. 652/655.

einer Entnahme und einer Einlage zu empfehlen. Die Gutschrift von Sondervergütungen i.S.v. § 15 Abs. 1 Satz 1 Nr. 2, 2. HS. EStG auf dem Darlehenskonto eines Gesellschafters ist keine Einlage in das Sonderbetriebsvermögen[420], da die Sondervergütungen bereits als Gewinn bei der Überentnahmeberechnung berücksichtigt werden.

bbb. Entnahmen aus dem Sonderbetriebsvermögen

Entnahmen i.S.d. § 4 Abs. 4a EStG liegen vor, wenn Wirtschaftsgüter aus dem Sonderbetriebsvermögen in den privaten Bereich oder in ein anderes Betriebsvermögen desselben Gesellschafters überführt werden (s.o. D. V. 2. c. bb.). Werden Wirtschaftsgüter des Sonderbetriebsvermögens auf die Gesamthand oder in das Sonderbetriebsvermögen eines anderen Gesellschafters derselben Personengesellschaft übertragen, ist der Ansatz einer Entnahme aus dem Sonderbetriebsvermögen und der Ansatz einer Einlage in das Gesamthandsvermögen bzw. in das Sonderbetriebsvermögen bei der gesellschaftsbezogenen Ermittlung der Überentnahmen nicht erforderlich, aus Gründen der Übersichtlichkeit aber empfehlenswert (s.o. D. V. 2. c. cc.). Werden fremdfinanzierte Wirtschaftsgüter aus dem Sonderbetriebsvermögen in das Privatvermögen eines Gesellschafters entnommen, ist zu beachten, dass wegen des Finanzierungszusammenhangs auch die Verbindlichkeit in das Privatvermögen übergeht. Der Entnahme des Wirtschaftsguts folgt die „Entnahme“ der Verbindlichkeit, wobei letztere wie eine Einlage wirkt[421].

Die Zahlung von Sondervergütungen an einen Gesellschafter führt nicht zu einer Entnahme aus dem Gesamthandsvermögen und zu einer Einlage in das jeweilige Sonderbetriebsvermögen. Das Entgelt wird bei der Gesellschaft vielmehr als Betriebsausgabe und beim Gesellschafter als Sonderbetriebseinnahme gewinnwirksam berücksichtigt. Werden die Sonderbetriebseinnahmen dem privaten Bankkonto eines Gesellschafters gutgeschrieben oder bar ausbezahlt, handelt es

---

[420] Nach Ansicht des BMF (BMF vom 22. Mai 2000, IV C 2 – S 2144 – 60/00, BStBl I 2000, S. 588, Tz. 32) ist jede Zuführung einer Darlehensvaluta eine Einlage und die Rückzahlung des Darlehens an den Gesellschafter ein Entnahme. Das BMF-Schreiben ist jedoch dahin auszulegen, dass die Zuführung einer Darlehensvaluta keine Einlage ist, wenn Sondervergütungen auf dem Darlehenskonto gutgeschrieben werden. Die Zahlung von Sondervergütungen wird bei der Gesellschaft als Aufwand und in der Sonderbilanz des Gesellschafters als Sonderbetriebseinnahme erfasst. Als Bestandteil des Gewinns fließt die Sondervergütung in die Berechnung der Überentnahmen gemäß § 4 Abs. 4a EStG ein; gleiche Ansicht Ley, NWB Fach 3, S. 11167/11184; offen bei Wendt, FR 2000, S. 417/431.

[421] BFH vom 4. Juli 1990, GrS 2-3/88, BStBl II 1990, S. 817/824; BFH vom 1. Oktober 1996, VIII R 68/94, BStBl II 1997, S. 454/456; R 13 Abs. 15 EStR 1999; Horlemann, in: Herrmenn/Heuer/Raupach, Steuerreform 1999/2000/2002, § 4 EStG Rn. R 52; vgl. C. V. 2. c.

sich um ein Entnahme[422] aus dem Sonderbetriebsvermögen. Dagegen stellt die Gutschrift einer Sondervergütungen auf dem Darlehenskonto[423] eines Gesellschafters weder eine Entnahme noch eine Einlage i.S.d. § 4 Abs. 4a EStG dar.
Eine Entnahme i.S.d. § 4 Abs. 4a EStG liegt auch vor, wenn das Gesellschafterdarlehenskonto belastet wird, weil Vermögen aus dem Gesamthandsvermögen in einen Bereich außerhalb der Gesellschaft überführt wird. Entnahmen in diesem Sinne sind insbesondere[424]:

- Bezahlung der Körperschaftsteuer, der Einkommensteuer, der Kirchensteuer und des Solidaritätszuschlags durch die Gesellschaft für den Gesellschafter (vgl. § 12 Nr. 3 EStG) und gleichzeitige Belastung des Darlehenskontos;
- Belastung der anrechenbaren Kapitalertragsteuer und des anrechenbaren Solidaritätszuschlags;
- Belastung des Kaufpreises für ein an den Gesellschafter veräußertes Wirtschaftsgut, das dessen Privatvermögen oder einem anderen Betriebsvermögen zuzurechnen ist;

---

[422] Korn, in: Korn, § 4 EStG Rn. 859; Heinicke, in: Schmidt, § 4 EStG Rn. 529; Korn/Strahl, KÖSDI 2000, S. 12281/12283; Ley, DStR 2001, S. 1005/1011; Wieczorek, Stbg 2000, S. 301/305 f.; a.A. Schulze zur Wiesche, DB 2000, S. 2189/2191: Gehaltszahlungen auf ein privates Konto stellen auch seiner Ansicht nach Entnahmen dar. Diese werden seiner Meinung nach aber durch die entsprechenden Sonderbetriebseinnahmen ausgeglichen und können nicht als Überentnahme qualifiziert werden. Dem ist zu widersprechen. Die Sonderbetriebseinnahmen neutralisieren die Betriebsausgaben auf der Ebene der Gesellschaft, da die in § 15 Abs. 1 Satz 1 Nr. 2, 2. HS EStG aufgezählten Sondervergütungen den Gewinn nicht mindern dürfen. Die spätere Auszahlung an den Gesellschafter stellt eine Entnahme aus dem Sonderbetriebsvermögen dar, die zu Überentnahmen gemäß § 4 Abs. 4a EStG führen kann. Ein Vergleich mit dem Einzelunternehmer bestätigt diese Auffassung, da auch bei ihm alle Auszahlungen für den privaten Lebensunterhalt Entnahmen sind. Gehaltszahlungen sind beim Einzelunternehmer – im Gegensatz zu Personengesellschaften - nicht möglich.

[423] Vgl. auch BMF vom 22. Mai 2000, IV C 2 – S 2144 – 60/00, BStBl I 2000, S. 588, Tz. 32: Für das Geschäftsführergehalt verneint die Verwaltung eine Entnahme bei Gutschrift der Vergütung auf dem Gesellschafterkonto und bejaht eine Entnahme bei Auszahlung der Vergütung auf ein privates Konto des Gesellschafters. Dagegen sollen sich Zinsen aus Darlehensverhältnissen zwischen Gesellschaft und Gesellschaftern im Rahmen ihrer Gesamtgewinnauswirkung ausgleichen (Betriebsausgaben im Gesamthandsvermögen und Betriebseinnahmen im Sonderbetriebsvermögen), so dass sich keine Auswirkung im Rahmen des § 4 Abs. 4a EStG ergibt. Der Ansicht der Finanzverwaltung ist zuzustimmen, dass Sondervergütungen sich im Rahmen des Gesamtgewinns neutralisieren, da sie Betriebsausgaben der Gesellschaft und Sonderbetriebseinnahmen im Sonderbetriebsvermögen darstellen. Werden Vergütungen an den Gesellschafter bar ausgezahlt, liegt eine Entnahme vor, da betriebliche Mittel in den privaten Bereich überführt werden. Insoweit haben auch Zinszahlungen an den Gesellschafter Bedeutung für die Berechnung der Überentnahmen gemäß § 4 Abs. 4a EStG. Nur im Falle der Zinsgutschrift auf einem Gesellschafterkonto trifft die Ansicht der Verwaltung zu, dass Zinsen keine Auswirkung im Rahmen des § 4 Abs. 4a EStG haben.

[424] Vgl. Ley, DStR 2001, S. 1005/1010.

- Sonstige Auszahlungen von der Gesellschaft in das Privatvermögen eines Gesellschafters.

Ebenso wie bei der Zuführung einer Darlehensvaluta auf dem Darlehenskonto eine Einlage i.S.d. § 4 Abs. 4a EStG nicht anzusetzen ist, wenn Sondervergütungen auf dem Darlehenskonto gutgeschrieben werden, ist die Rückzahlung des Darlehens keine Entnahme im Sinne des § 4 Abs. 4a EStG, wenn die Gesellschaft Sonderbetriebsausgaben eines Gesellschafters bezahlt und gleichzeitig das Darlehenskonto des Gesellschafters belastet[425]. Die Sonderbetriebsausgaben werden in den Sonderbilanzen der Gesellschafter gewinnmindernd berücksichtigt und mit Mitteln des Sonderbetriebsvermögens, nämlich durch die Belastung des Darlehenskontos, bezahlt.

VI. Die Behandlung von Verlusten bei Personengesellschaften

Für Einzelunternehmer wurde die Behandlung von Verlusten bei der Ermittlung der Überentnahmen gemäß § 4 Abs. 4a EStG bereits unter C. V. 3. g. eingehend dargestellt. Dort wurde festgestellt, dass ein Verlust allein nicht zur Anwendung des § 4 Abs. 4a EStG führen darf. Ein Verlust ist vielmehr nur mit einem Einlagenüberschuss desselben Wirtschaftsjahres zu saldieren. Ist kein Einlagenüberschuss vorhanden bzw. reicht dieser nicht aus, ist ein verbleibender Verlust mit Unterentnahmen vorangegangener und zukünftiger Wirtschaftsjahre zu verrechnen[426]. Bei Personengesellschaften ist zu beachten, dass mehrere Personen an der Gewinnermittlung beteiligt sind und Verluste sowohl im Gesamthands- als auch im Sonderbetriebsvermögen entstehen können. Obwohl § 4 Abs. 4a EStG betriebsbezogen, d.h. gesellschaftsbezogen, anzuwenden ist (s.o. D. II. 3. d.), wird im Folgenden zur besseren Verständlichkeit auch die gesellschafterbezogene Betrachtungsweise dargestellt.

1. Gesellschaftsbezogene Betrachtung

Bei der gesellschaftsbezogenen Anwendung des § 4 Abs. 4a EStG ist in einer Gesamtbetrachtung auf das Gesamtergebnis der Personengesellschaft abzustellen. Die Einlagen und Entnahmen aller Gesellschafter sowohl im Gesamthands-

[425] Korn, in: Korn, § 4 EStG Rn. 862; Ley, NWB Fach 3, S. 11167/11184; Söffing, DStZ 2000, S. 203/204; offen Wendt, FR 2000, S. 417/431; BMF vom 22. Mai 2000, IV C 2 – S 2144 – 60/00, BStBl I 2000, S. 588, Tz. 32: Das BMF-Schreiben ist so auszulegen, dass die Rückzahlung des Darlehens an den Gesellschafter keine Entnahme i.S.d. § 4 Abs. 4a EStG darstellt, wenn die Gesellschaft Sonderbetriebsausgaben des Gesellschafters zu Lasten seines Darlehenskontos begleicht.

[426] Vgl. auch BMF vom 22. Mai 2000, IV C 2 – S 2144 – 60/00, BStBl I 2000, S. 588, Tz. 11.

vermögen als auch in den Ergänzungsbilanzen bzw. im Sonderbetriebsvermögen sind in einer Gesamtrechnung zu saldieren. Im Rahmen des Gesamtgewinns bzw. des Gesamtverlusts sind auch die Ergebnisse der Sonderbilanzen und Ergänzungsbilanzen zu berücksichtigen. Ein Verlust im Gesamthandsvermögen kann durch Gewinne aus den Sonderbilanzen ausgeglichen werden. Umgekehrt kann ein Gewinn im Gesamthandsvermögen der Gesellschaft durch Verluste in den Sonderbilanzen aufgezehrt werden[427].

---

[427] Beispiel: Die AB-OHG, an der Gesellschafter A und B zu gleichen Teilen beteiligt sind, erzielt im Wirtschaftsjahr 01 in der Gesamthandsbilanz einen Verlust von 50.000 EUR. Gesellschafter A erwirtschaftet in seiner Sonderbilanz einen Gewinn von 50.000 EUR und Gesellschafter B einen Gewinn von 20.000 EUR. Daneben legt Gesellschafter A 10.000 EUR in die Gesamthand ein; Entnahmen tätigt er nicht. Gesellschafter B legt in sein Sonderbetriebsvermögen 20.000 EUR ein und entnimmt diesem 10.000 EUR.
Berechnung der Über-/Unterentnahme:

	TEUR
Verlust 1. Stufe	- 50
Gewinn Sonderbilanzen (A+B)	+ 70
= Gewinn 2. Stufe	+ 20
Einlage Gesamthand (A+B)	+ 10
Entnahme Gesamthand (A+B)	-
Einlage Sonderbetriebsvermögen (A+B)	+ 20
Entnahme Sonderbetriebsvermögen (A+B)	- 10
= Unterentnahme 01	+ 40

Im Wirtschaftsjahr 02 erzielt die OHG einen Verlust in Höhe von 70.000 EUR, Gesellschafter A in seiner Sonderbilanz einen Gewinn von 20.000 EUR und Gesellschafter B einen Verlust von 10.000 EUR. Aus der Gesamthand entnimmt der Gesellschafter A 5.000 EUR und aus seinem Sonderbetriebsvermögen 10.000 EUR. Gesellschafter B entnimmt aus dem Sonderbetriebsvermögen 15.000 EUR, wobei er auch 40.000 EUR einlegt.

Berechnung der Über-/Unterentnahme:

	TEUR
Verlust 1. Stufe	- 70
Gewinn Sonderbilanz (A+B)	+ 10
= Verlust 2. Stufe	- 60
Einlage Gesamthand	-
Entnahmen Gesamthand	- 5
Einlage Sonderbetriebsvermögen	+ 40
Entnahme Sonderbetriebsvermögen (A+B)	- 25
= Einlagenüberschuss	+ 10

Verlust aus 02: - 60

Verrechnung des Verlusts mit dem Einlagenüberschuss:	Verlust	- 60
	Einlagenüberschuss	+10
	Verlust	- 50
Verrechnung des Verlusts mit Unterentnahmen aus Vorjahren:	Verlust	- 50
	Unterentnahme 01	+ 40
	Verlust 02	- 10

2. Gesellschafterbezogene Betrachtung

Wendet man § 4 Abs. 4a EStG entgegen der hier vertretenen Ansicht gesellschafterbezogen an, muss die Berechnung der Überentnahmen für jeden Gesellschafter gesondert erfolgen. Der Gewinn bzw. Verlust im Gesamthandsvermögen der Gesellschaft ist auf die Gesellschafter nach dem Gewinnverteilungsschlüssel aufzuteilen und mit dem Gewinn bzw. Verlust des jeweiligen Sonderbetriebsvermögens zu saldieren. Es ist durchaus möglich, dass bei einem Gesellschafter im Rahmen des § 4 Abs. 4a EStG ein Gewinn, beim anderen Gesellschafter ein Verlust anzusetzen ist. Für jeden Gesellschafter ist der Verlust bei der Anwendung des § 4 Abs. 4a EStG separat festzuhalten[428].

Der Verlust von 10.000 EUR ist formlos festzuhalten und mit Unterentnahmen zukünftiger Wirtschaftsjahre zu verrechnen (BMF vom 22. Mai 2000, IV C 2 – S 2144 – 60/00, BStBl I 2000 S. 588, Tz. 12).

[428] Für das Beispiel in der Fußnote 423 gilt nach der gesellschafterbezogenen Betrachtungsweise folgendes:

Wirtschaftsjahr 01:

Gesellschafter A	TEUR	Gesellschafter B	TEUR
anteiliger Verlust der 1. Stufe	- 25	anteiliger Verlust der 1. Stufe	- 25
Gewinn Sonderbilanz	+ 50	Gewinn Sonderbilanz	+ 20
= Gewinn der 2. Stufe	+ 25	= Verlust der 2. Stufe	- 5
Einlage Gesamthand	+ 10	Einlage Gesamthand	-
Entnahme Gesamthand	-	Entnahme Gesamthand	-
Einlage Sonderbetriebsvermögen	-	Einlage Sonderbetriebsvermögen	+ 20
Entnahme Sonderbetriebsvermögen	-	Entnahme Sonderbetriebsvermögen	- 10
= Unterentnahme	+ 35	= Einlagenüberschuss	+ 10
		Verlust	- 5

Gesellschafter A: Unterentnahme + 35

Gesellschafter B: Verrechnung des Verlusts mit dem Einlagenüberschuss:

Verlust	- 5
Einlagenüberschuss	+ 10
Unterentnahme	+ 5

Im Wirtschaftsjahr 02 betragen die Über- bzw. Unterentnahmen:

Gesellschafter A	TEUR	Gesellschafter B	TEUR
anteiliger Verlust der 1. Stufe	- 35	anteiliger Verlust der 1. Stufe	- 35
Gewinn Sonderbilanz	+ 20	Verlust Sonderbilanz	- 10
= Verlust auf der 2. Stufe	- 15	= Verlust auf der 2. Stufe	- 45
Einlage Gesamthand	-	Einlage Gesamthand	-
Entnahme Gesamthand	- 5	Entnahme Gesamthand	-
Einlage Sonderbetriebsvermögen	-	Einlage Sonderbetriebsvermögen	+ 40
Entnahme Sonderbetriebsvermögen	- 10	Entnahme Sonderbetriebsvermögen	- 15
= Entnahmenüberschuss = Überentnahme	- 15	= Einlagenüberschuss	+ 25
Verlust 02	- 15	Verlust 02	- 45

VII. Der Bagatellbetrag gemäß § 4 Abs. 4a Satz 4 EStG bei Personengesellschaften

Da § 4 Abs. 4a EStG eine betriebsbezogene im Sinne von gesellschaftsbezogene Gewinnermittlungsvorschrift ist, ist der Bagatellbetrag von 2.050 EUR einer Personengesellschaft nur einmal zu gewähren[429]. Würde man § 4 Abs. 4a EStG gesellschafterbezogen anwenden[430], stellt sich die Frage, ob der Kürzungsbetrag anteilig auf die Gesellschafter aufzuteilen[431] ist, oder ob jeder Gesellschafter den vollen Betrag bei der Ermittlung der nicht abziehbaren Schuldzinsen geltend machen darf. Würde man den Bagatellbetrag von 2.050 EUR in diesem Fall einer Personengesellschaft nur einmal gewähren, müsste man den Betrag von 2.050 EUR entsprechend dem Gewinnverteilungsschlüssel auf die Gesellschafter aufteilen. Da die Mehrfachgewährung bei mehreren Gesellschaftern der Mehrfachgewährung bei mehreren Betrieben eines Steuerpflichtigen entspricht,

---

Gesellschafter A tätigte im Wirtschafsjahr 02 eine Überentnahme in Höhe von 15.000 EUR. Der Verlust aus 02 in Höhe von 15.000 EUR ist mit der Unterentnahme aus 01 zu verrechnen. Erst die nach der Verlustverrechnung verbleibende Unterentnahme aus 01 ist mit der Überentnahme aus 02 zu saldieren (s.o. C. V. 3. g. bb. bbb.(2)).

Gesellschafter A	TEUR
Unterentnahme 01	+ 35
Verlust 02	- 15
= Unterentnahme 01	+ 20
Überentnahme 02	- 15
= Kumulierte Unterentnahme 02	+ 5

Gesellschafter B hat im Wirtschaftsjahr 02 einen Einlagenüberschuss von 25.000 EUR, der mit dem Verlust desselben Jahres zu verrechnen ist. Der verbleibende Verlust ist mit den Unterentnahmen aus 01 zu saldieren.

Gesellschafter B	TEUR
Verlust 02	- 45
Einlagenüberschuss 02	+ 25
= Verlust 02	- 20
Unterentnahme 01	+ 5
= Verlust 02	- 15

Der verbleibende Verlust aus dem Jahre 02 in Höhe von 15.000 EUR ist formlos festzuhalten und mit Unterentnahmen künftiger Wirtschaftsjahre zu verrechnen.

[429] BMF vom 22. Mai 2000, IV C 2 – S 2144 – 60/00, BStBl I 2000, S. 588 Tz. 25; v. Reden, in: Littmann/Bitz/Pust, §§ 4, 5 EStG Rn. 1658; Heinicke, in: Schmidt, § 4 EStG Rn. 526; Kanzler, INF 2000, S. 513/517; Neumann, EStB 2000, S. 165/170.

[430] Die gesellschafterbezogene Betrachtungsweise wird abgelehnt, da § 4 Abs. 4a EStG eine betriebsbezogene Vorschrift darstellt (s.o. D. II. 3. d.)

[431] Biber, EStB 2000, S. 140/141; Groh, DStR 2001, S. 105/108; Meyer/Ball, INF 2000, S. 76/81; Prinz, FR 2000, S. 134/135; Schulze zur Wiesche, DB 2000, S. 2189/2192.

muss der Kürzungsbetrag jedem Gesellschafter in voller Höhe zustehen[432]. Ansonsten würde ein Gesellschafter, der sich mit anderen zur Gründung eines Betriebes zusammenschließt, gegenüber einem Einzelunternehmer, der für jedes eigenständige Unternehmen einen Betrag von 2.050 EUR abziehen darf, benachteiligt[433].

VIII. Die Berechnung des Höchstbetrages gemäß § 4 Abs. 4a Satz 4 und Satz 5 EStG bei Personengesellschaften

Der Hinzurechnungsbetrag der nicht abziehbaren Schuldzinsen ist der Höhe nach gemäß § 4 Abs. 4a Satz 4 EStG begrenzt auf die im Wirtschaftsjahr tatsächlich angefallenen Zinsen vermindert um den Bagatellbetrag von 2.050 EUR. Zu diesen tatsächlich angefallenen Schuldzinsen gehören neben den Zinsen der Personengesellschaft auch die Schuldzinsen, die ein Gesellschafter im Sonderbetriebsvermögen für Fremdmittel aufwendet. Nicht zu berücksichtigen bei der Ermittlung des Höchstbetrages sind dagegen die Schuldzinsen aus Darlehensverhältnissen zwischen der Gesellschaft und den Gesellschaftern, da diese Zinsen den Gesamtgewinn der Gesellschaft nicht gemindert haben[434]. Da § 4 Abs. 4a EStG gesellschaftsbezogen anzuwenden ist, sind alle Schuldzinsen für die Ermittlung des Höchstbetrages zu addieren. Nur wenn man der hier nicht vertretenen Ansicht folgt, dass § 4 Abs. 4a EStG eine gesellschafterbezogene Vorschrift ist, müsste der Höchstbetrag für jeden Gesellschafter getrennt berechnet werden. In diesem Fall müssten die tatsächlich angefallenen Schuldzinsen der Gesamthand nach dem Gewinnverteilungsschlüssel[435] auf die einzelnen Gesellschafter aufgeteilt werden. Diese anteiligen Schuldzinsen der Gesellschaft wären bei jedem Gesellschafter um die Schuldzinsen aus dem Sonderbetriebsvermögen zu erhöhen.

Neben dem Bagatellbetrag in Höhe von 2.050 EUR[436] sind nach Satz 5 die Schuldzinsen für Darlehen zur Finanzierung von Anschaffungs- oder Herstel-

---

[432] Wacker, in: Blümich, § 4 EStG Rn. 168d; Korn, in: Korn, § 4 EStG Rn. 857 (für den Fall der gesellschafterbezogenen Anwendung); Ley, NWB Fach 3, S. 11167/11182; Paus, FR 2000, S. 957/967; Wendt, FR 2000, S. 417/431.

[433] Der BFH will den Mitunternehmer einem Einzelunternehmer insoweit gleichstellen, als die Vorschriften des Gesellschaftsrechts nicht entgegenstehen: BFH vom 19. Oktober 1970, GrS 1/70, BStBl II 1971, S. 177/178; BFH vom 25. Januar 1980, IV R 159/78, BStBl II 1980, S. 275/276; BFH vom 28. April 1983, IV R 131/79, BStBl II 1983, S. 668/670; BFH vom 10. August 1994, I R 133/93, BStBl II 1995, S. 171/172.

[434] BMF vom 22. Mai 2000, IV C 2 – S 2144 – 60/00, BStBl I 2000, S. 588, Tz. 32; vgl. auch D. IV. 3. und 4.

[435] Paus, FR 2000, S. 957/967; Schulze zur Wiesche, DB 2000, S. 2189/2192.

[436] Zu Gewährung des Bagatellbetrages siehe D. VII.

lungskosten von Wirtschaftsgütern des Anlagevermögens unbeschränkt abziehbar. Dies gilt auch für Schuldzinsen des Sonderbetriebsvermögens, soweit sie der Anschaffung oder Herstellung von Anlagevermögen zugeordnet werden können[437]. § 4 Abs. 4a Satz 5 EStG ist auch anwendbar auf ein von einem Gesellschafter aufgenommenes Darlehen, das der Refinanzierung einer Einlage in die Personengesellschaft dient, soweit die Einlage zur Anschaffung von Anlagevermögen verwendet wird[438]. Gleiches muss gelten für einen Kredit zum Erwerb eines Gesellschaftsanteils, soweit die Anschaffungskosten bei einer Bruchteilsbetrachtung anteilig auf Wirtschaftsgüter des Anlagevermögens im Gesellschaftsvermögen der Personengesellschaft entfallen[439]. Zwar ist steuerlich infolge des § 39 Abs. 2 AO der Anteil an einer Personengesellschaft kein selbständiges Wirtschaftsgut[440]. Die Voraussetzungen des § 4 Abs. 4a Satz 5 EStG hinsichtlich der Beteiligung als solche sind nicht erfüllt. Da die Beteiligung aber den Anteil an den einzelnen Wirtschaftsgütern jedes Gesellschafters verkörpert[441], ist Satz 5 insoweit anzuwenden, als die Anschaffungskosten auf Wirtschaftsgüter des Anlagevermögens entfallen.

Dem Gewinn hinzugerechnet werden entweder die nach Satz 3 typisiert ermittelten Schuldzinsen oder der Höchstbetrag nach Satz 4; entscheidend ist, welcher Betrag niedriger ist. Da § 4 Abs. 4a EStG eine gesellschaftsbezogene Gewinnermittlungsvorschrift ist und in einer Gesamtbetrachtung auf die Gesellschaft als solche abstellt, kann die Entscheidung, welcher Betrag geringer ist, nur einheitlich für die Personengesellschaft getroffen werden. Wendet man stattdessen § 4 Abs. 4a EStG gesellschafterbezogen an[442], müsste der Vergleich zwischen den typisierten Schuldzinsen und dem Höchstbetrag bei jedem Gesellschafter getrennt stattfinden. In diesem Fall wäre es möglich, dass bei einem Gesellschafter der Höchstbetrag und bei einem anderen Gesellschafter die typisiert ermittelten Schuldzinsen angesetzt würden.

---

437 Schmidt, in: Schmidt, § 15 EStG Rn. 431; Ley, DStR 2001, S. 1005/1007.

438 FinMin NRW vom 8. Februar 2001, S 2144 – 49 – V B 1, Eilnachrichten NWB Fach 1, S. 91.

439 Schmidt, in: Schmidt, § 15 EStG Rn. 430; Ley, DStR 2001, S. 1005/1007.

440 BFH vom 26. Juni 1990, VIII R 81/85, BStBl II 1994, S. 645/647.

441 BMF vom 16. Januar 1996, IV B 2 – S 2241 – 2/96, BB 1996, S. 424, Frage 1.

442 Die gesellschafterbezogene Betrachtungsweise ist abzulehnen, da § 4 Abs. 4a EStG eine betriebsbezogene Vorschrift ist. Trotzdem wird in der Literatur die Meinung vertreten, § 4 Abs. 4a dürfe nur auf den einzelnen Gesellschafter und nicht auf die Gesellschaft als solche angewandt werden (vgl. D. II. 3. d.).

IX. Die Aufteilung des Hinzurechnungsbetrages auf die einzelnen Gesellschafter

Der für die Gesellschaft ermittelte Hinzurechnungsbetrag – typisiert ermittelte Schuldzinsen oder Höchstbetrag - ist den Gewinnanteilen der Gesellschafter hinzuzurechnen (§ 4 Abs. 4a Satz 4 EStG). Wegen der gesellschaftsbezogenen Ermittlung der Überentnahmen ist es möglich, dass auf der Ebene der Gesellschaft Überentnahmen vorliegen, obwohl einzelne Gesellschafter Unterentnahmen getätigt haben. Es stellt sich deshalb die Frage, wie die nicht abziehbaren Schuldzinsen nach § 4 Abs. 4a EStG auf die Gesellschafter aufzuteilen sind. Dieses Problem entsteht nicht, wenn man § 4 Abs. 4a EStG entgegen der hier vertretenen Auffassung personenbezogen i.S.v. gesellschafterbezogen auslegt. In diesem Fall wird der Gewinnanteil nur bei demjenigen Gesellschafter gemäß § 4 Abs. 4a EStG erhöht, der Überentnahmen getätigt hat.

Grundsätzlich sind die nicht abziehbaren Schuldzinsen gemäß § 4 Abs. 4a EStG entsprechend dem Gewinnverteilungsschlüssel auf die einzelnen Gesellschafter zu verteilen und bei diesen dem jeweiligen Gewinnanteil hinzuzurechnen. Die Gesellschafter haben jedoch die Möglichkeit, eine davon abweichende Aufteilung zu vereinbaren[443]. Um zu vermeiden, dass auch bei den Gesellschaftern, die keine Überentnahmen getätigt haben, der Gewinnanteil erhöht wird, kann eine entsprechende Vereinbarung im Gesellschaftsvertrag beschlossen werden[444]. Folgende Schuldzinsenklausel ist denkbar[445]:

Soweit sich durch Überentnahmen (§ 4 Abs. 4a EStG) Hinzurechnungsbeträge ergeben, ist wie folgt zu verfahren:
(1) Für jeden Gesellschafter sind die bei ihm isoliert entstandenen Überentnahmen, Unterentnahmen und Verluste unter Berücksichtigung der etwaigen Ergänzungs- und Sonderbilanzen statistisch zu erfassen und fortzuschreiben.
(2) Soweit sich durch Überentnahmen i.S.v. (1) Hinzurechnungsbeträge ergeben, sind diese unabhängig vom Zeitpunkt der Entnahmen demjenigen bzw. denjenigen Gesellschaftern zuzurechnen, der (die) die Überentnahmen verursacht hat (haben). § 4 Abs. 4a Satz 2 EStG ist zu beachten.
(3) Ein sich durch die Hinzurechnungsbeträge ergebender Gewerbesteuermehrbetrag ist im Innenverhältnis von dem/den die Gewinnerhöhung auslösenden Gesellschafter(n) – bei letzteren im Verhältnis der Überentnahmen zueinander -

---

[443] BMF vom 22. Mai 2000, IV C 2 – S 2144 – 60/00, BStBl I 2000, S. 588, Tz. 30; Biber, EStB 2000, S. 140.
[444] Die Verwaltung erlaubt sogar eine rückwirkende Vereinbarung für die ersten beiden Wirtschaftsjahre, in denen § 4 Abs. 4a EStG anzuwenden ist: BMF vom 22. Mai 2000, IV C 2 – S 2144 – 60/00, BStBl I 2000, S. 588, Tz. 30.
[445] Korn, in: Korn, § 4 EStG Rn. 858: Verfasser D. Carle'.

zu tragen. Interdependenzen auf Grund der Hinzurechnungsbeträge bleiben außer Ansatz.

Ist im Gesellschaftsvertrag eine Klausel vorgesehen, die die nicht abziehbaren Schuldzinsen dem Gesellschafter zurechnet, der die Überentnahmen getätigt hat, muss man die Über- bzw. Unterentnahmen nicht nur auf der Ebene der Gesellschaft, sondern auch auf der Ebene der Gesellschafter ermitteln. Die gesellschaftsbezogene Betrachtungsweise wird dadurch mit der gesellschafterbezogenen Betrachtungsweise verknüpft. Für die Frage, ob und in welcher Höhe nicht abziehbare Schuldzinsen in einem Wirtschaftsjahr anzusetzen sind, wird dann zwar immer noch auf die Gesellschaft als solche abgestellt. Es liegen z.B. keine Überentnahmen vor, wenn die Überentnahmen einzelner Gesellschafter durch die Unterentnahmen anderer Gesellschafter ausgeglichen werden. Muss der Gewinn einer Personengesellschaft aber um nicht abziehbare Schuldzinsen gemäß § 4 Abs. 4a EStG erhöht werden, kommt es bei der Verteilung des Hinzurechnungsbetrages darauf an, von wem und in welcher Höhe die Überentnahmen verursacht worden sind. Im Rahmen der internen Zinsverteilung findet eine gesellschafterbezogene Betrachtung statt[446].

Will man mit einer Schuldzinsenklausel den Gewinnanteil eines Gesellschafters nur insoweit erhöhen, als er die Überentnahmen der Gesellschaft verursacht hat, ist der quotenmäßige Anteil des jeweiligen Gesellschafters an den Überentnahmen der Gesellschaft zu berechnen. Nach dieser Quote bemisst sich der Anteil am Hinzurechnungsbetrag. Dafür müssen zunächst die Überentnahmen der einzelnen Gesellschafter - gemäß § 4 Abs. 4a Satz 3 EStG unter Berücksichtigung der vorangegangenen Wirtschaftsjahre - isoliert nach der gesellschafterbezogenen Betrachtungsweise bestimmt und sodann ohne die Unterentnahmen einzelner Gesellschafter addiert werden. Zu diesem Betrag müssen die kumulierten Überentnahmen des einzelnen Gesellschafters in Relation gesetzt werden. Ergebnis ist der quotenmäßige Anteil des jeweiligen Gesellschafters an den Überentnahmen der Gesellschaft. Der Gewinnhinzurechnungsbetrag, der auf einen Gesellschafter mit Überentnahmen entfällt, berechnet sich wie folgt[447]:

$$\text{Anteil am Hinzurechnungsbetrag für Gesellschafter A} = \frac{\text{kumulierte Überentnahme des Gesellschafters A}}{\text{Summe der kumulierten Überentnahmen aller Gesellschafter}} \times \text{Hinzurechnungsbetrag}$$

---

[446] Siehe dazu Meyer/Ball, INF 2000, S. 459/465.

[447] Diese Formel gilt unabhängig davon, ob typisiert ermittelte Schuldzinsen nach Satz 3 oder die tatsächlich gezahlten Schuldzinsen nach Satz 4 hinzugerechnet werden. Unter D. X. 4. a. wird diese Formel in einem Beispiel angewandt.

Anhand einer solchen Schuldzinsenklausel im Gesellschaftsvertrag können die Nachteile der gesellschaftsbezogenen Betrachtungsweise wieder ausgeglichen werden. Die nicht abziehbaren Schuldzinsen werden dem Gewinnanteil eines Gesellschafters nur insoweit hinzugerechnet, als er die Überentnahmen der Gesellschaft verursacht hat.

X. Die Ermittlung der nicht abziehbaren Schuldzinsen gemäß § 4 Abs. 4a EStG bei einer Personengesellschaft anhand eines Beispielfalls

Der Aufbau und die Systematik des § 4 Abs. 4a EStG soll anhand eines Beispiels verdeutlicht werden. Obwohl § 4 Abs. 4a EStG eine betriebsbezogene Gewinnermittlungsvorschrift ist und deshalb gesellschaftsbezogen anzuwenden ist (s.o. D. II. 3. d.), soll der Vollständigkeit halber auch die gesellschafterbezogene Betrachtungsweise dargestellt werden.

Beispielsfall: An der ABC-OHG sind die Gesellschafter A, B und C zu gleichen Teilen beteiligt. Der Gewinn der Gesellschaft inklusive der außerbilanziellen Hinzurechnungen nach § 4 Abs. 5 EStG beläuft sich für das Wirtschaftsjahr 01 auf 300.000 EUR. Für die Gesellschafter A, B und C bestehen neben den Kapitalkonten auch Darlehenskonten, die im Jahr 01 bei A mit 5.000 EUR, bei B mit 10.000 EUR und bei C mit 25.000 EUR verzinst werden. Die Zinsen werden bei der Gesellschaft als Aufwand gebucht, aber nicht ausgezahlt, sondern den jeweiligen Darlehenskonten der Gesellschafter gutgeschrieben. Dem Gesellschafter A gehört ein bebautes Grundstück, das er der OHG für den Geschäftsbetrieb zur Verfügung stellt. Dafür erhält er von der Gesellschaft im Jahre 01 eine Miete von jährlich 70.000 EUR bar ausgezahlt. Die Miete wird bei der Gesellschaft als Aufwand gebucht. Die AfA für dieses Grundstück beläuft sich im Wirtschaftsjahr 01 auf 10.000 EUR. Für kleinere Reparaturen wendet der Gesellschafter A 5.000 EUR und für Zinsen im Sonderbetriebsvermögen zur Finanzierung des Grundstücks 15.000 EUR auf; beides zahlt er mit privaten Mitteln. Gesellschafter B erhält im Wirtschaftsjahr 01 eine Geschäftsführervergütung in Höhe von 100.000 EUR, die ihm auf ein privates Konto ausgezahlt wird. Dem Gesellschafter C zahlt die Gesellschaft für seine Tätigkeit ein Gehalt von 50.000 EUR aus. Darüber hinaus entnimmt Gesellschafter C 150.000 EUR aus der OHG für private Zwecke. Die Personengesellschaft zahlt im Jahr 01 Schuldzinsen in Höhe von 20.000 EUR (ohne die Zinsen im Sonderbetriebsvermögen des Gesellschafters A und ohne die Zinsen für die Gesellschafterdarlehenskonten).

Im Wirtschaftsjahr 02 tätigen die Gesellschafter A, B und C zusammen eine Überentnahme in Höhe von 190.000 EUR (Gesellschafter A eine Überentnahme in Höhe von 45.000 EUR, Gesellschafter B eine Überentnahme in Höhe von

150.000 EUR und Gesellschafter C eine Unterentnahme in Höhe von 5.000 EUR). Die Schuldzinsen der Personengesellschaft belaufen sich im Jahr 02 auf 21.000 EUR. Gesellschafter A zahlt auch im Wirtschaftsjahr 02 für das Darlehen im Sonderbetriebsvermögen zur Finanzierung des Grundstücks Zinsen in Höhe von 15.000 EUR.

Für die Ermittlung der nicht abziehbaren Schuldzinsen ist zunächst die Überentnahme des Wirtschaftsjahres 01 zu bestimmen. Hierfür sind der Gewinn, die Einlagen und Entnahmen zu saldieren.

1. Gewinnermittlung

Der Gewinn der Personengesellschaft setzt sich gemäß § 15 Abs. 1 Satz 1 Nr. 2 EStG zusammen aus den Gewinnanteilen der Gesellschafter und den Vergütungen, die der Gesellschafter von der Gesellschaft für seine Tätigkeit im Dienst der Gesellschaft oder für die Hingabe von Darlehen oder für die Überlassung von Wirtschaftsgütern bezogen hat. Entscheidend ist der Gewinn der 2. Stufe, in dem auch die Gewinne aus den Sonderbilanzen aller Gesellschafter berücksichtigt werden.

	OHG	Gesellschafter A	Gesellschafter B	Gesellschafter C
	TEUR	TEUR	TEUR	TEUR
Gewinn 1. Stufe inkl. nicht abzugsf. Betriebsausgaben	+ 300	+ 100	+ 100	+ 100
Sonderbetriebseinnahmen - Geschäftsführervergütung -Mieteinnahmen -Zinsen	 + 150 + 70 + 40	 - +70 + 5	 + 100 - + 10	 + 50 - + 25
Sonderbetriebsausgaben (AfA, Zinsen, Reparaturen)	- 30	- 30	-	-
Gewinn des Sonderbetriebsvermögens	+ 230	+ 45	+ 110	+75
Gewinn 2. Stufe (Gewinn 1. Stufe und Gewinn SBV)	+ 530	+ 145	+ 210	+ 175

2. Ermittlung der Entnahmen und Einlagen

Für die Ermittlung der Überentnahmen ist die Erfassung aller Entnahmen und Einlagen erforderlich. Da es bei einer Personengesellschaft auf das steuerliche

Gesamtergebnis (s.o. D. III.) ankommt, sind alle Veränderungen der Gesamthandsbilanz, der Ergänzungsbilanzen und der Sonderbilanzen auf Entnahmen und Einlagen zu untersuchen.

Die Gutschrift der Zinszahlungen auf den Darlehenskonten der Gesellschafter ist weder eine Entnahme noch eine Einlage. Bei der Gesellschaft handelt es sich um Betriebsausgaben und bei den Gesellschaftern um Sonderbetriebseinnahmen. Dagegen ist die Gutschrift einer Sondervergütung auf dem privaten Bankkonto eines Gesellschafters eine Entnahme aus dem Sonderbetriebsvermögen (Tätigkeitsvergütung bei Gesellschafter B 100.000 EUR und bei Gesellschafter C 50.000 EUR; Mieteinnahmen bei Gesellschafter A 70.000 EUR) und die Zahlung von Sonderbetriebsausgaben mit privaten Mitteln eine Einlage in das Sonderbetriebsvermögen (Zahlung der Schuldzinsen im Sonderbetriebsvermögen in Höhe von 15.000 EUR und kleinerer Reparaturen in Höhe von 5.000 EUR mit privaten Mitteln durch Gesellschafter A). Darüber hinaus hat Gesellschafter C 150.000 EUR aus der Gesamthand entnommen.

3. Berechnung der Überentnahmen

Für die Ermittlung der Überentnahmen sind gemäß § 4 Abs. 4a Satz 2 EStG der Gewinn und die Einlagen mit den Entnahmen eines Wirtschaftsjahres zu saldieren. Nach § 4 Abs. 4a Satz 3 EStG werden anschließend die Über- bzw. Unterentnahmen aus den Vorjahren hinzugerechnet.

Ermittlung der Überentnahmen für das Wirtschaftsjahr 01:

	OHG	Gesellschafter A	Gesellschafter B	Gesellschafter C
	TEUR	TEUR	TEUR	TEUR
Gewinn 2. Stufe	+ 530	+ 145	+ 210	+ 175
Entnahmen aus der Gesamthand	- 150	-	-	- 150
Einlagen in die Gesamthand	-	-	-	-
Entnahmen aus dem SBV	- 220	- 70	- 100	- 50
Einlagen in das SBV	+ 20	+ 20	-	-
Über/Unterentnahme im Jahr 01	+ 180	+ 95	+ 110	- 25

Nach der gesellschaftsbezogenen Betrachtungsweise liegt im Wirtschaftsjahr 01 eine Unterentnahme in Höhe von 180.000 EUR vor. Würde man § 4 Abs. 4a EStG dagegen gesellschafterbezogen anwenden, müssten die Über- bzw. Unterentnahmen für jeden Gesellschafter getrennt ermittelt werden. Gesellschafter A hätte eine Unterentnahme in Höhe von 95.000 EUR und Gesellschafter B eine Unterentnahme in Höhe von 110.000 EUR getätigt. Bei Gesellschafter C wäre im Wirtschaftsjahr 01 eine Überentnahme in Höhe von 25.000 EUR anzusetzen. An diesem Beispiel kann man die Wirkung der gesellschaftsbezogenen bzw. der gesellschafterbezogenen Betrachtungsweise gegenüberstellen. Während bei einer Gesamtbetrachtung der Gesellschaft keine Überentnahme vorliegt, müsste bei einer gesellschafterbezogenen Anwendung des § 4 Abs. 4a EStG der Gewinn des Gesellschafters C um nicht abziehbare Schuldzinsen erhöht werden.

Im Wirtschaftsjahr 02 müssen gemäß § 4 Abs. 4a Satz 3 EStG auch die Über- bzw. Unterentnahmen vorangegangener Wirtschaftsjahre berücksichtigt werden. Es ergeben sich im Veranlagungszeitraum 02 folgende Werte:

	OHG	Gesellschafter A	Gesellschafter B	Gesellschafter C
	TEUR	TEUR	TEUR	TEUR
Über/Unterentnahme Wirtschaftsjahr 01	+ 180	+ 95	+ 110	- 25
Über/Unterentnahme Wirtschaftsjahr 02[448]	- 190	- 45	- 150	+ 5
Kumulierte Über-/ Unterentnahme für 02	- 10	+ 50	- 40	- 20

Im Wirtschaftsjahr 02 ist nach der gesellschaftsbezogenen Betrachtungsweise eine Überentnahme in Höhe von 10.000 EUR anzusetzen. Wendet man § 4 Abs. 4a EStG dagegen gesellschafterbezogen an, hat Gesellschafter A eine Unterentnahme in Höhe von 50.000 EUR, Gesellschafter B eine Überentnahme in Höhe von 40.000 EUR und Gesellschafter C ein Überentnahme in Höhe von 20.000 EUR getätigt.

4. Berechnung der nicht abziehbaren Schuldzinsen

a. Typisierte Ermittlung der nicht abziehbaren Schuldzinsen

Nach § 4 Abs. 4a Satz 3 EStG werden die nicht abziehbaren Schuldzinsen typisiert mit sechs vom Hundert der Überentnahmen ermittelt. Wendet man § 4 Abs. 4a EStG gesellschaftsbezogen an, werden die Gewinne, Entnahmen und Einla-

[448] Aus Gründen der Vereinfachung wurden die Über- bzw. Unterentnahmen des Wirtschaftsjahres 02 bereits im Sachverhalt vorgegeben.

gen aller Gesellschafter saldiert. Im Wirtschaftsjahr 01 liegt deshalb keine Überentnahme vor. Dagegen ist im Wirtschaftsjahr 02 eine Überentnahme in Höhe von 10.000 EUR anzusetzen.
Nach der gesellschafterbezogenen Betrachtungsweise tätigte der Gesellschafter C im Wirtschaftsjahr 01 eine Überentnahme in Höhe von 25.000 EUR. Im Wirtschaftsjahr 02 ist bei Gesellschafter B eine Überentnahme in Höhe von 40.000 EUR und bei Gesellschafter C eine Überentnahme in Höhe von 20.000 EUR anzusetzen. Daraus errechnen sich folgende typisierten, nicht abziehbaren Schuldzinsen.

Wirtschaftsjahr 01:

		typisierte, nicht abziehbare Schuldzinsen
Gesellschaftsbezogen:		---
Gesellschafterbezogen:	Gesellschafter A	---
	Gesellschafter B	---
	Gesellschafter C	1.500 EUR

Wirtschaftsjahr 02:

		typisierte, nicht abziehbare Schuldzinsen
Gesellschaftsbezogen:		600 EUR
Gesellschafterbezogen:	Gesellschafter A	---
	Gesellschafter B	2.400 EUR
	Gesellschafter C	1.200 EUR

Wendet man § 4 Abs. 4a EStG gesellschafterbezogen an, ist der Gewinn im Wirtschaftsjahr 01 beim Gesellschafter C um 1.500 EUR und im Wirtschaftsjahr 02 beim Gesellschafter B um 2.400 EUR und beim Gesellschafter C um 1.200 EUR zu erhöhen. Nach der gesellschaftsbezogenen Betrachtungsweise ist der typisiert ermittelte Hinzurechnungsbetrag im Wirtschaftsjahr 02 in Höhe von 600 EUR den Gewinnanteilen der Gesellschaftern entsprechend dem Gewinnverteilungsschlüssel hinzuzurechnen, es sei denn, die Gesellschafter haben eine abweichende Verteilung im Gesellschaftsvertrag vereinbart (s.o. D. IX.). Nach dem Gewinnverteilungsschlüssel wäre der Gewinnanteil jedes Gesellschafters um 200 EUR zu erhöhen. Im Falle einer abweichenden Vereinbarung im Gesellschaftsvertrag[449] würden die nicht abziehbaren Schuldzinsen gemäß § 4 Abs. 4a

[449] BMF vom 22. Mai 2000, IV C 2 – S 2144 – 60/00, BStBl I 2000, S. 588, Tz. 30.

EStG bei einem Gesellschafter nur insoweit hinzugerechnet, als er die Überentnahmen der Gesellschaft verursacht hat (vgl. die Schuldzinsenklausel[450] unter D. IX.). Dafür müsste zunächst der quotenmäßige Anteil eines Gesellschafters an den Überentnahmen der Gesellschaft bestimmt werden. Nach dieser Quote bemisst sich der Hinzurechnungsbetrag beim einzelnen Gesellschafter. Die Formel lautet wie folgt (s.o. D. IX.):

$$\text{Anteil am Hinzurechnungsbetrag für Gesellschafter A} = \frac{\text{kumulierte Überentnahme des Gesellschafters A}}{\text{Summe der kumulierten Überentnahmen aller Gesellschafter}} \times \text{Hinzurechnungsbetrag}$$

Obwohl Gesellschafter A im Wirtschaftsjahr 02 eine Überentnahme in Höhe von 45.000 EUR tätigte, ist er für die kumulierten Überentnahmen der Gesellschaft im Wirtschaftsjahr 02 nicht verantwortlich, da seiner Überentnahme eine Unterentnahme aus dem Vorjahr in Höhe von 50.000 EUR gegenübersteht. Eine Gewinnhinzurechnung bei Gesellschafter A unterbleibt. Gesellschafter B tätigte im Wirtschaftsjahr 02 eine Überentnahme in Höhe von 150.000 EUR. Obwohl auch diese teilweise mit einer Unterentnahme aus dem Vorjahr verrechnet werden kann, ist bei ihm im Wirtschaftsjahr 02 kumuliert eine Überentnahme in Höhe von 40.000 EUR anzusetzen. Der Anteil des B an den Überentnahmen der Gesellschaft in Höhe von 10.000 EUR beträgt 40/60 (seine Überentnahme in Höhe von 40.000 EUR im Verhältnis zu den Überentnahmen aller Gesellschafter in Höhe von 60.000 EUR). Aus diesem Grund ist sein Gewinnanteil um 2/3 des Hinzurechnungsbetrages zu erhöhen (2/3 von 600 EUR = 400 EUR). Obwohl Gesellschafter C im Wirtschaftsjahr 02 eine Unterentnahme in Höhe von 5.000 EUR tätigte, ist bei ihm im Wirtschaftsjahr 02 kumuliert eine Überentnahme in Höhe von 20.000 EUR anzusetzen. Auf den Gesellschafter C entfallen 20/60 der im Wirtschaftsjahr 02 bei der Gesellschaft ermittelten Überentnahmen, so dass 1/3 der typisierten, nicht abziehbaren Schuldzinsen seinem Gewinnanteil hinzuzurechnen sind (1/3 von 600 EUR = 200 EUR). Der Hinzurechnungsbetrag von 600 EUR im Jahr 02 ist demnach wie folgt aufzuteilen:

---

[450] Korn, in: Korn, § 4 EStG Rn. 858: Verfasser D. Carle´: Soweit sich durch Überentnahmen (§ 4 Abs. 4a EStG) Hinzurechnungsbeträge ergeben, ist wie folgt zu verfahren:
(1) Für jeden Gesellschafter sind die bei ihm isoliert entstandenen Überentnahmen, Unterentnahmen und Verluste unter Berücksichtigung etwaiger Ergänzungs- und Sonderbilanzen statistisch zu erfassen und fortzuschreiben.
(2) Soweit sich durch Überentnahmen i.S.v. (1) Hinzurechnungsbeträge ergeben, sind diese unabhängig vom Zeitpunkt der Entnahmen demjenigen bzw. denjenigen Gesellschaftern zuzurechnen, der (die) die Überentnahmen verursacht hat (haben). § 4 Abs. 4a Satz 2 EStG ist zu beachten.

Gesellschafter A	Gesellschafter B	Gesellschafter C
---	400 EUR	200 EUR

Vergleicht man die Hinzurechnungsbeträge der gesellschaftsbezogenen und der gesellschafterbezogenen Betrachtungsweise, zeigt sich, dass die nicht abziehbaren Schuldzinsen bei der gesellschafterbezogenen Anwendung des § 4 Abs. 4a EStG höher sind. Grund dafür ist, dass bei der gesellschafterbezogenen Betrachtungsweise die Unterentnahmen einzelner Gesellschafter nicht mit den Überentnahmen der anderen Gesellschafter saldiert werden dürfen. Die Überentnahmen der einzelnen Gesellschafter sind isoliert betrachtet größer, als der Saldo aus den Über- und Unterentnahmen aller Gesellschafter.

b. Berechnung des Höchstbetrages nach § 4 Abs. 4a Satz 4 und Satz 5 EStG

Gemäß § 4 Abs. 4a Satz 4 EStG wird der nach Satz 3 typisiert ermittelte Hinzurechnungsbetrag der Höhe nach begrenzt. Die tatsächlich angefallenen Schuldzinsen eines Wirtschaftsjahres abzüglich des Kürzungsbetrages von 2.050 EUR und abzüglich der Schuldzinsen für Investitionsdarlehen nach Satz 5 bilden den Höchstbetrag für eine Gewinnhinzurechnung. Für die Berechnung des Höchstbetrages sind sowohl die Zinsen auf der Ebene der Personengesellschaft als auch die Zinsen auf der Ebene der Gesellschafter, die im jeweiligen Sonderbetriebsvermögen anfallen, anzusetzen. Da im obigen Beispiel das Darlehen im Sonderbetriebsvermögen des Gesellschafters A der Finanzierung von Anschaffungskosten eines Wirtschaftsguts des Anlagevermögens dient, bleiben diese Zinsen bei der Ermittlung des Höchstbetrags gemäß § 4 Abs. 4a Satz 5 EStG außen vor.

aa. Gesellschaftsbezogene Ermittlung

Im obigen Beispiel ist bei der gesellschaftsbezogenen Anwendung des § 4 Abs. 4a EStG im Wirtschaftsjahr 01 keine Überentnahme entstanden. Eine Gewinnhinzurechnung gemäß § 4 Abs. 4a EStG unterbleibt. Im Wirtschaftsjahr 02 betragen die Überentnahmen der Gesellschaft 10.000 EUR. Die tatsächlich gezahlten Schuldzinsen belaufen sich in diesem Jahr auf 21.000 EUR, wobei die Schuldzinsen im Sonderbetriebsvermögen des Gesellschafters A wegen Satz 5 nicht berücksichtigt werden dürfen. Die nach § 4 Abs. 4a Satz 3 EStG typisiert ermittelten, nicht abziehbaren Schuldzinsen betragen nur 600 EUR. Auch nach Abzug des Kürzungsbetrages von 2.050 EUR übersteigen die tatsächlich gezahlten Schuldzinsen den typisierten Hinzurechnungsbetrag nach Satz 3, so dass es bei einer Gewinnhinzurechnung von 600 EUR bleibt.

Sind die tatsächlich gezahlten Schuldzinsen abzüglich 2.050 EUR niedriger als der typisierte Hinzurechnungsbetrag, werden die tatsächlich angefallenen, nicht abziehbaren Schuldzinsen nach dem Gewinnverteilungsschlüssel auf die Gesellschafter aufgeteilt[451], es sei denn, die Gesellschafter haben eine abweichende Verteilung im Gesellschaftsvertrag vereinbart[452].

bb. Gesellschafterbezogene Ermittlung

Bei der gesellschafterbezogenen Anwendung des § 4 Abs. 4a EStG sind die angefallenen Schuldzinsen für jeden Gesellschafter gesondert zu ermitteln. Ein Vergleich zwischen den typisiert ermittelten und den tatsächlich angefallenen Schuldzinsen findet isoliert bei jedem Gesellschafter statt. Dabei ist zu berücksichtigen, dass Schuldzinsen sowohl auf der Ebene der Gesellschaft als auch auf der Ebene der Gesellschafter anfallen können[453]. Die Schuldzinsen der Gesellschaft sind anteilig nach dem Gewinnverteilungsschlüssel auf die Gesellschafter zu verteilen[454]. Von den ermittelten Schuldzinsen ist der Bagatellbetrag in Höhe von 2.050 EUR bei jedem Gesellschafter[455] abzuziehen.
Im obigen Beispiel entfallen im Wirtschaftsjahr 01 1/3 der gezahlten Schuldzinsen der Gesellschaft in Höhe von 20.000 EUR auf jeden Gesellschafter. Beim Gesellschafter A sind die Zinsen im Sonderbetriebsvermögen in Höhe von 15.000 EUR nicht zu berücksichtigen, da es sich um ein Darlehen zur Finanzierung eines Grundstücks handelt (§ 4 Abs. 4a Satz 5 EStG).

Tatsächlich angefallene Schuldzinsen:	A	B	C
(ohne Zinsen nach Satz 5)	6.667 EUR	6.667 EUR	6.667 EUR
abzüglich Bagatellbetrag (Satz 4)	2.050 EUR	2.050 EUR	2.050 EUR
Höchstbetrag nach Satz 4	4.617 EUR	4.617 EUR	4.617 EUR

451 BMF vom 22. Mai 2000, IV C 2 – S 2144 – 60/00, BStBl I 2000, S. 588, Tz. 30.

452 Auch hier gilt die Formel, die unter D. IX. dargestellt ist.

453 Groh, DStR 2001, S. 105/108.

454 Paus, FR 2000, S. 957/967; Schulze zur Wiesche, DB 2000, S. 2189/2192; Meyer/Ball, INF 2000, S. 76/81: Meyer/Ball wollen nicht die tatsächlich angefallenen Schuldzinsen nach dem Gewinnverteilungsschlüssel aufteilen, sondern erst die nach Abzug des Bagatellbetrags kürzungsfähigen Schuldzinsen, da die Hinzurechnung bei jedem Gesellschafter notwendigerweise auf die anteiligen, seiner Beteiligungsquote entsprechenden Zinsen begrenzt sein muss. Nach der hier vertreten Auffassung ist der Kürzungsbetrag von 2.050 EUR jedem Gesellschafter in voller Höhe und nicht nur anteilig zu gewähren (s.o. D. VII.).

455 Streitig ist, ob bei der gesellschafterbezogenen Anwendung des § 4 Abs. 4a EStG der Bagatellbetrag jedem Gesellschafter in voller Höhe zu gewähren ist, oder ob die Personengesellschaft den Betrag von 2.050 EUR nur einmal geltend machen kann, so dass er anteilig zwischen den einzelnen Gesellschafter aufzuteilen ist. Die Gleichstellung mit dem Einzelunternehmer spricht dafür, dass jeder Gesellschafter den vollen Kürzungsbetrag in Höhe von 2.050 EUR abziehen darf (s.o. D. VII.).

Gesellschafter A und B haben im Wirtschaftsjahr 01 keine Überentnahmen getätigt. Bei ihnen scheidet eine Gewinnhinzurechnung aus. Bei Gesellschafter C betragen die typisierten Schuldzinsen 1.500 EUR, die tatsächlich angefallenen Schuldzinsen dagegen 4.617 EUR. Es verbleibt bei der Hinzurechnung der typisierten Schuldzinsen.

Für das Wirtschaftsjahr 02 ergeben sich folgende Höchstbeträge:
Die Schuldzinsen von 21.000 EUR aus dem Wirtschaftsjahr 02 sind nach dem Gewinnverteilungsschlüssel auf die Gesellschafter zu verteilen (1/3 von 21.000 EUR = 7.000 EUR). Die Schuldzinsen des Gesellschafters A aus dem Sonderbetriebsvermögen sind wegen § 4 Abs. 4a Satz 5 EStG nicht zu berücksichtigen.

Tatsächlich angefallene Schuldzinsen:	A	B	C
(ohne Zinsen nach Satz 5)	7.000 EUR	7.000 EUR	7.000 EUR
abzüglich Bagatellbetrag (Satz 4)	2.050 EUR	2.050 EUR	2.050 EUR
Höchstbetrag nach Satz 4	4.950 EUR	4.950 EUR	4.950 EUR

Bei Gesellschafter A kommt eine Gewinnhinzurechnung mangels Überentnahme nicht in Betracht. Bei Gesellschafter B und C sind die typisiert ermittelten Schuldzinsen in Höhe von 2.400 EUR und 1.200 EUR anzusetzen, da sie niedriger sind als der Höchstbetrag nach Satz 4.

E. Ausgewählte Sachverhalte bei Personengesellschaften unter dem Aspekt des § 4 Abs. 4a EStG

I. Übertragung bzw. Überführung von Einzelwirtschaftsgütern bei Personengesellschaften

Im Zusammenhang mit der Übertragung bzw. Überführung von Einzelwirtschaftsgütern bei Personengesellschaften sind viele verschiedene Fallgestaltungen denkbar. Es stellt sich für die Anwendung des § 4 Abs. 4a EStG immer die Frage, ob Gewinne, Einlagen oder Entnahmen i.S.d. § 4 Abs. 4a EStG anzusetzen sind. Der Begriff der Entnahme bzw. Einlage für die Ermittlung der Überentnahmen ist bereits eingehend unter D. V. 2. b. und c. erörtert worden. Dort ist festgestellt worden, dass trotz des finalen Entnahmebegriffs der Rechtsprechung Überführungen zwischen verschiedenen Betriebsvermögen desselben Steuerpflichtigen für die Berechnung der Überentnahmen als Entnahme aus dem abgebenden Betriebsvermögen und als Einlage in das aufnehmende Betriebsvermögen zu erfassen sind. Bei der Übertragung eines Einzelwirtschaftsguts aus dem Sonderbetriebsvermögen eines Gesellschafters in das Gesamthandsvermögen der Personengesellschaft bzw. in das Sonderbetriebsvermögen eines anderen Gesellschafters derselben Personengesellschaft ist wegen der gesellschaftsbezogenen[456] Ermittlung der Überentnahmen der Ansatz einer Entnahme bzw. einer Einlage für die Anwendung des § 4 Abs. 4a EStG nicht zwingend erforderlich, zur Vermeidung von Fehlern aber zu empfehlen (s.o. D. V. 2. c. cc.). Im Folgenden sollen alle denkbaren Varianten im Zusammenhang mit der Übertragung bzw. Überführung von Einzelwirtschaftsgütern bei Personengesellschaften dargestellt werden. Im Einzelfall ist danach zu differenzieren, ob das Wirtschaftsgut unentgeltlich oder gegen Entgelt übertragen wird, und in welcher Form das Entgelt gewährt wird. So ist denkbar, dass die Gegenleistung in der Gewährung bzw. Minderung von Gesellschaftsrechten besteht. Wird ein Wirtschaftsgut zu fremdüblichen Bedingungen veräußert, kann das Entgelt entweder auf ein privates Bankkonto ausgezahlt oder auf dem Darlehenskonto (Konto bei der Gesellschaft) des jeweiligen Gesellschafters gutgeschrieben werden.

[456] Werden die Überentnahmen bei einer Personengesellschaft entgegen der hier vertretenen Ansicht gesellschafterbezogen ermittelt, ist der Ansatz einer Entnahme bzw. Einlage zwingend (s.o. D. V. 2. c. cc.).

1. Übertragung von Einzelwirtschaftsgütern aus dem Privatvermögen eines Gesellschafters in das Gesamthandsvermögen der Personengesellschaft

a. Übertragung eines Wirtschaftsguts aus dem Privatvermögen eines Gesellschafters in das Gesamthandsvermögen der Personengesellschaft gegen Gewährung oder Erweiterung von Gesellschaftsrechten (offene Sacheinlage)

Bringt ein Gesellschafter ein Wirtschaftsgut seines Privatvermögens gegen Gewährung oder Erweiterung von Gesellschaftsrechten[457] in das Gesamthandsvermögen der Personengesellschaft ein (offene Sacheinlage), wird dieser Vorgang steuerlich nach neuerer Rechtsprechung[458] nicht mehr als Einlage, sondern als tauschähnlicher Vorgang behandelt. Die empfangende Gesellschaft hat als „Anschaffungskosten" für das eingebrachte Wirtschaftsgut dessen gemeinen Wert zu aktivieren.
Für die Berechnung der Überentnahmen gemäß § 4 Abs. 4a EStG stellt sich die Frage, ob die Einbringung des Wirtschaftsguts trotz dieser Rechtsprechungsänderung als Einlage zu behandeln ist, die das Entnahmevolumen der Personengesellschaft erhöht. Gegen den Ansatz einer Einlage könnte sprechen, dass nach Ansicht des BFH[459] gerade nicht mehr von einer Einlage, sondern von einem Anschaffungsgeschäft der übernehmenden Gesellschaft auszugehen ist. Allerdings ist zu berücksichtigen, dass dem tauschähnlichen Umsatz - wie die Begründung des BFH zeigt - eine Einlage in die Gesellschaft vorausgeht[460]. Zunächst wird eine Bareinlageverpflichtung begründet, der der Verkauf des Wirtschaftsguts und die Aufrechnung der Kaufpreisforderung mit der Einlageverpflichtung folgt. Liegt der vereinbarten Sacheinlage in die Personengesellschaft eine Geldeinlageforderung zugrunde, ist zumindest diese Geldforderung im Wege der Einlage erlangt[461] und bei der Ermittlung der Überentnahmen anzusetzen. Für dieses Ergebnis spricht auch der Sinn und Zweck des § 4 Abs. 4a EStG, den

---

[457] Unterschiedlich ist die Ansicht der Literatur dahingehend, ob eine Gewährung von Gesellschaftsrechten nur bei einer Gutschrift auf dem Kapitalkonto I oder auch bei einer Gutschrift auf dem Kapitalkonto II vorliegt. Dafür: van Lishaut, DB 2000, S. 1784/1786; van Lishaut, DB 2001, S. 1519/1521: Fn. 33. Dagegen: Düll/Fuhrmann/Eberhard, DStR 2000, S. 1713/1716; Herrmann/Neufang, BB 2000, S. 2599/2602; Mitsch/Grüter, INF 2000, S. 651/652; Schulze zur Wiesche, DStZ 2001, S. 192/194. Meines Erachtens ist der zuletzt genannten Ansicht zuzustimmen, da sich der Umfang der Gesellschaftsrechte nur nach dem festen Kapitalkonto, Kapitalkonto I, richtet.

[458] BFH vom 19. Oktober 1998, VIII R 69/95, BStBl II 2000, S. 231 ff.; folgend BMF vom 29. März 2000, IV C 2 – S 2178 – 4/00, BStBl I 2000, S. 462.

[459] BFH vom 19. Oktober 1998, VIII R 69/95, BStBl II 2000, S. 231/232.

[460] Ley, NWB Fach 3, S. 11167/11185.

[461] Reiß, BB 2000, S. 1965/1974.

Schuldzinsenabzug erst nach Ausschöpfung des dem Unternehmen zugeführten Eigenkapitals zu beschränken. Bringt ein Gesellschafter z.B. ein Grundstück gegen Erweiterung seiner Gesellschaftsrechte ein, erhöht sich das Eigenkapital der Gesellschaft. Ein vergrößertes Eigenkapital bedeutet immer auch ein größeres Entnahmevolumen im Rahmen des § 4 Abs. 4a EStG. Im Gegensatz zu einer normalen Anschaffung, bei der das Betriebsvermögen lediglich umgeschichtet wird und das Eigenkapital unverändert bleibt[462], vermehrt sich bei einer offenen Sacheinlage das Betriebsvermögen der Gesellschaft. Da der einlegende Gesellschafter die Möglichkeit haben muss, das Wirtschaftsgut später ohne die nachteiligen Folgen des § 4 Abs. 4a EStG wieder zu entnehmen, ist trotz der neuen Rechtsprechung des BFH[463] die offene Sacheinlage für die Berechnung der Überentnahmen als Einlage zu behandeln. Diese Einlage ist mit dem Wert anzusetzen, mit dem das Wirtschaftgut in der Gesamthandsbilanz aktiviert wird. § 6 Abs. 5 EStG gilt für Übertragungen aus dem Privatvermögen nicht.

Beispiel: Gesellschafter A bringt ein Grundstück (Teilwert 200) aus seinem Privatvermögen in das Gesamthandsvermögen der Personengesellschaft gegen Erweiterung seiner Gesellschaftsrechte ein. Bisher waren Gesellschafter A zu 1/4 und Gesellschafter B zu 3/4 an der OHG beteiligt.

Bilanz vor der Übertragung:

OHG

aktive WG	*600*	*EK A*	*200*
		EK B	*400*

Bilanz nach der Übertragung:

OHG

aktive WG	*600*	*EK A*	*200*
Grundstück	*200*	*Einlage i.S.d. § 4*	
		Abs. 4a EStG +	*200*
			400
		EK B	*400*

462 Vgl. Reiß, BB 2000, S. 1965/1974.

463 BFH vom 19. Oktober 1998, VIII R 69/95, BStBl II 2000, S. 231 ff.

b. Übertragung eines Wirtschaftsguts aus dem Privatvermögen eines Gesellschafters in das Gesamthandsvermögen der Personengesellschaft ohne Gewährung von Gesellschaftsrechten (verdeckte Sacheinlage)

Bringt ein Gesellschafter ein Wirtschaftsgut aus seinem Privatvermögen in das Gesamthandsvermögen der Personengesellschaft ein und werden dem Einbringenden keine Gesellschaftsrechte gewährt[464] (verdeckte Einlage), handelt es sich um eine Einlage gemäß § 4 Abs. 1 Satz 5[465]. Diese Einlage in die Personengesellschaft ist bei der Ermittlung der Überentnahmen mit dem Teilwert gemäß § 6 Abs. 1 Nr. 5 EStG zu berücksichtigen[466].

c. Entgeltliche Veräußerung

Veräußert ein Gesellschafter ein Wirtschaftsgut seines Privatvermögens zu fremdüblichen Bedingungen an die Gesellschaft, so erkennt der BFH in ständiger Rechtsprechung[467] diesen Vorgang steuerrechtlich wie eine Veräußerung unter fremden Dritten an. Als entgeltliche Veräußerung gilt auch die Übertra-

---

[464] Wird ein Wirtschaftsgut ohne Gewährung bzw. ohne Minderung von Gesellschaftsrechten und ohne sonstiges Entgelt übertragen, handelt es sich um eine verdeckte Sacheinlage bzw. verdeckte Sachentnahme. Der Gesellschaft wird ohne Gegenleistung eine Vermögensmehrung bzw. -minderung zugeführt, die ihre Ursache im Gesellschaftsverhältnis hat (Heinicke, in: Schmidt, § 4 EStG Rn. 360). Ein solcher Vorgang wird auch als unentgeltliche Übertragung bezeichnet: BMF vom 7. Juni 2001, IV A 6 – S 2241 – 52/01, BStBl I 2001, S. 367, Tz. 2; Patt, in: Herrmann/Heuer/Raupach, Steuerreform 1999/2000/2002, § 6 EStG Rn. R 111; Schmidt, in: Schmidt, § 15 EStG Rn. 669; Düll/Fuhrmann/Eberhard, DStR 2000, S. 1713/1716; Mitsch/Grüter, INF 2000, S. 651/652: Fn. 67; kritisch van Lishaut, DB 2000, S. 1784/1785: Fn. 16, da der Übertragende einen Gegenwert in Form der Wertsteigerung des Gesellschaftsvermögens erlangt.

[465] BMF vom 29. März 2000, IV C 2 – S 2178 – 4/00, BStBl I 2000, S. 462, Tz. 1b; Schmidt, in: Schmidt, § 15 EStG Rn. 665.

[466] Eine verdeckte Einlage liegt vor, wenn ein Wirtschaftsgut nicht auf dem Kapitalkonto des einlegenden Gesellschafters, sondern auf einem allgemeinen Rücklagenkonto gutgeschrieben wird. An dem Vermögenszuwachs partizipieren alle Gesellschafter entsprechend ihrer Beteiligungsquote. Sollte man § 4 Abs. 4a EStG, obwohl es eine betriebsbezogene Vorschrift ist, gesellschafterbezogen anwenden (s.o. D. II. 3. d. bb.), müsste für die Berechnung der Überentnahmen die Einlage bei allen Gesellschaftern anteilig nach dem Gewinnverteilungsschlüssel angesetzt werden. Bei jedem Gesellschafter erhöht sich durch die Einlage des Wirtschaftsguts anteilig das für Entnahmen zur Verfügung stehende Entnahmepotenzial.

[467] BFH vom 28. Januar 1976, I R 84/74, BStBl II 1976, S. 744/745; BFH vom 21. Oktober 1976, IV R 210/72, BStBl II 1977, S. 145/146 f.; BFH vom 3. Mai 1993, GrS 3/92, BStBl II 1993, S. 616 ff.

gung gegen Übernahme einer Verbindlichkeit[468], da eine übernommene Verbindlichkeit als gesondertes Entgelt anzusehen ist[469]. Wird das Entgelt auf das private Bankkonto des veräußernden Gesellschafters ausgezahlt, wird die Ermittlung der Überentnahmen gemäß § 4 Abs. 4a EStG nicht berührt. Die Personengesellschaft hat lediglich Anschaffungskosten in Höhe des Entgelts.

d. Gutschrift auf dem Darlehenskonto

Veräußert ein Gesellschafter ein Wirtschaftsgut seines Privatvermögens zu fremdüblichen Bedingungen an die Gesellschaft und wird das Entgelt nicht an den Gesellschafter ausgezahlt, sondern dem Darlehenskonto des übertragenden Gesellschafters gutgeschrieben, handelt es sich um ein steuerrechtlich anzuerkennendes Veräußerungsgeschäft[470]. Der veräußernde Gesellschafter erhält die Gegenleistung in Form der Erhöhung seines Darlehenskontos. Da das Darlehenskonto eine Forderung des Gesellschafters gegen die Personengesellschaft darstellt, die zu seinem Sonderbetriebsvermögen gehört, erhöht sich durch die Gutschrift des Entgelts auf dem Darlehenskonto das Sonderbetriebsvermögen des übertragenden Gesellschafters. Diesem Vermögenszuwachs im Sonderbetriebsvermögen steht kein Vermögensabgang gegenüber. Da die Erhöhung des Darlehenskontos nicht betrieblich veranlasst ist, liegt eine Einlage[471] in das Sonderbetriebsvermögen des übertragenden Gesellschafters vor. Dasselbe Ergebnis wäre eingetreten, wenn die Gesellschaft das Entgelt zunächst an den Gesellschafter bar ausgezahlt und dieser anschließend die Gegenleistung in das Sonderbetriebsvermögen eingelegt hätte. Die Verkürzung dieses Vorgangs durch die sofortige Gutschrift auf dem Darlehenskonto ändert nichts daran, dass das Sonderbetriebsvermögen von außen erhöht wird. Die Einlage ist mit dem Teilwert gemäß § 6 Abs. 1 Nr. 5 EStG anzusetzen.

---

[468] BFH vom 11. Dezember 1997, IV R 28/97, BFH/NV 1998, S. 836/837; BMF vom 7. Juni 2001, IV A 6 – S 2241 – 52/01, BStBl I 2001, S. 367, Tz. 5; van Lishaut, DB 2000, S. 1784/1785.

[469] BMF vom 28. April 1998, IV B 2 – S 2241 – 42/98, BStBl I 1998, S. 583 Tz. 5a.

[470] BFH vom 21. Oktober 1976, IV R 210/72, BStBl II 1977, S. 145/146 f.; BFH vom 11. Dezember 2001, VIII R 58/9, DB 2002, S. 506/509; Brandenberg, FR 2000, S. 1182/1184; Herrmann/Neufang, BB 2000, S. 2599/2602; Kloster/Kloster, GmbHR 2000, S. 1129/1132; Ley, NWB Fach 3, S. 11167/11185; van Lishaut, DB 2000, S. 1784/1785; Mitsch/Grüter, INF 2000, S. 651/653; Schulze zur Wiesche, DStZ 2001, S. 192/194 f.; Thiel/Rödder, FR 1998, S. 401/405/414; zustimmend auch BMF vom 29. März 2000, IV C 2 – S 2178 – 4/00, BStBl I 2000, S. 462, Tz. 1a, wonach die Gutschrift auf dem Darlehenskonto keine offene Sacheinlage darstellt; a.A. Rödder/Schumacher, DStR 2000, S. 1453/1458.

[471] Korn, in: Korn, § 4 EStG Rn. 864 (siehe Beispiel); Ley, NWB Fach 3, S. 11167/11185.

Beispiel: Gesellschafter A bringt ein Grundstück (Teilwert 200) aus seinem Privatvermögen in die Gesamthand (A+B-OHG) ein. Der Gegenwert des Grundstücks wird auf dem Darlehenskonto des Gesellschafters A gutgeschrieben. Gesellschafter A und Gesellschafter B sind zu gleichen Teilen an der Gesellschaft beteiligt.

Bilanz vor der Übertragung:

OHG

aktive WG	*900*	*EK A*	*200*
		EK B	*200*
		DK A	*200*
		DK B	*300*

Sonderbetriebsvermögen A

Forderung 200 gegen die OHG (DK A)	*Sonderkapital 200*

Bilanz nach der Übertragung:

OHG

aktive WG	*900*	*EK A*	*200*
Grundstück	*200*	*EK B*	*200*
		DK A	*400*
		DK B	*300*

Sonderbetriebsvermögen A

Forderung 400 gegen die OHG (DK A)	*Sonderkapital 200* *Einlage 200*

2. Übertragung von Einzelwirtschaftsgütern aus dem Einzelbetriebsvermögen eines Gesellschafters in das Gesamthandsvermögen der Personengesellschaft

a. Übertragung eines Wirtschaftsguts aus dem Einzelbetriebsvermögen eines Gesellschafters in das Gesamthandsvermögen der Personengesellschaft gegen Gewährung oder Erweiterung von Gesellschaftsrechten (offene Sacheinlage)

Die Übertragung eines Wirtschaftsguts aus dem Einzelbetriebsvermögen eines Gesellschafters in das Gesamthandsvermögen der Personengesellschaft gegen Gewährung von Gesellschaftsrechten wird von der Rechtsprechung[472] als tauschähnlicher Vorgang angesehen. Die Gesellschaftsrechte stellen eine Gegenleistung für die Einbringung dar. Der Tatbestand einer Entnahme wird wegen des finalen Entnahmebegriffs verneint[473]. Doch wie unter D. V. 2. c. bb. bereits gezeigt, ist die Übertragung von Einzelwirtschaftsgütern zwischen verschiedenen Betriebsvermögen wegen der betriebsbezogenen Ermittlung der Überent-

[472] BFH vom 15. Juli 1976, I R 17/74, BStBl II 1976, S. 748/749.
[473] BFH vom 15. Juli 1976, I R 17/74, BStBl II 1976, S. 748/749.

nahmen für die Anwendung des § 4 Abs. 4a EStG als Entnahme aus dem abgebenden Betriebsvermögen und als Einlage in das aufnehmende Betriebsvermögen zu behandeln. Die Gewährung von Gesellschaftsrechten steht diesem Vorgehen nicht entgegen, da - wie bei der Einbringung von Wirtschaftsgütern aus dem Privatvermögen eines Gesellschafters in das Gesamthandsvermögen (s.o. E. I. 1. a.) - die Gegenleistung (Gesellschaftsrechte) trotz des tauschähnlichen Vorgangs das Betriebsvermögen der Gesellschaft nicht verlässt. Im Rahmen des § 4 Abs. 4a EStG kann die Erhöhung des Entnahmevolumens nur durch den Ansatz einer Einlage sichergestellt werden. Spiegelbildlich ist der Abgang im Einzelbetriebsvermögen als Entnahme für die Anwendung des § 4 Abs. 4a EStG zu behandeln. Die Entnahme aus dem Einzelbetriebsvermögen und die Einlage in das Gesamthandsvermögen sind gemäß § 6 Abs. 5 Satz 3 Nr. 1 EStG mit dem Buchwert zu bewerten[474], sofern die Besteuerung der stillen Reserven gesichert ist.

Nicht erforderlich ist, die Buchwertübertragung mittels einer negativen Ergänzungsbilanz durchzuführen[475]. Zwar wird durch das Erstellen einer solchen negativen Ergänzungsbilanz eine interpersonelle Verlagerung von stillen Reserven vermieden[476], da die stillen Reserven auch nach der Übertragung nur dem übertragenden Gesellschafter zugerechnet werden. Im Umkehrschluss aus § 6 Abs. 5 Satz 4 EStG wird aber deutlich, dass die Verlagerung von stillen Reserven nur für die Frage relevant ist, ob die Sperrfrist von drei Jahren einzuhalten ist. Es bleibt den Gesellschaftern überlassen, ob sie das Wirtschaftsgut in der Gesamthandsbilanz mit dem Buchwert ansetzen und insoweit einen Teil der stillen Reserven auf andere Gesellschafter übertragen, oder ob sie durch die Errichtung einer negativen Ergänzungsbilanz die Besteuerung der stillen Reserven beim einbringenden Gesellschafter sicherstellen.

Beispiel: Gesellschafter A bringt ein Grundstück (Teilwert 200) mit einem Buchwert von 100 aus seinem Betriebsvermögen gegen Gewährung von Gesellschaftsrechten in die Gesamthand (OHG) ein. A und B waren bisher zu gleichen Teilen an der Personengesellschaft beteiligt.

---

[474] Vor der Klarstellung durch das UntStFG in § 6 Abs. 6 Satz 4 EStG, war dies noch umstritten, entsprach aber schon damals der herrschenden Meinung: BMF vom 7. Juni 2001, IV A 6 – S 2241 – 52/01, BStBl I 2001, S. 367, Tz. 1; Schmidt, in: Schmidt, § 15 EStG Rn. 664; Brandenburg, FR 2000, S. 1182/1184; Düll/Fuhrmann/Eberhard, DStR 2000, S. 1713/1714; Kloster/Kloster, GmbHR 2000, S. 1129/1132; Reiß, BB 2000, S. 1965/1968. Eine Mindermeinung in der Literatur wollte dagegen nicht § 6 Abs. 5 Satz 3 EStG, sondern § 6 Abs. 6 Satz 1 EStG anwenden, da es sich um einen tauschähnlichen Vorgang handelt: Fischer, in: Kirchhof, § 6 EStG Rn. 190; Herrmann/Neufang, BB 2000, S. 2599/2602; van Lishaut, DB 2000, S. 1784/1785.

[475] Schmidt, in: Schmidt, § 15 EStG Rn. 664.

[476] Reiß, BB 2000, S. 1965.

Bilanz vor der Übertragung:

Einzelunternehmen A

aktive WG	*300*	*EK*	*400*
Grundstück	*100*		

OHG

aktive WG	*800*	*EK A*	*400*
		EK B	*400*

Bilanz nach der Übertragung:

Einzelunternehmen A

aktive WG	*300*	*EK*	*400*
		Entnahme	*- 100*
			300

OHG

aktive WG	*800*	*EK A*	*400*
Grundstück	*100*	*Einlage A*	*+ 100*
			500
		EK B	*400*

b. Übertragung eines Wirtschaftsguts aus dem Einzelbetriebsvermögen eines Gesellschafters in das Gesamthandsvermögen der Personengesellschaft ohne Gewährung von Gesellschaftsrechten (verdeckte Sacheinlage)

Für die verdeckte Sacheinlage gilt dasselbe wie für die offene Sacheinlage (s.o. E. I. 2. a.). Auch die Übertragung von Wirtschaftsgütern aus dem Einzelbetriebsvermögen eines Gesellschafters in das Gesamthandsvermögen der Personengesellschaft ohne Gewährung von Gesellschaftsrechten ist nach dem finalen Entnahmebegriff der Rechtsprechung[477] keine Entnahme bzw. Einlage, sofern die Besteuerung der stillen Reserven sichergestellt ist. Für die Anwendung des § 4 Abs. 4a EStG sind aber auch in dieser Fallgestaltung der Abgang aus dem Einzelbetriebsvermögen und der Zugang[478] in dem Gesamthandsvermögen als Entnahme bzw. Einlage zu behandeln. Diese Einlage bzw. Entnahme ist gemäß § 6 Abs. 5 Satz 3 Nr. 1 EStG mit dem Buchwert anzusetzen.

Wird ein Einzelwirtschaftsgut ohne Gewährung von Gesellschaftsrechten aus dem Betriebsvermögen eines Gesellschafters in das Gesamthandsvermögen der Gesellschaft übertragen, geht zwangsläufig ein Teil der stillen Reserven des übertragenen Wirtschaftsguts auf die anderen Gesellschafter über. Dem übertragenden Gesellschafter kann in diesem Fall nicht, wie bei der offenen Sacheinla-

[477] Für den umgekehrten Fall: BFH vom 25. Juli 2000, VIII R 46/99, DStR 2000, S. 1905 ff.; vgl. D. V. 2. a. bb.

[478] Wendet man § 4 Abs. 4a EStG entgegen der hier vertretenen Ansicht gesellschafterbezogen an, ist die Einlage im Rahmen der Ermittlung der Überentnahmen bei allen Gesellschaftern anteilig nach dem Gewinnverteilungsschlüssel anzusetzen. Die Vermögensmehrung tritt in der Personengesellschaft nämlich bei allen Gesellschaftern in ihrer gesamthänderischen Verbundenheit ein und erhöht das Entnahmepotenzial jedes Gesellschafters anteilig.

ge, die Vermögensmehrung im vollen Umfang durch die Errichtung einer negativen Ergänzungsbilanz gutgeschrieben werden.

Beispiel: Gesellschafter A bringt ein Grundstück (Teilwert 200) mit einem Buchwert von 100 aus seinem Einzelbetriebsvermögen in das Gesamthandsvermögen der OHG ein. Der Vermögenszuwachs wird nicht auf dem Kapitalkonto des einbringenden Gesellschafters, sondern auf einem allgemeinen Rücklagenkonto[479] *gutgeschrieben, so dass an dem Vermögenszugang alle Gesellschafter entsprechend ihrer Beteiligungsquote partizipieren.*

Bilanz vor der Übertragung:

Betriebsvermögen A

aktive WG	*300*	*EK*	*400*
Grundstück	*100*		

OHG

aktive WG	*800*	*EK A*	*400*
		EK B	*400*

Bilanz nach der Übertragung:

Betriebsvermögen A

aktive WG	*300*	*EK*	*400*
		Entnahme	*- 100*
			300

OHG

aktive WG	*800*	*EK A*	*400*
Grundstück	*100*	*EK B*	*400*
		Rücklagenkto.	*100*
		(Einlage)	

c. Entgeltliche Veräußerung

Zu fremdüblichen Bedingungen abgeschlossene Veräußerungsgeschäfte zwischen den Gesellschaftern und der Personengesellschaft erkennt der BFH[480] in ständiger Rechtsprechung steuerlich an. Beim veräußernden Gesellschafter führt das Veräußerungsgeschäft im vollen Umfang zur Gewinnrealisierung, bei der erwerbenden Personengesellschaft zu einem entgeltlichen Erwerbsvorgang i.S.d. § 6 Abs. 1 Nr. 1, Nr. 2 EStG.

---

[479] Erforderlich ist für eine unentgeltliche Übertragung, dass das übertragene Wirtschaftsgut auf einem Konto gutgeschrieben wird, das keine Stimmrechte und Gewinnbezugsrechte vermittelt; Patt, in: Herrmann/Heuer/Raupach, Steuerreform 1999/2000/2002, § 6 EStG Rn. R 132.

[480] BFH vom 28. Januar 1976, I R 84/74, BStBl II 1976, S. 744/745; BFH vom 21. Oktober 1976, IV R 210/72, BStBl II 1977, S. 145/146 f.; BFH vom 3. Mai 1993, GrS 3/92, BStBl II 1993, S. 616 ff.

d. Gutschrift auf dem Darlehenskonto

Eine steuerwirksame Veräußerung liegt auch vor, wenn das Entgelt nicht ausgezahlt, sondern auf dem Darlehenskonto des veräußernden Gesellschafters gutgeschrieben wird (s.o. E. I. 1. d.). Im Einzelbetrieb entsteht ein Gewinn in Höhe der Differenz zwischen dem Buchwert des Wirtschaftsguts und dem gezahlten Verkaufspreis. Durch die Gutschrift auf dem Darlehenskonto wird die Gegenleistung in das Sonderbetriebsvermögen des veräußernden Gesellschafters eingebracht[481]. Diese Einbringung des Entgelts kann auch als Überführung aus dem Einzelbetriebsvermögen in das Sonderbetriebsvermögen aufgefasst werden. Nach dem finalen Entnahmebegriff der Rechtsprechung[482] ist die Überführung eines Wirtschaftsguts aus dem Einzelbetriebsvermögen eines Steuerpflichtigen in dessen Sonderbetriebsvermögen bei einer Personengesellschaft keine Entnahme bzw. Einlage, sofern die Besteuerung der stillen Reserven sichergestellt ist. Anders ist dies allerdings für die Berechnung der Überentnahmen. Wegen der betriebsbezogenen Anwendung des § 4 Abs. 4a EStG sind Überführungen zwischen verschiedenen Betriebsvermögen desselben Steuerpflichtigen als Entnahme aus dem abgebenden Betriebsvermögen und als Einlage in das aufnehmende Betriebsvermögen zu behandeln (s.o. D. V. 2. c. bb.). Wird das Entgelt auf dem Darlehenskonto des veräußernden Gesellschafters gutgeschrieben, ist für die Berechnung der Überentnahmen gemäß § 4 Abs. 4a EStG von einer Entnahme des Kaufpreises aus dem Einzelbetriebsvermögen und von einer Einlage in das Sonderbetriebsvermögen auszugehen. Diese Entnahme und Einlage sind gemäß § 6 Abs. 5 Satz 2 EStG mit dem Buchwert anzusetzen, sofern die Besteuerung der stillen Reserven sichergestellt ist. Da hier aber nicht die Entnahme des Wirtschaftsguts, sondern die Entnahme des gezahlten Entgelts untersucht wird, ist der Unterschied zwischen dem Buchwert und dem Teilwert unerheblich. Maßgeblich für den Wert der Entnahme bzw. Einlage ist der Veräußerungspreis des Wirtschaftsguts, wie er auf dem Darlehenskonto des Gesellschafters gutgeschrieben wird. Da steuerlich eine Veräußerung zwischen Gesellschaftern und Gesellschaft nur anerkannt wird, wenn fremdübliche Bedingungen vorliegen, muss das vereinbarte Entgelt dem Preis entsprechen, den die Personengesellschaft auch einem fremden Dritten gezahlt hätte[483].

---

481 Vgl. dazu den Fall, BFH vom 11. Dezember 1997, IV R 28/97, BFH/NV 1998, S. 836, in dem der BFH eine gewinnrealisierende Veräußerung bejaht, unabhängig davon, ob der Gesellschafter den erzielten Kaufpreis anschließend in das Gesellschaftsvermögen einlegt oder nicht.

482 BFH vom 19. Februar 1991, VIII R 65/89, BStBl II 1991, S. 789/791; BFH vom 29. Juli 1997, VIII R 57/94, BStBl II 1998, S. 652/655.

483 Zum umgekehrten Fall, BFH vom 28. Januar 1976, I R 84/74, BStBl II 1976, S. 744; BFH vom 11. Dezember 1997, IV R 28/97, BFH/NV 1998, S. 836.

Beispiel: Gesellschafter A veräußert ein Grundstück (Teilwert 200) aus seinem Einzelbetriebsvermögen an die Gesellschaft. Das Entgelt von 200 wird seinem Darlehenskonto gutgeschrieben. Gesellschafter A und Gesellschafter B sind zu gleichen Teilen an der OHG beteiligt.

Bilanz vor der Übertragung:

Betriebsvermögen A

aktive WG	*300*	*EK*	*400*
Grundstück	*100*		

OHG

aktive WG	*800*	*EK A*	*400*
		EK B	*400*

Bilanz nach der Übertragung:

Betriebsvermögen A

aktive WG	*300*	*EK*	*400*
		Gewinn	*+100*
		Entnahme	*-200*
			300

OHG

aktive WG	*800*	*EK A*	*400*
Grundstück	*200*	*EK B*	*400*
		DK A	*200*

Sonderbilanz A

Forderung gegen die OHG (DK A)	*200*	*Einlage*	*+200*

Für die Berechnung der Überentnahmen gemäß § 4 Abs. 4a EStG sind beim Einzelunternehmen ein Gewinn in Höhe von 100 und eine Entnahme in Höhe von 200, bei der Personengesellschaft eine Einlage in das Sonderbetriebsvermögen des Gesellafters A in Höhe von 200 anzusetzen.

3. Übertragung von Einzelwirtschaftsgütern aus dem Sonderbetriebsvermögen eines Gesellschafters in das Gesamthandsvermögen derselben Personengesellschaft oder einer anderen Personengesellschaft, an der der Gesellschafter beteiligt ist

a. Übertragung eines Wirtschaftsguts aus dem Sonderbetriebsvermögen eines Gesellschafters in das Gesamthandsvermögen derselben Personengesellschaft oder einer anderen Personengesellschaft, an der der Gesellschafter beteiligt ist, gegen Gewährung oder Erweiterung von Gesellschaftsrechten (offene Sacheinlage)

aa. Übertragung in das Gesamthandsvermögen derselben Personengesellschaft

Überträgt ein Gesellschafter ein Wirtschaftsgut aus seinem Sonderbetriebsvermögen in das Gesamthandsvermögen derselben Personengesellschaft gegen Gewährung von Gesellschaftsrechten, ist die Übertragung keine Entnahme bzw. Einlage, sondern ein tauschähnlicher Vorgang[484]. Die Gesellschaftsrechte stellen eine Gegenleistung für die Einbringung des Wirtschaftsguts dar. Obwohl das Wirtschaftsgut innerhalb des Betriebsvermögens einer Personengesellschaft (Sonderbetriebsvermögen und Gesamthandsvermögen bilden das Betriebsvermögen der Personengesellschaft) übertragen wird, sollte für die Anwendung des § 4 Abs. 4a EStG wie bei der Übertragung eines Wirtschaftsguts aus dem Einzelbetriebsvermögen eines Gesellschafters in das Gesamthandsvermögen der Gesellschaft eine Entnahme aus dem abgebenden Sonderbetriebsvermögen und eine Einlage in das aufnehmende Gesamthandsvermögen angesetzt werden[485] (s.o. D. V. 2. c. cc.; der Ansatz der Entnahme bzw. Einlage hat keine Auswirkung auf die Höhe der Überentnahmen). Die Gewährung von Gesellschaftsrechten steht dieser Vorgehensweise nicht entgegen, da die Gegenleistung im Gesamthandsvermögen der Gesellschaft verbleibt. Die anzusetzende Entnahme bzw. Einlage fließt in die Berechnung der Überentnahmen gemäß § 6 Abs. 5 Satz 3 Nr. 2 EStG mit dem Buchwert ein. Eine Gewinnrealisierung im abgebenden Sonderbetriebsvermögen wird dadurch vermieden.

Beispiel: Gesellschafter A überträgt ein Grundstück (Teilwert 200) mit einem Buchwert von 100 gegen Erweiterung seiner Gesellschaftsrechte aus seinem Sonderbetriebsvermögen in das Gesamthandsvermögen der Gesellschaft. Gesellschafter A und B waren bisher zu gleichen Teilen an der OHG beteiligt.

---

[484] Für den Fall der Einbringung eines Wirtschaftsguts aus dem Einzelbetriebsvermögen eines Gesellschafters in das Gesamthandsvermögen der Gesellschaft gegen Gewährung von Gesellschaftsrechten: BFH vom 15. Juli 1976, I R 17/74, BStBl II 1976, S. 748/749; BFH vom 6. November 1985, I R 242/81, BStBl II 1986, S. 333/334; für den Fall der Einbringung eines Wirtschaftsguts aus dem Sonderbetriebsvermögen eines Gesellschafters in das Gesamthandsvermögen der Gesellschaft: BMF vom 20. Dezember 1977, IV B 2 – S 2241 – 231/77, BStBl I 1978, S. 8, Tz. 24-27.

[485] Vertritt man die Ansicht, dass § 4 Abs. 4a EStG gesellschafterbezogen anzuwenden ist, ist der Ansatz einer Entnahme bzw. Einlage nicht zwingend erforderlich, wenn dem übertragenden Gesellschafter Gesellschaftsrechte als Gegenleistung gewährt werden. Das Sonderbetriebsvermögen wird durch die Übertragung um den Wert gemindert, um den sich der Anteil des Gesellschafters am Gesamthandsvermögen erhöht. Da für die Anwendung des § 4 Abs. 4a EStG neben dem jeweiligen Anteil am Gesamthandsvermögen das Sonderbetriebsvermögen des einzelnen Gesellschafters zu berücksichtigen ist, wirken sich Vermögensverschiebungen auch bei der gesellschafterbezogenen Betrachtungsweise auf die Ermittlung der Überentnahmen nicht aus, wenn Wirtschaftsgüter trotz der Übertragung innerhalb einer Personengesellschaft dem Vermögen desselben Gesellschafters zugerechnet werden können.

Bilanz vor der Übertragung:

OHG			
aktive WG	*800*	*EK A*	*400*
		EK B	*400*

Sonderbetriebsvermögen A			
aktive WG	*100*	*SK*	*200*
Grundstück	*100*		

Bilanz nach der Übertragung:

OHG			
aktive WG	*800*	*EK A*	*400*
Grundstück	*100*	*Einlage*	*+100*
			500
		EK B	*400*

Sonderbetriebsvermögen A			
aktive WG	*100*	*SK*	*200*
		Entnahme	*-100*
			100

bb. Übertragung in das Gesamthandsvermögen einer anderen Personengesellschaft, an der der Gesellschafter beteiligt ist

Überträgt ein Gesellschafter ein Einzelwirtschaftsgut aus seinem Sonderbetriebsvermögen in das Gesamthandsvermögen einer anderen Personengesellschaft, an der er beteiligt ist, gegen Gewährung von Gesellschaftsrechten, so sind für die Anwendung des § 4 Abs. 4a EStG wegen der betriebsbezogenen Betrachtungsweise[486] eine Entnahme aus dem abgebenden Sonderbetriebsvermögen und eine Einlage in das aufnehmende Gesamthandsvermögen anzusetzen[487]. In § 6 Abs. 5 Satz 3 Nr. 2 EStG ist seit dem UntStFG geregelt[488], dass auch bei der Übertragung eines Wirtschaftsguts aus dem Sonderbetriebsvermögen eines

[486] Die Überentnahmen sind für jede Personengesellschaft getrennt zu ermitteln. Da sich jede Vermögensverschiebung zwischen verschiedenen Betriebsvermögen auch in der Überentnahmeberechnung widerspiegeln muss, ist der Ansatz einer Entnahme bzw. einer Einlage zwingend erforderlich; vgl. auch C. V. 2. b. bb. ccc.

[487] Ob diesem Übertragungsvorgang nach dem finalen Entnahmebegriff der Rechtsprechung eine Entnahme bzw. Einlage zugrunde liegt, ist fraglich. Auf jeden Fall passt die Begründung des BFH, dass bei Übertragungen innerhalb einer Personengesellschaft keine Entnahme bzw. Einlage vorliegt, weil das Wirtschaftsgut den Funktionszusammenhang, in dem es bisher bei der Gesellschaft stand, nicht verlässt, nicht mehr, wenn ein Wirtschaftsgut aus dem Sonderbetriebsvermögen eines Gesellschafters in das Betriebsvermögen einer anderen Personengesellschaft übertragen wird.

[488] Aufgrund der Kritik in der Literatur, dass eine steuerneutrale Übertragung über Umwege stets erreicht werden kann, wurde die Regelung des § 6 Abs. 5 Satz 3 EStG i.d.F. des StSenkG um diese Variante erweitert. Ein Gesellschafter musste nämlich nur das Wirtschaftsgut aus seinem einen Sonderbetriebsvermögen in sein Sonderbetriebsvermögen bei der anderen Gesellschaft gemäß § 6 Abs. 5 Satz 2 EStG zum Buchwert überführen. Anschließend konnte er das Wirtschaftsgut aus dem Sonderbetriebsvermögen in das Gesamthandsvermögen derselben Personengesellschaft steuerneutral gemäß § 6 Abs. 5 Satz 3 Nr. 2 EStG übertragen.

Gesellschafters in das Gesamthandsvermögen einer anderen Personengesellschaft, an der der Gesellschafter beteiligt ist, der Buchwert anzusetzen ist, sofern die Besteuerung der stillen Reserven sichergestellt ist.

Beispiel: Gesellschafter A überführt ein Grundstück (Teilwert 200) mit einem Buchwert von 100 aus seinem Sonderbetriebsvermögen bei der Gesellschaft AC gegen Erweiterung seiner Gesellschaftsrechte in das Gesamthandsvermögen der Gesellschaft AB, an der er neben Gesellschafter B zu 50% beteiligt ist.

Bilanzen vor der Übertragung:

OHG A + B			
aktive WG	*800*	*EK A*	*400*
		EK B	*400*

Sonderbetriebsvermögen A bei AC			
aktive WG	*100*	*SK*	*200*
Grundstück	*100*		

Bilanz nach der Übertragung:

OHG A + B			
aktive WG	*800*	*EK A*	*400*
Grundstück	*100*	*Einlage*	*+100*
			500
		EK B	*400*

Sonderbetriebsvermögen A bei AC			
aktive WG	*100*	*SK*	*200*
		Entnahme	*-100*
			100

b. Übertragung eines Wirtschaftsguts aus dem Sonderbetriebsvermögen eines Gesellschafters in das Gesamthandsvermögen derselben Personengesellschaft oder einer anderen Personengesellschaft, an der der Gesellschafter beteiligt ist, ohne Gewährung von Gesellschaftsrechten (verdeckte Sacheinlage)

aa. Übertragung in das Gesamthandsvermögen derselben Personengesellschaft

Überträgt ein Gesellschafter ein Wirtschaftsgut aus seinem Sonderbetriebsvermögen in das Gesamthandsvermögen der Personengesellschaft ohne Erweiterung seiner Gesellschaftsrechte, liegt nach dem finalen Entnahmebegriff des BFH[489] weder eine Entnahme noch eine Einlage vor. Für die Anwendung des §

---

[489] Vgl. BFH vom 12. Oktober 1977, I R 248/74, BStBl II 1978, S. 191/192; BFH vom 24. März 1992, VIII R 48/90, BStBl II 1993, S. 93/95: Der BFH hat bei der unentgeltlichen Übertragung eines Wirtschaftsguts aus dem Sonderbetriebsvermögen eines Gesellschafters in das Sonderbetriebsvermögen eines anderen Gesellschafters derselben Personengesellschaft eine Entnahme abgelehnt, obwohl die gesamten stillen Reserven auf den anderen Gesellschafter

4 Abs. 4a EStG ist der Ansatz einer Entnahme bzw. Einlage wegen der betriebsbezogenen Ermittlung der Überentnahmen zwar nicht zwingend erforderlich, aus Gründen der Übersichtlichkeit aber zu empfehlen[490]. Wegen § 6 Abs. 5 Satz 3 Nr. 2 EStG[491] ist diese Entnahme aus dem Sonderbetriebsvermögen bzw. Einlage in das Gesamthandsvermögen mit dem Buchwert zu bewerten.

Beispiel: Gesellschafter A legt ein Grundstück (Buchwert 100; Teilwert 200) aus seinem Sonderbetriebsvermögen ohne Gewährung von Gesellschaftsrechten in das Gesamthandsvermögen der Gesellschaft ein. Gesellschafter A und B sind zu gleichen Teilen an der Personengesellschaft beteiligt.

Bilanz vor der Übertragung:

OHG

aktive WG	*800*	*EK A*	*400*
		EK B	*400*

Sonderbetriebsvermögen A

aktive WG	*100*	*SK*	*200*
Grundstück	*100*		

Bilanz nach der Übertragung:

OHG A + B

aktive WG	*800*	*EK A*	*400*
Grundstück	*100*	*EK B*	*400*
		Rücklagenkto. (Einlage)	*100*

Sonderbetriebsvermögen A

aktive WG	*100*	*SK*	*200*
		Entnahme	*-100*
			100

übergehen. Dasselbe muss auch für die Übertragung eines Wirtschaftsguts aus dem Sonderbetriebsvermögen eines Gesellschafters in das Gesamthandsvermögen der Gesellschaft gelten, bei der nur ein Teil der stillen Reserven auf andere Gesellschafter verlagert wird.

[490] Ermittelt man die Überentnahmen gesellschafterbezogen, ist der Ansatz einer Entnahme bzw. Einlage zwingend. Bei der verdeckten Sacheinlage tritt die Vermögensmehrung in der Gesamthand gerade nicht bei dem einbringenden Gesellschafter ein, sondern bei allen Gesellschaftern in ihrer gesamthänderischen Verbundenheit. Dadurch verändert sich das Entnahmevolumen jedes einzelnen Gesellschafters, was sich auch in der Berechnung der Überentnahmen widerspiegeln muss. Die Einlage in das Gesamthandsvermögen ist deshalb bei der Ermittlung der Überentnahmen bei jedem Gesellschafter anteilig entsprechend dem Gewinnverteilungsschlüssel anzusetzen.

[491] In § 6 Abs. 5 Satz 3 Nr. 2 EStG wird die Übertragung von Wirtschaftsgütern ohne Gewährung oder Minderung von Gesellschaftsrechten und ohne sonstiges Entgelt als unentgeltliche Übertragung bezeichnet.

bb. Übertragung in das Gesamthandsvermögen einer anderen Personengesellschaft, an der der Gesellschafter beteiligt ist

Überträgt ein Gesellschafter ein Wirtschaftsgut seines Sonderbetriebsvermögens nicht in das Gesamthandsvermögen derselben Personengesellschaft, sondern in das Gesamthandsvermögen einer anderen Gesellschaft, an der er beteiligt ist, ohne Gewährung von Gesellschaftsrechten, sind wegen der betriebsbezogenen Anwendung des § 4 Abs. 4a EStG eine Entnahme aus dem abgebenden Sonderbetriebsvermögen und eine Einlage in das aufnehmende Gesamthandsvermögen für die Ermittlung der Überentnahmen anzusetzen (s.o. D. V. 2. c. bb.). Die Kapitalverschiebung zwischen den beiden Personengesellschaften muss sich in der Berechnung der Überentnahmen widerspiegeln, da die Überentnahmen für jede Gesellschaft gesondert ermittelt werden[492]. Gemäß § 6 Abs. 5 Satz 3 Nr. 2 EStG sind die für die Ermittlung der Überentnahmen anzusetzende Einlage und Entnahme mit dem Buchwert zu bewerten.

Beispiel: Gesellschafter A legt ein Grundstück (Buchwert 100; Teilwert 200) aus seinem Sonderbetriebsvermögen bei der Personengesellschaft AC ohne Gewährung von Gesellschaftsrechten in das Gesamthandsvermögen der Personengesellschaft AB ein. Gesellschafter A und B sind zu gleichen Teilen an der Gesellschaft AB beteiligt.

Bilanz vor der Übertragung:

OHG A + B

aktive WG	*800*	*EK A*	*400*
		EK B	*400*

Sonderbetriebsvermögen A bei AC

aktive WG	*100*	*SK*	*200*
Grundstück	*100*		

Bilanz nach der Übertragung:

OHG A + B

aktive WG	*800*	*EK A*	*400*
Grundstück	*100*	*EK B*	*400*
		Rücklagenkto.	*100*
		(Einlage)	

Sonderbetriebsvermögen A bei AC

aktive WG	*100*	*SK*	*200*
		Entnahme	*-100*
			100

492 Wendet man § 4 Abs. 4a EStG entgegen der hier vertretenen Ansicht gesellschafterbezogen an, ist die Einlage im Rahmen der Ermittlung der Überentnahmen bei allen Gesellschaftern anteilig entsprechen dem Gewinnverteilungsschlüssel anzusetzen. Die Vermögensmehrung tritt in der Personengesellschaft nämlich bei allen Gesellschaftern in ihrer gesamthänderischen Verbundenheit ein und erhöht das Entnahmepotenzial jedes Gesellschafters anteilig.

c. Entgeltliche Veräußerung

Veräußert ein Gesellschafter ein Wirtschaftsgut seines Sonderbetriebsvermögens zu fremdüblichen Bedingungen an die Gesellschaft, handelt es sich um ein steuerlich anzuerkennendes Veräußerungsgeschäft[493] zwischen dem Gesellschafter und der Gesellschaft. Im Sonderbetriebsvermögen wird in Höhe der Differenz zwischen dem Veräußerungspreis und dem Buchwert ein Gewinn realisiert. Gelangt das Entgelt in das Sonderbetriebsvermögen, liegt weder eine Entnahme noch eine Einlage vor. Wird der Kaufpreis auf ein privates Bankkonto des Gesellschafters ausgezahlt, liegt in Höhe der Gegenleistung eine Entnahme vor[494]. Insoweit ist bei der Berechnung der Überentnahmen neben dem Gewinn eine Entnahme aus dem Sonderbetriebsvermögen anzusetzen.

Beispiel: Gesellschafter A veräußert ein Grundstück (Buchwert 100; Verkehrswert 200) seines Sonderbetriebsvermögens an die Gesamthand, die den Kaufpreis in Höhe von 200 auf ein privates Bankkonto des Gesellschafters A überweist.

Bilanz vor der Veräußerung:

OHG

aktive WG	*800*	*EK A*	*400*
		EK B	*400*

Sonderbetriebsvermögen A

aktive WG	*100*	*SK*	*200*
Grundstück	*100*		

Bilanz nach der Veräußerung:

OHG

aktive WG	*600*	*EK A*	*400*
Grundstück	*200*	*EK B*	*400*

Sonderbetriebsvermögen A

aktive WG	*100*	*SK*	*200*
		Gewinn	*+100*
		Entnahme	*-200*
			100

d. Gutschrift auf dem Darlehenskonto

Veräußert ein Gesellschafter ein Wirtschaftsgut seines Sonderbetriebsvermögens zu fremdüblichen Bedingungen an die Gesellschaft, handelt es sich steuerlich um

---

[493] BFH vom 28. Januar 1976, I R 84/74, BStBl II 1976, S. 744/745; BFH vom 21. Oktober 1976, IV R 210/72, BStBl II 1977, S. 145/146 f.; BFH vom 3. Mai 1993, GrS 3/92, BStBl II 1993, S. 616 ff.

[494] Korn, KÖSDI 2000, S. 12548/12559; Ley, NWB Fach 3, S. 11167/11186.

ein Veräußerungsgeschäft wie unter fremden Dritten[495]. Wird das Entgelt auf dem Darlehenskonto des veräußernden Gesellschafters gutgeschrieben, verbleibt die Gegenleistung im Sonderbetriebsvermögen des Veräußerers. Eine Entnahme aus dem Sonderbetriebsvermögen[496] entfällt. Im Sonderbetriebsvermögen wird lediglich ein Gewinn in Höhe der Differenz zwischen dem Kaufpreis und dem Buchwert des Wirtschaftsguts realisiert.

Beispiel: Gesellschafter A veräußert ein Grundstück (Buchwert 100; Teilwert 200) seines Sonderbetriebsvermögens an die Gesamthand für 200. Der Kaufpreis wird auf dem Darlehenskonto des Gesellschafters A gutgeschrieben.

Bilanz vor der Übertragung:

OHG

aktive WG	*800*	*EK A*	*400*
		EK B	*400*

Sonderbetriebsvermögen A

aktive WG	*100*	*SK*	*200*
Grundstück	*100*		

Bilanz nach der Übertragung:

OHG

aktive WG	*800*	*EK A*	*400*
Grundstück	*200*	*EK B*	*400*
		DK A	*200*

Sonderbetriebsvermögen A

aktive WG	*100*	*SK*	*200*
Forderung gegen die OHG (DK A)	*200*	*Gewinn*	*+100*
			300

4. Übertragung von Einzelwirtschaftsgütern aus dem Gesamthandsvermögen einer Personengesellschaft in das Privatvermögen eines Gesellschafters

a. Übertragung eines Wirtschaftsguts aus dem Gesamthandsvermögen einer Personengesellschaft in das Privatvermögen eines Gesellschafters gegen Minderung von Gesellschaftsrechten (offene Sachentnahme)

Überträgt ein Gesellschafter ein Wirtschaftsgut aus dem Gesamthandsvermögen der Personengesellschaft in das Privatvermögen gegen Minderung seiner Gesell-

[495] BFH vom 28. Januar 1976, I R 84/74, BStBl II 1976, S. 744/745; BFH vom 21. Oktober 1976, IV R 210/72, BStBl II 1977, S. 145/146 f.; BFH vom 3. Mai 1993, GrS 3/92, BStBl II 1993, S. 616 ff.

[496] Korn, in: Korn, § 4 EStG Rn. 864.

schaftsrechte, liegt nach Ansicht der Finanzverwaltung[497] ein tauschähnlicher Vorgang vor. Genauso wie im umgekehrten Fall (s.o. E. I. 1. a.) – der Übertragung eines Wirtschaftsguts aus dem Privatvermögen eines Gesellschafters in das Gesamthandsvermögen der Gesellschaft gegen Gewährung von Gesellschaftsrechten – eine Einlage für die Berechnung der Überentnahmen anzusetzen ist, ist der Abgang aus dem Gesamthandsvermögen als Entnahme zu behandeln[498]. Das Betriebsvermögen der Personengesellschaft wird um den Buchwert des Wirtschaftsguts gemindert. Die Entnahme ist bei der Ermittlung der Überentnahmen mit dem Wert anzusetzen, um den die Gesellschaftsrechte des Gesellschafters gemindert werden. Im Betriebsvermögen der Personengesellschaft entsteht ein Gewinn in Höhe der Differenz zwischen dem Buchwert und dem Teilwert des Wirtschaftsguts.

Beispiel: Gesellschafter A überführt ein Grundstück (Buchwert 100; Teilwert 200) aus dem Gesamthandsvermögen der Personengesellschaft in das Privatvermögen gegen Minderung seiner Gesellschaftsrechte.

Bilanz vor der Übertragung:

OHG			
aktive WG	*700*	*EK A*	*400*
Grundstück	*100*	*EK B*	*400*

Bilanz nach der Übertragung:

OHG			
aktive WG	*700*	*EK A*	*400*
		Entnahme	*-200*
			200
		Gewinn	*+100*
		EK B	*400*

---

497 BMF vom 29. März 2000, IV C 2 – S 2178 – 4/00, BStBl I 2000 S. 462/463; die Rechtsprechung hat nur den umgekehrten Fall entschieden, nämlich die Übertragung eines Wirtschaftsguts aus dem Privatvermögen eines Gesellschafters in das Gesamthandsvermögen der Personengesellschaft gegen Gewährung von Gesellschaftsrechten, und dort einen tauschähnlichen Vorgang bejaht (BFH vom 19. Oktober 1998, VIII R 69/95, BStBl II 2000, S. 230). Nach Auffassung von Reiß, in: Kirchhof/Söhn, § 15 EStG Rn. E 144; Schmidt, in: Schmidt, § 15 EStG Rn. 668 und Brandenberg, FR 2000, S. 1182/1186 ist dieser Vorgang – anders als die Übertragung in das Gesamthandsvermögen gegen Gewährung von Gesellschaftsrechten – nicht tauschähnlich, weil die Personengesellschaft für das hingegebene Wirtschaftsgut keine Gegenleistung erhält. Nach früherer Ansicht war die Übertragung eines Wirtschaftsguts aus dem Gesamthandsvermögen einer Gesellschaft in das Privatvermögen eines Gesellschafters immer eine Entnahme, selbst wenn die Gesellschaftsrechte des erwerbenden Gesellschafters gemindert wurden: BMF vom 20. Dezember 1977, IV B 2 – S 2241 – 231/77, BStBl I 1978, S. 8 ff. Rz. 42.

498 Ley, NWB Fach 3, S. 11167/11188.

b. Übertragung eines Wirtschaftsguts aus dem Gesamthandsvermögen einer Personengesellschaft in das Privatvermögen eines Gesellschafters ohne Minderung von Gesellschaftsrechten (verdeckte Sachentnahme)

Die Übertragung eines Wirtschaftsguts aus dem Gesamthandsvermögen einer Gesellschaft in das Privatvermögen eines Gesellschafters ohne Minderung seiner Gesellschaftsrechte ist eine Entnahme[499], die gemäß § 6 Abs. 1 Nr. 4 EStG mit dem Teilwert zu bewerten ist. Durch die Entnahme wird ein Gewinn in Höhe der Differenz zwischen Teilwert und Buchwert realisiert.

c. Entgeltliche Veräußerung

Veräußert die Personengesellschaft ein Wirtschaftsgut zu fremdüblichen Bedingungen an einen Gesellschafter, der das Wirtschaftsgut in das Privatvermögen überführt, handelt es sich steuerlich um ein Veräußerungsgeschäft[500] wie unter fremden Dritten. Die Gesellschaft hat einen Gewinn in Höhe der Differenz zwischen dem Verkaufspreis und dem Buchwert des Wirtschaftsguts. Bezahlt der Gesellschafter das Wirtschaftgut mit privaten Mitteln, liegt keine Entnahme vor. Bei der Berechnung der Überentnahmen ist lediglich der Gewinn der Gesellschaft anzusetzen.

d. Belastung des Darlehenskontos

Veräußert eine Personengesellschaft ein Wirtschaftsgut zu fremdüblichen Bedingungen an einen Gesellschafter, liegt eine entgeltliche Veräußerung selbst dann vor, wenn das Entgelt in der Belastung des Darlehenskontos des erwerbenden Gesellschafters besteht (s.o. E. I. 1. d.). Die Minderung der Forderung des Gesellschafters gegenüber der Gesellschaft ist die Gegenleistung für das Wirtschaftsgut. Auf der Ebene der Gesamthand entsteht ein Veräußerungsgewinn in

---

[499] Eine verdeckte Entnahme liegt vor, wenn ein Gesellschafter ein Wirtschaftsgut des Gesamthandsvermögens zu Lasten des allgemeinen Rücklagenkontos aus der Gesellschaft entnimmt. Die Vermögensminderung tritt bei allen Gesellschaftern in ihrer gesamthänderischen Verbundenheit ein. Sollte man § 4 Abs. 4a EStG, obwohl es eine betriebsbezogene Vorschrift ist, gesellschafterbezogen anwenden (s.o. D. II. 3. d. bb.), müsste für die Berechnung der Überentnahmen die Entnahme aus dem Gesamthandsvermögen bei allen Gesellschaftern anteilig entsprechen dem Gewinnverteilungsschlüssel angesetzt werden. Denn bei jedem Gesellschafter mindert sich durch die Entnahme des Wirtschaftsguts anteilig das für Entnahmen zur Verfügung stehende Entnahmepotenzial.

[500] BFH vom 28. Januar 1976, I R 84/74, BStBl II 1976, S. 744/745; BFH vom 21. Oktober 1976, IV R 210/72, BStBl II 1977, S. 145/146 f.; BFH vom 3. Mai 1993, GrS 3/92, BStBl II 1993, S. 616 ff.

Höhe der Differenz zwischen dem Verkaufspreis und dem Buchwert des Wirtschaftsguts. Überführt der Gesellschafter das Wirtschaftsgut in das Privatvermögen, liegt entweder eine Entnahme des Entgelts oder eine Entnahme des angeschafften Wirtschaftsguts aus dem Sonderbetriebsvermögen vor[501]. Zu bewerten ist diese Entnahme gemäß § 6 Abs. 1 Nr. 4 EStG mit dem Teilwert, wobei es bei einem neu angeschafften Wirtschaftsgut bzw. bei dem Entgelt keinen Unterschied zwischen dem Buchwert und dem Teilwert gibt. Da im Gesellschaftsvermögen ein Gewinn in Höhe der Differenz zwischen dem Kaufpreis und dem Buchwert des Wirtschaftsguts und im Sonderbetriebsvermögen eine Entnahme in Höhe des Teilwerts anzusetzen sind, kommt es in Höhe des Buchwerts des übertragenen Wirtschaftsguts zu einer Überentnahme.

Beispiel: Gesellschafter A überträgt ein Grundstück (Buchwert 100; Verkehrswert 200) aus dem Gesamthandsvermögen in das Privatvermögen. Als Gegenleistung wird das Darlehenskonto des Gesellschafters A mit dem Kaufpreis belastet.

Bilanz vor der Übertragung:

OHG				*Sonderbetriebsvermögen A*			
aktive WG	*700*	*EK*	*250*	*Forderung*	*300*	*SK*	*300*
Grundstück	*100*	*EK*	*250*	*gegen die OHG*			
		DK A	*300*	*(DK A)*			

Bilanz nach der Übertragung:

OHG				*Sonderbetriebsvermögen A*			
aktive WG	*700*	*EK A*	*250*	*Forderung*	*100*	*SK*	*300*
		EK B	*250*	*gegen die OHG*		*Entnahme*	*-200*
		Gewinn	*+100*	*(DK A)*		*SK*	*100*
		DK A	*100*				

[501] Ley, NWB Fach 3, S. 11167/11188.

5. Übertragung von Einzelwirtschaftsgütern aus dem Gesamthandsvermögen einer Personengesellschaft in das Sonderbetriebsvermögen eines Gesellschafters bei derselben Personengesellschaft oder bei einer anderen Personengesellschaft, an der der Gesellschafter beteiligt ist

a. Übertragung eines Wirtschaftsguts aus dem Gesamthandsvermögen einer Personengesellschaft in das Sonderbetriebsvermögen eines Gesellschafters bei derselben Personengesellschaft oder bei einer anderen Personengesellschaft, an der der Gesellschafter beteiligt ist, gegen Minderung von Gesellschaftsrechten (offene Sachentnahme)

aa. Übertragung in das Sonderbetriebsvermögen eines Gesellschafters bei derselben Personengesellschaft

Im Falle der Übertragung eines Wirtschaftsguts aus dem Gesamthandsvermögen einer Personengesellschaft in das Sonderbetriebsvermögen eines Gesellschafters bei derselben Personengesellschaft gegen Minderung seiner Gesellschaftsrechte ist der Tatbestand einer Entnahme nach dem finalen Entnahmebegriff des BFH nicht erfüllt[502]. Es handelt sich vielmehr um einen tauschähnlichen Vorgang. Für die Anwendung des § 4 Abs. 4a EStG ist der Ansatz einer Entnahme bzw. Einlage wegen der betriebsbezogenen Ermittlung der Überentnahmen zwar nicht zwingend erforderlich, aus rechentechnischen Gründen aber zu empfehlen (s.o. D. V. 2. c. cc.). Der Ansatz der Entnahme aus dem Gesamthandsvermögen und der Einlage in das Sonderbetriebsvermögen hebt sich gegenseitig auf und hat keinen Einfluss auf die Höhe der Überentnahmen der Personengesellschaft. Gemäß § 6 Abs. 5 Satz 3 Nr. 2 EStG sind diese Entnahme und Einlage i.S.d. § 4 Abs. 4a EStG mit dem Buchwert zu bewerten, sofern die Besteuerung der stillen Reserven sichergestellt ist. Eine Gewinnrealisierung wird dadurch vermieden.

Beispiel: Gesellschafter A überträgt ein Grundstück (Buchwert 100; Teilwert 200) aus dem Gesamthandsvermögen in sein Sonderbetriebsvermögen. Als Gegenleistung werden seine Gesellschaftsrechte gemindert.

---

[502] Eine Entscheidung des BFH liegt, soweit ersichtlich, noch nicht vor. Grundlegend auch für diesen Fall muss aber das Urteil des BFH (BFH vom 15. Juli 1976, I R 17/74, BStBl II 1976, S. 748/749) sein, wonach die Einbringung eines Wirtschaftsguts aus dem Einzelbetriebsvermögen eines Gesellschafters gegen Gewährung von Gesellschaftsrechten weder eine Entnahme noch eine Einlage, sondern einen tauschähnlichen Vorgang darstellt. Für den umgekehrten Fall muss dasselbe gelten. Nach Ansicht von Reiß, in: Kirchhof/Söhn, § 15 EStG Rn. E 144; Schmidt, in: Schmidt, § 15 EStG Rn. 668 und Brandenberg, FR 2000, S. 1182/1186 ist dieser Vorgang – anders als die Übertragung in das Gesamthandsvermögen gegen Gewährung von Gesellschaftsrechten – nicht tauschähnlich, weil die Personengesellschaft für das hingegebene Wirtschaftsgut keine Gegenleistung erhält.

Bilanz vor der Übertragung:

OHG				Sonderbetriebsvermögen A			
aktive WG	*700*	*EK A*	*400*	*aktive WG*	*100*	*SK*	*100*
Grundstück	*100*	*EK B*	*400*				

Bilanz nach der Übertragung:

OHG				Sonderbetriebsvermögen A			
aktive WG	*700*	*EK A*	*400*	*Forderung*	*100*	*SK*	*100*
		Entnahme A	*-100*	*Grundstück*	*100*	*Einlage*	*+100*
			300				*200*
		EK B	*400*				

bb. Übertragung in das Sonderbetriebsvermögen eines Gesellschafters bei einer anderen Personengesellschaft, an der der Gesellschafter beteiligt ist

Überträgt ein Gesellschafter ein Wirtschaftsgut aus dem Gesamthandsvermögen der Personengesellschaft in sein Sonderbetriebsvermögen bei einer anderen Personengesellschaft, an der er auch beteiligt ist, so sind für die Anwendung des § 4 Abs. 4a EStG wegen der betriebsbezogenen Betrachtungsweise eine Entnahme aus dem Gesamthandsvermögen und eine Einlage in das Sonderbetriebsvermögen anzusetzen[503]. Seit dem UntStFG sieht § 6 Abs. 5 Satz 3 Nr. 2 EStG nunmehr vor[504], dass auch bei einer Übertragung eines Wirtschaftsguts aus dem Gesamthandsvermögen einer Gesellschaft in das Sonderbetriebsvermögen eines Gesellschafters bei einer anderen Gesellschaft, an der der Gesellschafter beteiligt ist, der Buchwert anzusetzen ist, sofern die Besteuerung der stillen Reserven sichergestellt ist.

Beispiel: Gesellschafter A überträgt ein Grundstück (Buchwert 100; Teilwert 200) aus dem Gesamthandsvermögen der AB-OHG in sein Sonderbetriebsvermögen bei der

[503] Jede Vermögensverschiebung zwischen verschiedenen Betriebsvermögen muss sich auch in der Berechnung der Überentnahmen widerspiegeln (s.o. D. V. 2. b. bb. und cc.).

[504] Aufgrund der Kritik in der Literatur wurde die Regelung des StSenkG insoweit erweitert, da eine steuerneutrale Übertragung über folgenden Umweg sowieso erreicht werden konnte: das Wirtschaftsgut musste nur von der Gesamthand in das Sonderbetriebsvermögen des Gesellschafters bei derselben Personengesellschaft gemäß § 6 Abs. 5 Satz 3 EStG übertragen und anschließend von dort aus gemäß § 6 Abs. 5 Satz 2 EStG in das Sonderbetriebsvermögen desselben Gesellschafters bei der anderen Personengesellschaft überführt werden.

AC-OHG. Als Gegenleistung werden seine Gesellschaftsrechte bei der AB-OHG gemindert.

Bilanz vor der Übertragung:

AB - OHG			
aktive WG	*700*	*EK A*	*400*
Grundstück	*100*	*EK B*	*400*

Sonderbetriebsvermögen A bei AC			
aktive WG	*100*	*SK*	*100*

Bilanz nach der Übertragung:

AB - OHG			
aktive WG	*700*	*EK A*	*400*
		Entnahme	*-100*
			300
		EK B	*400*

Sonderbetriebsvermögen A bei AC			
Forderung	*100*	*SK*	*100*
Grundstück	*100*	*Einlage*	*+100*
			200

b. Übertragung eines Wirtschaftsguts aus dem Gesamthandsvermögen einer Personengesellschaft in das Sonderbetriebsvermögen eines Gesellschafters bei derselben Personengesellschaft oder bei einer anderen Personengesellschaft, an der der Gesellschafter beteiligt ist, ohne Minderung von Gesellschaftsrechten (verdeckte Sachentnahme)

aa. Übertragung in das Sonderbetriebsvermögen eines Gesellschafters bei derselben Personengesellschaft

Überträgt ein Gesellschafter ein Wirtschaftsgut aus dem Gesamthandsvermögen der Personengesellschaft ohne Minderung von Gesellschafterchten in sein Sonderbetriebsvermögen bei derselben Personengesellschaft, tätigt der Gesellschafter keine Entnahme, da das Wirtschaftsgut den Funktionszusammenhang, in dem es bisher bei der Personengesellschaft stand, nicht verlässt[505]. Obwohl für die Ermittlung der Überentnahmen wegen der betriebsbezogenen Anwendung des § 4 Abs. 4a EStG der Ansatz einer Entnahme bzw. Einlage nicht erforderlich ist, sollten aus Gründen der Vereinfachung eine Entnahme aus dem Gesamthandsvermögen und eine Einlage in das Sonderbetriebsvermögen angesetzt werden[506].

---

[505] Vgl. BFH vom 12. Oktober 1977, I R 248/74, BStBl II 1978, S. 191/192, BFH vom 24. März 1992, VIII R 48/90, BStBl II 1993, S. 93/95.

[506] Ermittelt man die Überentnahmen entgegen der hier vertretenen Ansicht gesellschafterbezogen, ist der Ansatz einer Entnahme und einer Einlage zwingend, da bei einer verdeckten Sachentnahme die Vermögensminderung in der Gesamthand gerade nicht nur bei dem über-

Diese Einlage und Entnahme sind gemäß § 6 Abs. 5 Satz 3 Nr. 2 mit dem Buchwert zu bewerten[507].

Beispiel: Gesellschafter A überträgt ein Wirtschaftsgut (Buchwert 100; Teilwert 200) zu Lasten des allgemeinen Rücklagenkontos in sein Sonderbetriebsvermögen bei derselben Personengesellschaft.

Bilanz vor der Übertragung:

OHG			
aktive WG	*400*	*EK A*	*200*
Wirtschaftsgut	*100*	*EK B*	*200*
		Rücklagenkto.	*100*

Sonderbetriebsvermögen A			
aktive WG	*300*	*SK*	*300*

Bilanz nach der Übertragung:

OHG			
aktive WG	*400*	*EK A*	*200*
		EK B	*200*
		Rücklagenkto.	*100*
		Entnahme	*-100*

Sonderbetriebsvermögen A			
aktive WG	*300*	*SK*	*300*
Wirtschaftsgut	*100*	*Einlage*	*+100*
			400

bb. Übertragung in das Sonderbetriebsvermögen eines Gesellschafters bei einer anderen Personengesellschaft, an der der Gesellschafter beteiligt ist

Wird das Wirtschaftsgut von einem Gesellschafter nicht in das Sonderbetriebsvermögen bei derselben Personengesellschaft, sondern in das Sonderbetriebsvermögen bei einer anderen Personengesellschaft, an der der Gesellschafter auch beteiligt ist, übertragen, sind wegen der betriebsbezogenen Anwendung des § 4 Abs. 4a EStG eine Entnahme aus dem abgebenden Gesamthandsvermögen und eine Einlage in das aufnehmende Sonderbetriebsvermögen für die Ermittlung der Überentnahmen anzusetzen (vgl. D. V. 2. c. bb.). Durch die Übertragung des

---

tragenden Gesellschafter eintritt, sondern bei allen beteiligten Gesellschaftern in ihrer gesamthänderischen Verbundenheit. Das Entnahmevolumen jedes einzelnen Gesellschafters wird durch diesen Übertragungsvorgang geändert, was auch in der Überentnahmeberechnung nachvollzogen werden muss. Die Entnahme ist bei der Ermittlung der Überentnahmen bei allen Gesellschaftern anteilig enteprechend dem Gewinnverteilungsschlüssel anzusetzen. Dagegen ist bei der gesellschaftsbezogenen Ermittlung der Überentnahmen der Ansatz einer Entnahme bzw. Einlage nicht zwingend erforderlich (vgl. D. V. 2. c. cc.).

[507] Vgl. auch schon zu § 6 Abs. 5 Satz 3 i.d.F. des StSenkG: BMF vom 7. Juni 2001, IV A 6 – S 2241 – 52/01, BStBl I 2001, S. 367, Tz. 2.

Wirtschaftsguts in das Betriebsvermögen einer anderen Personengesellschaft verändert sich das Entnahmevolumen beider Personengesellschaften. Gemäß § 6 Abs. 5 Satz 3 Nr. 2 EStG sind die für die Ermittlung der Überentnahmen anzusetzende Entnahme[508] und Einlage mit dem Buchwert zu bewerten.

Beispiel: Gesellschafter A überträgt ein Wirtschaftsgut (Buchwert 100; Teilwert 200) zu Lasten des allgemeinen Rücklagenkontos aus dem Gesamthandsvermögen der A+B OHG in sein Sonderbetriebsvermögen bei der A+C OHG, an der auch beteiligt ist.

Bilanz vor der Übertragung:

A + B OHG

aktive WG 400	*EK A 200*
Wirtschaftsgut 100	*EK B 200*
	Rücklagenkto. 100

Sonderbetriebsvermögen A bei AC

aktive WG 300	*SK 300*

Bilanz nach der Übertragung:

A + B OHG

aktive WG 400	*EK A 200*
	EK B 200
	Rücklagenkto. 100
	Entnahme -100

Sonderbetriebsvermögen A bei AC

aktive WG 300	*SK 300*
Wirtschaftsgut 100	*Einlage +100*
	400

c. Entgeltliche Veräußerung

Veräußert eine Personengesellschaft ein Wirtschaftsgut aus dem Gesamthandsvermögen an einen Gesellschafter für dessen Sonderbetriebsvermögen zu fremdüblichen Bedingungen, liegt steuerlich ein Veräußerungsgeschäft wie unter fremden Dritten vor[509]. Bezahlt der Gesellschafter das Wirtschaftsgut mit privaten Mitteln, liegt eine Einlage[510] entweder des angeschafften Wirtschaftsguts oder des entsprechenden Geldbetrags in das Sonderbetriebsvermögen vor, die mit dem Teilwert gemäß § 6 Abs. 1 Nr. 4 EStG zu bewerten ist. Für die An-

---

[508] Wendet man § 4 Abs. 4a EStG gesellschafterbezogen an, ist die Entnahme für die Ermittlung der Überentnahmen allen Gesellschaftern anteilig entsprechend dem Gewinnverteilungsschlüssel zuzurechnen. Das Entnahmevolumen i.S.d. § 4 Abs. 4a EStG ändert sich bei der Belastung des allgemeinen Rücklagenkontos bei allen Gesellschaftern anteilig.

[509] BFH vom 28. Januar 1976, I R 84/74, BStBl II 1976, S. 744/745; BFH vom 21. Oktober 1976, IV R 210/72, BStBl II 1977, S. 145/146 f.; BFH vom 3. Mai 1993, GrS 3/92, BStBl II 1993, S. 616 ff.

[510] Ley, DStR 2001, S. 1005/1011.

wendung des § 4 Abs. 4a EStG ist bei der Gesellschaft ein Gewinn und im Sonderbetriebsvermögen des erwerbeneden Gesellschafters eine Einlage anzusetzen.

Beispiel: Eine Personengesellschaft veräußert an ihren Gesellschafter A ein Grundstück (Buchwert 100; Verkehrswert 200), das der Gesellschafter in sein Sonderbetriebsvermögen überführt. Gesellschafter A begleicht den Kaufpreis, den auch ein fremder Dritter gezahlt hätte, mit privaten Mitteln.

Bilanz vor der Veräußerung:

OHG			
aktive WG	*700*	*EK A*	*400*
Grundstück	*100*	*EK B*	*400*

Sonderbetriebsvermögen A			
aktive WG	*100*	*SK*	*100*

Bilanz nach der Veräußerung:

OHG			
aktive WG	*700*	*EK A*	*400*
Bank	*200*	*EK B*	*400*
		Gewinn	*+100*

Sonderbetriebsvermögen A			
aktive WG	*100*	*SK*	*100*
Grundstück	*200*	*Einlage*	*+200*
			300

d. Belastung des Darlehenskontos

Bezahlt der Gesellschafter das Wirtschaftsgut nicht mit privaten Mitteln, sondern wird das Darlehenskonto des erwerbenden Gesellschafters mit dem Kaufpreis belastet, handelt es sich ebenfalls um ein entgeltliches Veräußerungsgeschäft[511]. Auf der Ebene der Personengesellschaft wird ein Gewinn in Höhe der Differenz zwischen dem Kaufpreis und dem Buchwert des Wirtschaftsguts realisiert. Im Gegensatz zur Bezahlung mit privaten Mitteln liegt aber keine Einlage in das Sonderbetriebsvermögen vor, da das Wirtschaftsgut mit Mitteln aus dem Sonderbetriebsvermögen bezahlt wird. Nur der auf der Ebene der Gesellschaft entstandene Gewinn wirkt sich auf die Höhe der Überentnahmen gemäß § 4 Abs. 4a EStG aus.

Beispiel: Die Personengesellschaft veräußert ein Grundstück (Buchwert 100; Verkehrswert 200) aus ihrem Gesamthandsvermögen an den Gesellschafter A für dessen

[511] Brandenberg, FR 2000, S. 1182/1184; Herrmann/Neufang, BB 2000, S. 2599/2602; Kloster/Kloster, GmbHR 2000, S. 1129/1132; van Lishaut, DB 2000, S. 1784/1785; Thiel/Rödder, FR 1998, S. 401/405: insbesondere Fn. 24; a.A. Rödder/Schumacher, DStR 2000, S. 1453/1458.

Sonderbetriebsvermögen, wobei in Höhe des Kaufpreises sein Darlehnskonto belastet wird.

Bilanz vor der Übertragung:

OHG				*Sonderbetriebsvermögen A*			
aktive WG	*700*	*EK A*	*250*	*Forderung*	*300*	*SK*	*300*
Grundstück	*100*	*EK B*	*250*	*gegen die OHG*			
		DK A	*300*	*(DK A)*			

Bilanz nach der Übertragung:

OHG				*Sonderbetriebsvermögen A*			
aktive WG	*700*	*EK A*	*250*	*Forderung*	*100*	*SK*	*300*
		EK B	*250*	*gegen die OHG*			
		Gewinn	*+100*	*(DK A)*			
		DK A	*100*	*Grundstück*	*200*		

6. Übertragung von Einzelwirtschaftsgütern aus dem Gesamhandsvermögen einer Personengesellschaft in das Einzelbetriebsvermögen eines Gesellschafters

a. Übertragung eines Wirtschaftsguts aus dem Gesamthandsvermögen einer Personengesellschaft in das Einzelbetriebsvermögen eines Gesellschafters gegen Minderung von Gesellschaftsrechten (offene Sachentnahme)

Wird ein Wirtschaftsgut aus dem Gesamthandsvermögen einer Personengesellschaft in das Einzelbetriebsvermögen eines Gesellschafters gegen Minderung seiner Gesellschaftsrechte übertragen, handelt es sich um einen tauschähnlichen Vorgang[512]. Eine Entnahme aus dem abgebenden Gesamthandsvermögen liegt nach dem finalen Entnahmebegriff des BFH[513] nicht vor. Anders ist dies allerdings für die Anwendung des § 4 Abs. 4a EStG. Da für die Berechnung der

[512] Für den umgekehrten Fall: BFH vom 15. Juli 1976, I R 17/74, BStBl II 1976, S. 748/749; siehe auch BMF vom 20. Dezember 1977, IV B 2 – S 2241 – 231/77, BStBl I 1978, S. 8 ff., Tz. 77 i.V.m. Tz. 57. Nach Ansicht von Reiß, in: Kirchhof/Söhn, § 15 EStG Rn. E 144; Schmidt, in: Schmidt, § 15 EStG Rn. 668 und Brandenberg, FR 2000, S. 1182/1186, ist dieser Vorgang – anders als die Übertragung in das Gesamthandsvermögen gegen Gewährung von Gesellschaftsrechten – nicht tauschähnlich, weil die Personengesellschaft für das hingegebene Wirtschaftsgut keine Gegenleistung erhält.

[513] Im umgekehrten Fall hat der BFH eine Entnahme aus dem Einzelbetriebsvermögen verneint (BFH vom 15. Juli 1976, I R 17/74, BStBl II 1976, S. 748/749).

Überentnahmen Übertragungen zwischen verschiedenen Betriebsvermögen wegen der betriebsbezogenen Ermittlung der Überentnahmen als Einlage und Entnahme zu behandeln sind (s.o. D. V. 2. c. bb.), ist auch in diesem Fall eine Entnahme aus dem Gesamthandsvermögen bzw. eine Einlage in das Einzelbetriebsvermögen anzusetzen. Diese Einlage und Entnahme sind gemäß § 6 Abs. 5 Satz 3 Nr. 1 EStG mit dem Buchwert zu bewerten. Ein Gewinnrealisierung wird dadurch vermieden.

Beispiel: Gesellschafter A überträgt ein Grundstück (Buchwert 100; Teilwert 200) aus dem Gesamthandsvermögen der Personengesellschaft gegen Minderung seiner Gesellschaftsrechte in sein Einzelbetriebsvermögen.

Bilanz vor der Übertragung:

OHG			
aktive WG	*700*	*EK A*	*400*
Grundstück	*100*	*EK B*	*400*

Betriebsvermögen A			
aktive WG	*300*	*EK*	*300*

Bilanz nach der Übertragung:

OHG			
aktive WG	*700*	*EK A*	*400*
		Entnahme A	*-100*
			300
		EK B	*400*

Sonderbetriebsvermögen A			
aktive WG	*300*	*EK*	*300*
Grundstück	*100*	*Einlage*	*+100*
			400

b. Übertragung eines Wirtschaftsguts aus dem Gesamthandsvermögen einer Personengesellschaft in das Einzelbetriebsvermögen eines Gesellschafters ohne Minderung von Gesellschaftsrechten (verdeckte Sachentnahme)

Wird ein Wirtschaftsgut unentgeltlich aus dem Gesamthandsvermögen einer Personengesellschaft in das Betriebsvermögen eines Gesellschafters übertragen, ist der Tatbestand einer Entnahme wegen des finalen Entnahmebegriffs nicht erfüllt[514]. Für die Anwendung des § 4 Abs. 4a EStG muss sich aber wegen der betriebsbezogenen Betrachtungsweise jede Kapitalverschiebung zwischen ver-

[514] BFH vom 25. Juli 2000, VIII R 46/99, DStR 2000, S. 1905 ff.: Nach Ansicht des BFH ist zu untersuchen, ob eine anteilige Entnahme der übrigen Gesellschafter vorliegt, soweit sie auf ihren Anteil an den stillen Reserven unentgeltlich verzichten. Da in § 6 Abs. 5 Satz 3 Nr. 1 EStG nunmehr der Buchwertansatz zwingend vorgeschrieben ist, dürfen bzw. müssen die stillen Reserven auch nicht anteilig aufgedeckt werden.

schiedenen Betriebsvermögen auch in der Überentnahmeberechnung wieder finden. Da das Wirtschaftsgut aus dem Betriebsvermögen der Personengesellschaft ausscheidet und in das Einzelbetriebsvermögen des Gesellschafters übergeht, sind für die Berechnung der Überentnahmen in der abgebenden Personengesellschaft eine Entnahme[515] und im aufnehmenden Einzelbetriebsvermögen des Gesellschafters eine Einlage anzusetzen. Diese Einlage bzw. Entnahme ist mit dem Buchwert gemäß § 6 Abs. 5 Satz 3 Nr. 1 EStG zu bewerten.

Beispiel: Gesellschafter A entnimmt dem allgemeinen Rücklagenkonto einen Betrag von 100 und überführt diesen in sein Einzelunternehmen.

Bilanz vor der Übertragung:

OHG			
aktive WG	*500*	*EK A*	*200*
		EK B	*200*
		Rücklagenkto.	*100*

Betriebsvermögen A			
aktive WG	*300*	*EK*	*300*

Bilanz nach der Übertragung:

OHG			
aktive WG	*400*	*EK A*	*200*
		EK B	*200*
		Rücklagenkto.	*100*
		Entnahme	*-100*

Betriebsvermögen A			
aktive WG	*400*	*EK*	*300*
		Einlage	*+100*
			400

c. Entgeltliche Veräußerung

Bei der Veräußerung eines Wirtschaftsguts aus dem Gesamthandsvermögen der Personengesellschaft an einen Gesellschafter zu fremdüblichen Bedingungen erzielt die veräußernde Personengesellschaft einen Gewinn in Höhe des Unterschieds zwischen dem Veräußerungserlös und dem Buchwert des Wirtschaftsguts. Im Einzelbetriebsvermögen des erwerbenden Gesellschafters wird das Wirtschaftsgut mit den Anschaffungskosten ausgewiesen. Stammt das Entgelt aus dem Betriebsvermögen liegt weder eine Einlage noch eine Entnahme vor.

---

[515] Wendet man § 4 Abs. 4a EStG gesondert auf jeden Gesellschafter an (gesellschafterbezogene Betrachtungsweise), ist die Entnahme für die Berechnung der Überentnahmen bei jedem Gesellschafter anteilig entsprechend dem Gewinnverteilungsschlüssel anzusetzen. Durch die verdeckte Sachentnahme ändert sich das Entnahmevolumen bei allen Gesellschaftern, was sich bei der gesellschafterbezogenen Betrachtungsweise auch in der Überentnahmeberechnung der Gesellschafter widerspiegeln muss.

Wird der Kaufpreis mit privaten Mitteln bezahlt, wird entweder das Wirtschaftsgut oder das Entgelt in das Einzelbetriebsvermögen des Gesellschafters eingelegt. Diese Einlage ist mit dem Teilwert gemäß § 6 Abs. 1 Nr. 5 EStG zu bewerten.

Beispiel: Gesellschafter A kauft von der Gesamthand ein Grundstück (Buchwert 100; Verkehrswert 200) zu fremdüblichen Bedingungen für seinen Einzelbetrieb. Das Entgelt zahlt er mit betrieblichen Mitteln.
Bilanz vor der Veräußerung:

OHG				*Betriebsvermögen A*			
aktive WG	*700*	*EK A*	*400*	*aktive WG*	*100*	*EK*	*300*
Grundstück	*100*	*EK B*	*400*	*Bank*	*200*		

Bilanz nach der Veräußerung:

OHG				*Betriebsvermögen A*			
aktive WG	*700*	*EK A*	*400*	*aktive WG*	*100*	*EK*	*300*
Kasse	*200*	*EK B*	*400*	*Bank*	*0*		
		Gewinn	*+100*	*Grundstück*	*200*		

d. Belastung des Darlehenskontos

Eine Veräußerung liegt auch vor, wenn der erwerbende Gesellschafter das Entgelt nicht an die Gesellschaft auszahlt, sondern als Gegenleistung sein Darlehenskonto in Höhe des Kaufpreises belastet wird[516]. In Höhe der Differenz zwischen dem Kaufpreis und dem Buchwert des Wirtschaftsguts realisiert die Personengesellschaft einen Veräußerungsgewinn. Da der Gesellschafter das Wirtschaftsgut nicht in das Sonderbetriebsvermögen, dessen Bestandteil das Darlehenskonto ist, sondern in das Einzelbetriebsvermögen überführt, wird entweder der angeschaffte Gegenstand selbst oder der entsprechende Geldbetrag aus dem Sonderbetriebsvermögen in das Betriebsvermögen überführt. Diese Vermögensverschiebung zwischen dem Sonderbetriebsvermögen und dem Einzelbetriebsvermögen desselben Steuerpflichtigen erfüllt den Tatbestand einer Entnahme nicht[517]. Für die Ermittlung der Überentnahmen müssen wegen der betriebsbe-

[516] Brandenberg, FR 2000, S. 1182/1184; Herrmann/Neufang, BB 2000, S. 2599/2602; Kloster/Kloster, GmbHR 2000, S. 1129/1132; van Lishaut, DB 2000, S. 1784/1785; Thiel/Rödder, FR 1998, S. 401/405: insbesondere Fn. 24; a.A. Rödder/Schumacher, DStR 2000, S. 1453/1458.

[517] Nach dem finalen Entnahmebegriff des BFH ist der Tatbestand einer Entnahme nicht erfüllt, wenn ein Gesellschafter ein Wirtschaftsgut seines Sonderbetriebsvermögens in sein Ein-

zogenen Betrachtungsweise aber eine Entnahme aus dem Sonderbetriebsvermögen und eine Einlage in das Einzelbetriebsvermögen angesetzt werden. Diese Entnahme bzw. Einlage ist gemäß § 6 Abs. 5 Satz 2 EStG mit dem Buchwert zu bewerten[518]. Im Rahmen des § 4 Abs. 4a EStG sind bei der Personengesellschaft ein Gewinn, im Sonderbetriebsvermögen des erwerbenden Gesellschafters eine Entnahme in Höhe des Veräußerungspreises und im Einzelunternehmen ein Einlage in Höhe der Anschaffungskosten anzusetzen.

Beispiel: Die Personengesellschaft veräußert ein Grundstück (Buchwert 100; Verkehrswert 200) zu fremdüblichen Bedingungen an den Gesellschafter A, der das Grundstück in sein Einzelbetriebsvermögen überführt. In Höhe des Kaufpreises wird das Darlehenskonto des A belastet.

Bilanz vor der Übertragung:

OHG

aktive WG	*700*	*EK A*	*250*
Grundstück	*100*	*EK B*	*250*
		DK A	*300*

Sonderbetriebsvermögen A

Forderung gegen die OHG (DK A)	*300*	*SK*	*300*

Betriebsvermögen A

aktive WG	*300*	*EK*	*300*

Bilanz nach der Übertragung:

OHG

aktive WG	*700*	*EK A*	*250*
		EK B	*250*
		Gewinn	*+100*
		DK A	*100*

Sonderbetriebsvermögen A

Forderung gegen die OHG (DK A)	*100*	*SK*	*300*
		Entnahme	*-200*

Betriebsvermögen A

aktive WG	*300*	*EK*	*300*
Grundstück	*200*	*Einlage*	*+200*

zelbetriebsvermögen überführt: BFH vom 14. Juni 1988, VIII R 387/83, BStBl II 1989, S. 187.

[518] § 6 Abs. 5 Satz 2 EStG ist anzuwenden, obwohl § 6 Abs. 5 EStG für entgeltliche Veräußerungsgeschäfte nicht gilt (BMF vom 7. Juni 2001, IV A 6 – S 2241 – 52/01, BStBl I 2000, S. 367). Zu bewerten ist hier aber nicht die Veräußerung des Wirtschaftsguts, sondern die Vermögensverschiebung zwischen dem Sonderbetriebsvermögen und dem Einzelbetriebsvermögen des erwerbenden Gesellschafters. Da entweder der Verkaufspreis oder das erworbene Wirtschaftsgut überführt wird, entspricht der Buchwert den Anschaffungskosten des Wirtschaftguts.

7. Überführung eines Wirtschaftsguts aus dem Einzelbetriebsvermögen eines Steuerpflichtigen in dessen Sonderbetriebsvermögen bei einer Personengesellschaft

Nach dem finalen Entnahmebegriff der Rechtsprechung[519] liegen bei der Überführung eines Wirtschaftsguts aus dem Einzelbetriebsvermögen eines Steuerpflichtigen in dessen Sonderbetriebsvermögen bei einer Personengesellschaft keine Entnahme aus dem abgebenden Einzelbetrieb und keine Einlage in das aufnehmende Sonderbetriebsvermögen vor. Diese Situation stellt vielmehr einen Sonderfall der Überführung eines Wirtschaftsguts zwischen verschiedenen Betriebsvermögen desselben Steuerpflichtigen dar. Für die Ermittlung der Überentnahmen müssen aber wegen der betriebsbezogenen Anwendung des § 4 Abs. 4a EStG eine Entnahme aus dem Einzelbetrieb und eine Einlage in das Sonderbetriebsvermögen angesetzt werden[520]. Diese Entnahme und Einlage sind wegen der Sonderregelung in § 6 Abs. 5 Satz 2, 1. Alt. EStG mit dem Buchwert zu bewerten, sofern die Besteuerung der stillen Reserven sichergestellt ist.

Beispiel: Gesellschafter A überführt ein Grundstück (Buchwert 100; Teilwert 200) aus seinem Einzelbetriebsvermögen in sein Sonderbetriebsvermögen bei einer Personengesellschaft.

Bilanz vor der Überführung:

Betriebsvermögen A

aktive WG	300	EK	400
Grundstück	100		

Sonderbetriebsvermögen A

Forderung	100	SK	100

Bilanz nach der Überführung:

Betriebsvermögen A

aktive WG	300	EK	400
		Entnahme	-100
			300

Sonderbetriebsvermögen A

Forderung	100	SK	100
Grundstück	100	Einlage	+100
			200

---

519 BFH vom 7. Februar 1964, VI 19/63 U, BStBl III 1964, S. 328; BFH vom 19. Februar 1991, VIII R 65/89, BStBl II 1991, S. 789/791.

520 Korn, KÖSDI 2000, S. 12548/12559; Ley, NWB Fach 3, S. 11167/11190; s.o. D. V. 2. c. bb.

8. Überführung eines Wirtschaftsguts aus dem Sonderbetriebsvermögen eines Gesellschafters in dessen Einzelbetriebsvermögen

Auch im umgekehrten Fall (vgl. E. I. 7.), der Überführung eines Wirtschaftsguts aus dem Sonderbetriebsvermögen eines Gesellschafters in dessen Einzelbetriebsvermögen, liegt wegen des finalen Entnahmebegriffs des BFH[521] weder eine Entnahme noch eine Einlage vor. Für die Berechnung der Überentnahmen gemäß § 4 Abs. 4a EStG müssen aber eine Entnahme aus dem abgebenden Sonderbetriebsvermögen und eine Einlage in das aufnehmende Einzelbetriebsvermögen angesetzt werden. Beides ist nicht mit dem Teilwert gemäß § 6 Abs. 1 Nr. 4 und Nr. 5 EStG, sondern mit dem Buchwert gemäß § 6 Abs. 5 Satz 2, 1. Alt. EStG zu bewerten, sofern die Besteuerung der stillen Reserven sichergestellt ist.

9. Überführung eines Wirtschaftsguts zwischen verschiedenen Sonderbetriebsvermögen desselben Steuerpflichtigen bei verschiedenen Personengesellschaften

Wird ein Wirtschaftsgut zwischen verschiedenen Sonderbetriebsvermögen desselben Steuerpflichtigen bei verschiedenen Personengesellschaften überführt[522], sind wegen der betriebsbezogenen Ermittlung der Überentnahmen für die Anwendung des § 4 Abs. 4a EStG im abgebenden Betrieb eine Entnahme und im aufnehmenden Betrieb eine Einlage anzusetzen. Diese Entnahme und Einlage sind gemäß § 6 Abs. 5 Satz 2, 2. Alt. EStG mit dem Buchwert zu bewerten, sofern die Besteuerung der stillen Reserven sichergestellt ist

Beispiel: Gesellschafter A überführt das Grundstück (Buchwert 100; Teilwert 200) aus dem Sonderbetriebsvermögen bei der Gesellschaft X in sein Sonderbetriebsvermögen bei der Gesellschaft Y.

---

[521] BFH vom 7. Februar 1964, VI 19/63 U, BStBl III 1964, S. 328; BFH vom 19. Februar 1991, VIII R 65/89, BStBl II 1991, S. 789/791.

[522] Nach dem finalen Entnahmebegriff der Rechtsprechung liegt bei der Überführung eines Wirtschaftsguts zwischen verschiedenen Sonderbetriebsvermögen desselben Steuerpflichtigen bei verschiedenen Personengesellschaften weder eine Entnahme noch eine Einlage vor, da sich diese Situation als ein Sonderfall der Überführung eines Wirtschaftsguts zwischen verschiedenen Betriebsvermögen desselben Steuerpflichtigen darstellt. Entschieden hat der BFH bisher nur den Fall, dass ein Wirtschaftsgut aus dem Sonderbetriebsvermögen eines Gesellschafters in dessen Einzelbetriebsvermögen überführt wird (BFH vom 14. Juni 1988, VIII R 387/83, BStBl II 1989, S. 187 und den umgekehrten Fall, BFH vom 19. Februar 1991, VIII R 65/89, BStBl II 1991, S. 789); vgl. auch Reiß, in: Kirchhof, § 15 EStG Rn. 450; Schmidt, in: Schmidt, § 15 EStG Rn. 681.

Bilanz vor der Überführung:

Sonderbetriebsvermögen bei X

Forderung	*200*	*SK*	*300*
Grundstück	*100*		

Sonderbetriebsvermögen bei Y

Forderung	*300*	*SK*	*300*

Bilanz nach der Überführung:

Sonderbetriebsvermögen bei X

Forderung	*200*	*SK*	*300*
		Entnahme	*-100*
			200

Sonderbetriebsvermögen bei Y

Forderung	*300*	*SK*	*300*
Grundstück	*100*	*Einlage*	*+100*
			400

10. Überführung eines Wirtschaftsguts aus dem Privatvermögen eines Gesellschafters in dessen Sonderbetriebsvermögen

Überführt ein Gesellschafter ein Wirtschaftsgut aus dem Privatvermögen in sein Sonderbetriebsvermögen bei einer Personengesellschaft, liegt eine Einlage in das Sonderbetriebsvermögen vor[523]. Diese Einlage ist gemäß § 6 Abs. 1 Nr. 5 EStG mit dem Teilwert zu bewerten.

Beispiel: Gesellschafter A stellt ein Grundstück (Teilwert 200) seines Privatvermögens der Personengesellschaft zur Nutzung zur Verfügung.

Bilanz vor der Überführung:

Sonderbetriebsvermögen A

Forderung	*100*	*SK*	*100*

Bilanz nach der Überführung:

Sonderbetriebsvermögen A

Forderung	*100*	*SK*	*100*
Grundstück	*200*	*Einlage*	*+200*
			300

---

[523] Reiß, in: Kirchhof, § 15 EStG Rn. 451; Schmidt, in: Schmidt, § 15 EStG Rn. 680.

11. Überführung eines Wirtschaftsguts aus dem Sonderbetriebsvermögen eines Gesellschafters in dessen Privatvermögen

Überführt ein Gesellschafter ein Wirtschaftsgut aus seinem Sonderbetriebvermögen in das Privatvermögen, liegt eine Entnahme vor. Da der Teilwert gemäß § 6 Abs. 1 Nr. 4 EStG anzusetzen ist, entsteht ein Gewinn in Höhe der Differenz zwischen dem Teilwert und dem Buchwert des Wirtschaftsguts.

Beispiel: Gesellschafter A überführt ein Grundstück (Buchwert 100; Teilwert 200) aus seinem Sonderbetriebsvermögen in das Privatvermögen.

Bilanz vor der Überführung:

Sonderbetriebsvermögen A

Forderung	*100*	*SK*	*200*
Grundstück	*100*		

Bilanz nach der Überführung:

Sonderbetriebsvermögen A

Forderung	*100*	*SK*	*200*
		Gewinn	*+100*
		Entnahme	*-200*
			100

12. Übertragung eines Wirtschaftguts zwischen den jeweiligen Sonderbetriebsvermögen verschiedener Gesellschafter derselben Personengesellschaft

a. Entgeltliche Veräußerung

Veräußert ein Gesellschafter ein Wirtschaftsgut seines Sonderbetriebsvermögens zu fremdüblichen Bedingungen an einen anderen Gesellschafter derselben Personengesellschaft für dessen Sonderbetriebsvermögen, liegt ein Veräußerungsgeschäft vor, das steuerlich wie ein Geschäft unter fremden Dritten behandelt wird[524]. Beim veräußernden Gesellschafter entsteht im Sonderbetriebsvermögen ein Gewinn in Höhe der Differenz zwischen dem Veräußerungserlös und dem Buchwert des Wirtschaftsguts. Der erwerbende Gesellschafter setzt das Wirt-

[524] BFH vom 28. Januar 1976, I R 84/74, BStBl II 1976, S. 744/745; BFH vom 21. Oktober 1976, IV R 210/72, BStBl II 1977, S. 145/146 f.; BFH vom 3. Mai 1993, GrS 3/92, BStBl II 1993, S. 616 ff.

schaftsgut in seiner Sonderbilanz mit den Anschaffungskosten an. Wird das Wirtschaftsgut mit Mitteln aus dem Sonderbetriebsvermögen bezahlt, liegt weder eine Entnahme noch eine Einlage vor. Stammt das Entgelt aus dem Privatvermögen, wird entweder der Geldbetrag oder das erworbene Wirtschaftsgut in das Sonderbetriebsvermögen eingelegt.

b. Unentgeltliche Übertragung

Überträgt ein Gesellschafter unentgeltlich ein Wirtschaftsgut aus seinem Sonderbetriebsvermögen in das Sonderbetriebsvermögen eines anderen Gesellschafters derselben Personengesellschaft, liegt nach ständiger Rechtsprechung des BFH[525] weder eine Entnahme noch eine Einlage vor. Obwohl für die Anwendung des § 4 Abs. 4a EStG wegen der gesellschaftsbezogenen Betrachtungsweise der Ansatz einer Entnahme bzw. einer Einlage nicht erforderlich ist, wird aus Gründen der Vereinfachung der Ansatz einer Entnahme aus dem abgebenden Sonderbetriebsvermögen und der Ansatz einer Einlage in das aufnehmende Sonderbetriebsvermögen empfohlen (s.o. D. V. 2. c. cc.)[526]. Gemäß § 6 Abs. 5 Satz 3 Nr. 3 EStG sind diese Einlage und Entnahme mit dem Buchwert zu erfassen.

Beispiel: Gesellschafter A überträgt ein Grundstück (Buchwert 100; Teilwert 200) aus seinem Sonderbetriebsvermögen unentgeltlich auf den Gesellschafter B, der das Grundstück weiterhin derselben Personengesellschaft zur Verfügung stellt.

Bilanz vor der Übertragung:

Sonderbetriebsvermögen A				*Sonderbetriebsvermögen B*			
Forderung	*200*	*SK*	*300*	*Forderung*	*300*	*SK*	*300*
Grundstück	*100*						

525 BFH vom 13. Mai 1966, VI 238/64, BStBl III 1966, S. 505/506; BFH vom 28. August 1974, I R 18/73, BStBl II 1975, S. 166; BFH vom 12. Oktober 1977, I R 248/74, BStBl II 1978, S. 191/192; BFH vom 24. März 1992, VIII R 48/90, BStBl II 1993, S. 93/95.

526 Ermittelt man die Überentnahmen entgegen der hier vertretenen Ansicht gesellschafterbezogen, ist der Ansatz einer Entnahme bzw. Einlage für die Anwendung des § 4 Abs. 4a EStG zwingend. Die Übertragung des Wirtschaftsguts führt zu einer Vermögensverschiebung zwischen den Gesellschaftern der Personengesellschaft, die sich in der Berechnung der Überentnahmen bei dem einzelnen Gesellschafter widerspiegeln muss.

Bilanz nach der Übertragung:

Sonderbetriebsvermögen A			
Forderung	*200*	*SK*	*300*
		Entnahme	*-100*
			200

Sonderbetriebsvermögen B			
Forderung	*300*	*SK*	*300*
Grundstück	*100*	*Einlage*	*+100*
			400

Das Sonderbilanzkapital der Gesellschafter A und B zusammen verändert sich durch die Übertragung nicht. Es beträgt vor und nach der Übertragung insgesamt 600.

II. Die Übertragung eines Gesellschaftsanteils auf einen neu eintretenden Gesellschafter und seine Auswirkung auf § 4 Abs. 4a EStG

1. Entgeltliche Übertragung

Im Falle der entgeltlichen Übertragung eines Gesellschaftsanteils auf einen neu eintretenden Gesellschafter ist eine positive Ergänzungsbilanz für den Erwerber in der Höhe zu erstellen, in der die Anschaffungskosten den Buchwert des Gesellschaftsanteils übersteigen. Im Rahmen der Ermittlung der Überentnahmen ist beim Erwerb mit Eigenmitteln das Kapital der positiven Ergänzungsbilanz im Jahr der erstmaligen Bildung als Einlage zu berücksichtigen. Beim ausscheidenden Gesellschafter entsteht ein Gewinn in Höhe der Differenz zwischen dem Veräußerungspreis und dem Buchwert (§ 16 Abs. 2 EStG). Da in gleicher Höhe eine Entnahme anzusetzen ist, gleichen sich der Gewinn und die Entnahme im Rahmen des § 4 Abs. 4a EStG gegenseitig aus. Auf die Berechnung der Überentnahmen wirkt sich nur die Bildung der positiven Ergänzungsbilanz als Einlage aus.

Da § 4 Abs. 4a EStG gesellschaftsbezogenen anzuwenden ist, berührt der Gesellschafterwechsel die Höhe der Über- bzw. Unterentnahmen der Gesellschaft nicht[527], abgesehen davon dass die nicht abziehbaren Schuldzinsen nach § 4 Abs. 4a EStG nicht mehr dem ausgeschiedenen Gesellschafter, sondern dem Gewinnanteil des neu eingetretenen Gesellschafters hinzuzurechnen sind. Für die Ermittlung der Überentnahmen wird nicht auf den einzelnen Gesellschafter, sondern auf die Gesellschaft als solche abgestellt, die trotz des Gesellschafterwechsels weiterhin fortbesteht. Die vom ausgeschiedenen Gesellschafter verursachten Überentnahmen sind von der Gesellschaft fortzuführen und müssen mit Über- bzw. Unterentnahmen künftiger Jahre verrechnet werden. Umgekehrt

[527] Korn, KÖSDI 2001, S. 12704/12706.

kommt ein in der Vergangenheit durch den Veräußerer entstandenes Entnahmepotenzial der Gesellschaft zugute.

Anders ist dies allerdings, wenn man § 4 Abs. 4a EStG entgegen der hier vertretenen Auffassung gesellschafterbezogen[528] anwendet. Wie bei der Veräußerung eines Einzelbetriebs[529], dürfen bei der entgeltlichen Übertragung eines Gesellschaftsanteils die beim Veräußerer entstandenen Über- bzw. Unterentnahmen nicht auf den Erwerber übergehen. § 4 Abs. 4a EStG ist eine umfassende Gewinnermittlungsvorschrift, die auch auf nachträgliche Schuldzinsen gemäß § 24 Nr. 2 EStG anwendbar ist (s.o. C. V. 2. b.). Die bisherigen Überentnahmen würden in diesem Fall beim Veräußerer weitergeführt, wohingegen beim eintretenden Gesellschafter eine neue Berechnung der Über- und Unterentnahmen beginnt. Zu beachten ist allerdings, dass beim Veräußerer im Rahmen des § 4 Abs. 4a EStG der Veräußerungsgewinn als Gewinn und der Veräußerungserlös, soweit er in das Privatvermögen überführt wird, als Entnahme anzusetzen sind. Beim Erwerber entstehen Einlagen i.S.d. § 4 Abs. 4a EStG, soweit er zur Finanzierung keine Fremdmittel einsetzt.

2. Unentgeltliche Übertragung

Wird ein Gesellschaftsanteil im Wege der vorweggenommenen Erbfolge, in Erbfällen oder in sonstigen Fällen unentgeltlich übertragen, so sind die Buchwerte gemäß § 6 Abs. 3 EStG beim Rechtsnachfolger zwingend[530] fortzuführen. Der Übertragende realisiert keinen Gewinn.
Dementsprechend geht auch das Über- bzw. Unterentnahmevolumen auf den Rechtsnachfolger über[531], unabhängig davon, ob § 4 Abs. 4a EStG gesellschaftsbezogen oder gesellschafterbezogen anzuwenden ist. Bei der gesellschaftsbezogenen Ermittlung der Überentnahmen gilt dies schon deshalb, weil auf die Gesellschaft als solche und nicht auf den einzelnen Gesellschafter abzustellen ist. Selbst wenn man § 4 Abs. 4a EStG – wie hier nicht vertreten - gesellschafterbezogen anwendet, würden im Falle der unentgeltlichen Übertragung die

---

[528] § 4 Abs. 4a EStG ist eine betriebsbezogene Gewinnermittlungsvorschrift und deshalb gesellschaftsbezogen anzuwenden; s.o. D. II. 3. d. bb.

[529] Schallmoser, in: Herrmann/Heuer/Raupach, § 4 EStG Rn. 1072; Korn, in: Korn, § 4 EStG Rn. 847; Kanzler, INF 2000, S. 513/516; Korn, KÖSDI 2001, S. 12704/12706.

[530] Gratz, in: Herrmann/Heuer/Raupach, § 6 EStG Rn. 1380.

[531] In der Literatur wird nur die unentgeltliche Übertragung eines Einzelbetriebs behandelt. Das gleiche muss aber auch für die unentgeltliche Übertragung eines Gesellschaftsanteils gelten, zumal in § 6 Abs. 3 EStG auch der Mitunternehmeranteil genannt wird: Schallmoser, in: Herrmann/Heuer/Raupach, § 4 EStG Rn. 1072; Korn, in: Korn, § 4 EStG Rn. 847; Kanzler, INF 2000, S. 513/516; Korn, KÖSDI 2001, S. 12704/12706; Paus, StWa 2000, S. 57/61; zweifelnd Hegemann/Querbach, DStR 2000, S. 408/415.

Über- bzw. Unterentnahmen des ausscheidenden Gesellschafters vom Rechtsnachfolger übernommen. Zweck der Buchwertverknüpfung bei unentgeltlichen Übertragungen gemäß § 6 Abs. 3 EStG ist gerade, die Gewinnermittlung des Rechtsvorgängers nach den Grundsätzen des Bilanzenzusammenhangs konsequent fortzuführen, so dass auch einzelne Posten[532], wie z.B. der Stand der Über- bzw. Unterentnahmen, auf den Rechtsnachfolger übergehen.

III. Veränderung der Unternehmensform

1. Einbringung eines Betriebs, Teilbetriebs oder eines Mitunternehmeranteils in eine Personengesellschaft gemäß § 24 UmwStG

Nach ständiger Rechtsprechung des BFH[533] handelt es sich bei der Einbringung eines Betriebs, eines Teilbetriebs oder eines Mitunternehmeranteils in eine Personengesellschaft gegen Gewährung von Gesellschaftsrechten um einen tausch- und damit veräußerungsähnlichen Vorgang. Wegen der betriebsbezogenen Betrachtungsweise des § 4 Abs. 4a EStG entstehen durch die Einbringung Entnahmen und Einlagen i.S.d. § 4 Abs. 4a EStG[534]. Beim Einbringenden ist neben einem Gewinn, der bei einer Einbringung über dem Buchwert realisiert wird, eine Entnahme anzusetzen. Dagegen liegt in der aufnehmenden Personengesellschaft eine Einlage vor, die das Entnahmevolumen im Rahmen des § 4 Abs. 4a EStG erhöht. Aus diesem Grund wird die Einbringung gemäß § 24 UmwStG als Gestaltungsmöglichkeit vorgeschlagen[535], um Kapital, das vor dem 1. Januar 1999 in einem Betrieb gebildet worden ist und bei der Ermittlung der Überentnahmen gemäß § 52 Abs. 11 Satz 2 EStG nicht berücksichtigt werden darf, für die Ermittlung der nicht abziehbaren Schuldzinsen nutzbar zu machen.

Des Weiteren stellt sich die Frage, ob nach der Einbringung eines Betriebes die bisherigen Über- bzw. Unterentnahmen fortzuführen sind. Man könnte danach unterscheiden[536], ob der Einbringende gemäß § 24 Abs. 2 UmwStG den Buchwert oder den Teilwert ansetzt. Würden die Buchwerte des Einbringenden fortgeführt, gingen die bisherigen Über- und Unterentnahmen auf den Erwerber

---

532 Kanzler, INF 2000, S. 513/516.

533 BFH vom 25. November 1980, VIII R 32/77, BStBl II 1981, S. 419/421; BFH vom 26. Februar 1981, IV R 98/79, BStBl II 1981, S. 568/569; BFH vom 29. Oktober 1987, IV R 93/85, BStBl II 1988, S. 374/376.

534 Korn, KÖSDI 2001, S. 12704/12706; Ley, DStR 2001, S. 1997/2012.

535 Ley, DStR 2001, S. 1997/2012.

536 Schallmoser, in: Herrmann/Heuer/Raupach, § 4 EStG Rn. 1072; Kanzler, INF 2000, S. 513/516; differenzierend Hegemann/Querbach, DStR 2000, S. 408/415, die eine Zäsur dann bejahen, wenn die Einbringung zum Teilwert erfolgt und das Betriebsvermögen im Wege der Einzelrechtsnachfolge übertragen wird.

über. Dagegen würden bei einem Teilwertansatz die bisherigen Über- und Unterentnahmen nicht beim Rechtsnachfolger fortgeführt. Gegen dieses Vorgehen spricht, dass es sich auch bei einer Einbringung zum Buchwert um einen veräußerungsähnlichen Vorgang handelt, der mit einer unentgeltlichen Übertragung gemäß § 6 Abs. 3 EStG nicht vergleichbar ist, selbst wenn in beiden Fällen die Buchwerte angesetzt werden[537]. Außerdem ist im Rahmen des § 4 Abs. 4a EStG wegen der betriebsbezogenen Betrachtungsweise nicht auf den Einbringenden, sondern auf die gesamte aufnehmende Personengesellschaft abzustellen. Unabhängig davon, ob bei der Einbringung gemäß § 24 UmwStG der Teilwert oder der Buchwert angesetzt wird, findet eine Zäsur der bisherigen Über- bzw. Unterentnahmen statt[538], so dass die Über- und Unterentnahmen des einbringenden Betriebs nicht fortgeführt werden dürfen.

2. Umwandlung einer Kapitalgesellschaft in eine Personengesellschaft oder umgekehrt

a. Umwandlung einer Kapitalgesellschaft in eine Personengesellschaft gemäß § 3 UmwStG

Da bei einer Kapitalgesellschaft mangels Privatsphäre keine Entnahmen denkbar sind, ist § 4 Abs. 4a EStG auf Körperschaften nicht anwendbar[539]. Überentnahmen können erst nach der Umwandlung in eine Personengesellschaft ermittelt werden[540]. Es stellt sich dann die Frage, ob das in der Kapitalgesellschaft gebildete positive Kapital nach der Umwandlung in der Personengesellschaft als Entnahmepotenzial zur Verfügung steht. Würde man mit der Ermittlung der Überentnahmen beginnen, ohne das bereits in der Kapitalgesellschaft entstandene positive Eigenkapital als Unterentnahme zu berücksichtigen, könnten in der umgewandelten Personengesellschaft Überentnahmen entstehen, obwohl die Gesellschaft ein positives Kapitalkonto aufweist. Nach Sinn und Zweck des § 4 Abs. 4a EStG soll eine Überentnahme aber erst vorliegen, wenn eine Entnahme

---

[537] Widersprüchlich insoweit Schallmoser, in: Herrmann/Heuer/Raupach, § 4 EStG Rn. 1072 und Kanzler, INF 2000, S. 513/516, die bei einem entgeltlichen Erwerb eines Betriebes ein beim Rechtsvorgänger entstandenes Über- bzw. Unterentnahmevolumen nicht auf den Erwerber übergehen lassen wollen, bei der Einbringung nach § 24 UmwStG aber trotz des veräußerungsähnlichen Charakters im Falle des Ansatzes der Buchwerte das bisherige Über- bzw. Unterentnahmevolumen fortführen wollen.

[538] Bei der gesellschaftsbezogenen Betrachtungsweise: Korn, in: Korn, § 4 EStG, Rn. 846; Korn, KÖSDI 2001, S. 12704/12706; bei der gesellschafterbezogenen Betrachtungsweise: Ley, DStR 2001, S. 1997/2012 i.V.m. Ley, DStR 2001, S. 1005.

[539] Prinz, FR 2000, S. 134/136; Wendt, FR 2000, S. 417/432.

[540] Hegemann/Querbach, DStR 2000, S. 408/415; Paus, StWa, 2000, S. 57/61; Korn, KÖSDI 2001, S. 12704/12706.

zur Entstehung oder Erhöhung eines negativen Kapitalkontos führt[541]. Aus diesem Grund muss das bei der Umwandlung der Kapitalgesellschaft in der Eröffnungsbilanz anzusetzende positive Kapitalkonto als Unterentnahme (Entnahmepotenzial) bei der Anwendung des § 4 Abs. 4a EStG berücksichtigt werden[542].

b. Umwandlung einer Personengesellschaft in eine Kapitalgesellschaft gemäß § 20 UmwStG

Im umgekehrten Fall können in der künftigen Kapitalgesellschaft keine Entnahmen mehr getätigt werden, so dass § 4 Abs. 4a EStG nach der Umwandlung nicht mehr anwendbar ist. Fraglich ist, was mit den Überentnahmen der untergegangenen Personengesellschaft passiert. Es wird diskutiert[543], ob ein beim Rechtsvorgänger entstandenes Überentnahmevolumen auf den Erwerber übergeht, wenn gemäß § 20 Abs. 2 UmwStG die Buchwerte fortgeführt werden. Diese Frage ist zu verneinen[544]. Der Ansatz von Überentnahmen der bereits nicht mehr existierenden Personengesellschaft würde letztlich zu einer Anwendung des § 4 Abs. 4a EStG auf Kapitalgesellschaften führen. Außerdem handelt es sich bei der Umwandlung nach § 20 UmwStG selbst beim Ansatz der Buchwerte um ein Tauschgeschäft[545], so dass ein bestehendes Über- bzw. Unterentnahmevolumen nicht auf den Erwerber übergeht[546].

---

541 Vgl. auch FG Düsseldorf, 16. Juli 2001, 15 V 1887/01 A, EFG 2001, S. 1269; s.o. C. I. 2. b.

542 Gleiche Ansicht Paus, StWa 2000, S. 57/61, wonach die Nichtberücksichtigung des in der Kapitalgesellschaft geschaffenen Eigenkapitals auf verfassungsrechtliche Bedenken stoßen würde.

543 Schallmoser, in: Herrmann/Heuer/Raupach, § 4 EStG Rn. 1072; Kanzler, INF 2000, S. 513/516; weiter differenzierend Hegemann/Querbach, DStR 2000, S. 408/415, die eine Zäsur dann annehmen wollen, wenn die Einbringung im Rahmen der Einzelrechtsnachfolge vollzogen wird und der Teilwert angesetzt wird.

544 Gleiche Ansicht Korn, in: Korn, § 4 EStG Rn. 847; Korn, KÖSDI 2001, S. 12704/12706.

545 Im Gegensatz zur unentgeltlichen Übertragung nach § 6 Abs. 3 EStG.

546 Kanzler, INF 2000, S. 513/516.

F. Schlussbemerkung

Aufgabe der vorliegenden Arbeit war die Darstellung des Schuldzinsenabzugs bei Personengesellschaften unter besonderer Maßgabe des § 4 Abs. 4a EStG.

Ausgangspunkt für dieses Thema ist die Rechtsprechung des BFH zum Schuldzinsenabzug bei Einzelunternehmen und Personengesellschaften. Vor allem die Entscheidungen zum sog. Zwei-Konten-Modell[547] haben die Gestaltungsmodelle in der Praxis stark geprägt. Anwendung findet das sog. Zwei-Konten-Modell vor allem bei den Gewinneinkunftsarten. Bei den Überschusseinkünften hat das Zwei-Konten-Modell dagegen keine große Bedeutung. Grund dafür ist aber nicht etwa eine Benachteiligung der Einkünfte aus nichtselbständiger Arbeit, Kapitalvermögen oder Vermietung und Verpachtung, sondern die unterschiedliche Systematik der Gewinn- und der Überschusseinkünfte. Bei allen Einkunftsarten hat der BFH den Grundsatz der Finanzierungsfreiheit beachtet. Danach ist der Steuerpflichtige in seiner Entscheidung frei, ob er das der Einkünfteerzielung dienende Vermögen mit Eigenmitteln oder Fremdmitteln finanziert. Die Versuche der Literatur, die Finanzierungsfreiheit auf die Höhe des positiven Eigenkapitals zu beschränken, sind von der Rechtsprechung zurecht abgelehnt worden. Aus dem Gesetz ergab sich vor der Einführung des § 4 Abs. 4a EStG keine Grenze für die Finanzierungsfreiheit.

Der zweite Abschnitt beschäftigt sich mit der grundsätzlichen Systematik des § 4 Abs. 4a EStG, wobei auf die Besonderheiten, die im Zusammenhang mit Personengesellschaften auftreten, erst im dritten und vierten Abschnitt eingegangen wird. Zunächst wird der Zweck der Vorschrift, die Beschränkung des sog. Zwei-Konten-Modells durch eine eigenkapitalbezogene Betrachtungsweise, herausgearbeitet. Der Schuldzinsenabzug wird gemäß § 4 Abs. 4a EStG bei einem Unternehmen erst eingeschränkt, wenn zeitraumübergreifend die Entnahmen die Gewinne und Einlagen (Überentnahmen) übersteigen und dadurch ein negatives Eigenkapital entsteht. Mit Hilfe des § 4 Abs. 4a EStG begrenzt der Gesetzgeber die von der Rechtsprechung umfassend gewährte Finanzierungsfreiheit auf das im Betrieb vorhandene Eigenkapital. Zu beachten ist allerdings, dass gemäß § 52 Abs. 11 Satz 2 EStG die Über- bzw. Unterentnahmen aus den Jahren vor 1999 nicht berücksichtigt werden dürfen, so dass das im Betrieb vorhandene Entnahmepotenzial ab dem Jahr 1999 neu zu berechnen ist. Trotz der Einführung des § 4 Abs. 4a EStG hat die bisherige Rechtsprechung des BFH zum Schuldzinsenabzug nicht an Bedeutung verloren. Vor der Anwendung des § 4 Abs. 4a EStG ist stets zu prüfen, ob die Schuldzinsen betrieblich veranlasst sind.

---

[547] BFH vom 4. Juli 1990, GrS 2-3/88, BStBl II 1990, S. 817 ff.; BFH vom 8. Dezember 1997, GrS 1-2/95, BStBl II 1998, S. 193 ff.

Nur auf den betrieblich veranlassten Teil der Schuldzinsen ist die Abzugsbeschränkung des § 4 Abs. 4a EStG anzuwenden. Privat veranlasste Schuldzinsen dürfen nach wie vor nicht gewinnmindernd abgezogen werden. Bei der Ermittlung der Über- bzw. Unterentnahmen sind die Begriffe Entnahmen, Einlagen und Gewinn orientiert am Zweck des § 4 Abs. 4a EStG auszulegen. So ist der Begriff der Entnahme und Einlage im Rahmen der Betriebseröffnung und Betriebsaufgabe bzw. –veräußerung zu eng. Entgegen der bisherigen Rechtsprechung sind die Einbringung eines Wirtschaftsguts in ein Unternehmen anlässlich einer Betriebseröffnung als Einlage und die Überführung von Wirtschaftsgütern aus dem Betriebsvermögen anlässlich einer Betriebsaufgabe oder der Veräußerungserlös aus der Veräußerung eines Betriebes als Entnahme bei der Ermittlung der Überentnahmen zu erfassen. Obwohl der Begriff Gewinn sowohl das positive (Gewinn) als auch das negative Ergebnis (Verlust) beinhaltet, darf ein Verlust nicht unbeschränkt als negativer Posten in die Berechnung der Überentnahmen einfließen. Verluste sind gerade keine Entnahmen und dürfen nicht zu Überentnahmen führen. In einem Verlustjahr darf eine Überentnahme nur in der Höhe angesetzt werden, in der die Entnahmen die Einlagen eines Wirtschaftsjahres übersteigen (Entnahmenüberschuss). Sind die Einlagen in einem Wirtschaftsjahr größer als die Entnahmen (Einlagenüberschuss), liegt keine Überentnahme vor. Ein Verlust ist zunächst mit dem Einlagenüberschuss desselben Jahres, anschließend mit den Unterentnahmen vorangegangener oder zukünftiger Wirtschaftsjahre zu verrechnen. Am Ende dieses Abschnitts wird der Aufbau des § 4 Abs. 4a EStG in einem Prüfungsschema zusammengefasst.

Der dritte Abschnitt befasst sich mit dem Hauptthema der Arbeit, nämlich mit der Anwendung des § 4 Abs. 4a EStG auf Personengesellschaften. Zunächst wird darauf hingewiesen, dass § 4 Abs. 4a EStG nur auf Personengesellschaften im Rahmen der Gewinneinkünfte, nicht aber auf Personengesellschaften im Rahmen der Überschusseinkunftsarten anwendbar ist. Bei Überschusseinkünften gilt weiterhin nur die Rechtsprechung des BFH zum sog. Zwei-Konten-Modell. Um die Frage klären zu können, ob § 4 Abs. 4a EStG gesellschaftsbezogen oder gesellschafterbezogen anzuwenden ist, war eine genaue Betrachtung der Steuersubjekteigenschaft von Personengesellschaften erforderlich. Insbesondere das Subjektsteuerprinzip, das auch bei den Vorschriften § 6 Abs. 5, § 6b und § 16 Abs. 3 EStG von Bedeutung ist, wurde eingehend untersucht. Trotz eines Verstoßes gegen das Subjektsteuerprinzip ist § 4 Abs. 4a EStG als betriebsbezogene Gewinnermittlungsvorschrift auf der Ebene der Gesellschaft anzuwenden. Die betriebsbezogene Anwendung des § 4 Abs. 4a EStG hat auch Auswirkung auf den Begriff der Entnahmen und Einlagen i.S.d. § 4 Abs. 4a EStG. Da § 4 Abs. 4a EStG auf jeden Betrieb bzw. jede Personengesellschaft gesondert anzuwenden ist, sind Überführungen und Übertragungen von Einzelwirtschaftsgütern i.S.d. § 6 Abs. 5 EStG zwischen verschiedenen Betriebsvermögen für die Ermittlung der Überentnahmen als Entnahme aus dem abgebenden Betriebsvermögen und als Einlage in das aufnehmende Betriebsvermögen zu behandeln. Ansonsten würde die Ermittlung der Überentnahmen und die Entwicklung des Eigenkapitals auseinander laufen. Nur wenn ein Wirtschaftsgut innerhalb des Betriebsvermögens einer Personengesellschaft übertragen wird, ist wegen der gesellschaftsbezogenen Anwendung des § 4 Abs. 4a EStG der Ansatz einer Entnahme bzw. einer Einlage nicht erforderlich. Aus Gründen der Übersichtlichkeit und zur Vermeidung von Fehlern wird aber empfohlen, auch in diesen Fällen eine Entnahme bzw. eine Einlage anzusetzen. Auf die Höhe der Überentnahmen hat dieses Vorgehen keine Auswirkung, da sich der Ansatz der Entnahme und der Ansatz der Einlage gegenseitig aufheben. Schließlich wird die Technik des § 4 Abs. 4a EStG bei Personengesellschaften an einem umfassenden Beispiel dargestellt.

Schließlich wird die Wirkung des § 4 Abs. 4a EStG in bestimmten, bei Personengesellschaften typischen Konstellationen untersucht. Vor allem die Überführung bzw. Übertragung von Einzelwirtschaftsgütern zwischen Gesellschaftern und Gesellschaft und ihre Auswirkung auf die Ermittlung der Überentnahmen wird umfassend dargestellt. So wird im Einzelnen danach unterschieden, ob die Einzelwirtschaftsgüter gegen Gewährung bzw. Minderung von Gesellschaftsrechten oder unentgeltlich übertragen oder entgeltlich veräußert werden. Obwohl die Übertragung eines Einzelwirtschaftsguts aus dem Privatvermögen eines Gesellschafters in das Gesamthandsvermögen der Personengesellschaft gegen Gewährung von Gesellschaftsrechten nach neuerer Rechtsprechung nicht mehr als Einlage, sondern als „tauschähnlicher" Vorgang behandelt wird, ist für die Ermittlung der Überentnahmen eine Einlage in das Gesamthandsvermögen anzusetzen. Das Gesamthandsvermögen der Gesellschaft erhöht sich trotz der Gewährung der Gegenleistung in Form von Gesellschaftsrechten um den Wert des eingebrachten Wirtschaftsguts. Anschließend wird die Übertragung eines Gesellschaftsanteils auf einen neu eintretenden Gesellschafter im Hinblick auf § 4 Abs. 4a EStG näher untersucht. Die bisherigen Über- bzw. Unterentnahmen sind vom Erwerber fortzuführen, unabhängig davon, ob der Anteil entgeltlich oder unentgeltlich übertragen wird: bei der unentgeltlichen Übertragung schon deshalb, weil gemäß § 6 Abs. 3 EStG die Gewinnermittlung des Rechtsvorgängers nach den Grundsätzen des Bilanzenzusammenhangs auf den Rechtsnachfolger übergeht. Da § 4 Abs. 4a EStG gesellschaftsbezogen anzuwenden ist und die Gesellschaft trotz des Gesellschafterwechsels fortbesteht, sind auch bei einer entgeltlichen Übertragung des Gesellschaftsanteils die bisherigen Über- bzw. Unterentnahmen der Gesellschaft fortzuführen. Wird eine Personengesellschaft in eine Kapitalgesellschaft oder umgekehrt umgewandelt, ist zu beachten, dass § 4 Abs. 4a EStG auf Körperschaften nicht anwendbar ist. Bei der Umwandlung einer Kapitalgesellschaft in eine Personengesellschaft muss nach Sinn und

Zweck des § 4 Abs. 4a EStG das in der Kapitalgesellschaft gebildete positive Eigenkapital bei der Ermittlung der Überentnahmen der umgewandelten Personengesellschaft als Unterentnahmen angesetzt werden.

Literaturverzeichnis

Bader, Axel: Der Kontokorrentkredit – Steuerliche Anerkennung von Umschuldungsmodellen nach der Entscheidung des Großen BFH-Senats vom 8.12.1997, FR 1998, S. 449

Bareis, Peter: Plädoyer für ein neues Konzept beim steuerlichen Abzug von Schuldzinsen, StuW 1986, S. 118

Bauer, Mathias/Eggers Jörg: Beschränkung des Schuldzinsenabzugs durch § 4 Abs. 4a EStG i.d.F. des StBereinG 1999, StuB 2000, S. 225

Beater, Axel: Die Umwandlung von Privatschulden in Betriebsschulden im Zusammenhang mit dem Schuldzinsenabzug, Göttingen 1988

Beiser, Reinhold: Der Abzug von Schuldzinsen in der Einkommensteuer, Berlin 1990

Biber, Renate: Überentnahmen bei Personengesellschaften, EStB 2000, S. 140

Blümich, Walter: Einkommensteuer Körperschaftsteuer Gewerbesteuer Kommentar (Loseblatt) (zit.: Verfasser in: Blümich), München Stand Februar 2003

Bodden, Guido: Tatbestandverwirklichung nach § 15 Abs. 1 Satz 1 Nr. 2 EStG, DStZ 2002, S. 391

Brandenberg, Bernwart: Wiedereinführung des Mitunternehmererlasses?, FR 2000, S. 1182

Christoffel, Hans Günter: Schuldzinsenabzug: Überentnahmen des IV. Quartals 1999 durch Einlagen bis 31.3.2000 ausgleichen, GStB 2000, S. 82

Drenseck, Walter: Ist die Wiedereinführung des allgemeinen Schuldzinsenabzugs aus verfassungsrechtlichen Gründen geboten?, DStR 1993, S. 1429

Drüen, Klaus-Dieter: Über den Totalgewinn – Maßstab der Gewinnerzielungsabsicht und Störfaktor für die Gewinnermittlung, FR 1999, S. 1097

Düll, Alexander/Fuhrmann, Gerd/Eberhard, Martin: Unternehmenssteuerreform 2001: Die Neuregelung des § 6 Abs. 5 Satz 3 EStG – sog. Wiedereinführung des Mitunternehmererlasses, DStR 2000, S. 1713

Duske, Martin: Der Schuldzinsenabzug gemäß § 4 Abs. 4a EStG – eine klare Abkehr vom Veranlassungsprinzip?, DStR 2000, S. 906

Eggesiecker, Fritz/Ellerbeck: Schuldzinsen bei der Einkommensteuer mit dem neuen § 4 Abs. 4a EStG als Schwerpunkt, 2. Aufl. Köln 2000

Eggesiecker, Fritz/Ellerbeck, Eike: Verluste als Überentnahmen? – Auslegungsproblem beim neuen §4 Abs. 4a EStG, DB 2000, S. 594

Eggesiecker, Fritz/Ellerbeck, Eike: Das Grundproblem des neuen § 4 Abs. 4a EStG, BB 2000, S. 802

Eggesiecker, Fritz/Ellerbeck, Eike: Stellungnahme zum Einführungsschreiben betr. die Neuregelung des Schuldzinsenabzugs nach § 4 Abs. 4a EStG, FR 2000, S. 689

Eggesiecker, Fritz/Ellerbeck, Eike: Die praktikable Ermittlung der Überentnahmen – Kapitalstand als Schlüssel für die Anwendung des neuen § 4 Abs. 4a EStG, StB 2000, S. 297

Elser, Thomas/Neininger, Monika: Die Notwendigkeit einer Betrachtung des Eigenkapitalkontos bei der Abgrenzung der Schuldzinsen, DB 2000, S. 994

Franz, Roland/Seitz, Werner: Der Schuldzinsenabzug nach dem Steuerbereinigungsgesetz 1999, Stbg 2000, S. 97

Graf, Wolfgang: Optimierung des Schuldzinsenabzugs durch Einsatz des „umgekehrten Zwei-Konten-Modells", DStR 2000, S. 1465

Groh, Manfred: Der missverstandene Schuldzinsenabzug, DStR 2001, S. 105

Grützner, Dieter: Änderungen bei der Einkommensbesteuerung durch das Steueränderungsgesetz 2001 und das Unternehmenssteuerfortentwicklungsgesetz, NWB Fach 3b, S. 5469

Hallerbach, Dorothee: Die Personengesellschaft im Einkommensteuerrecht, München 1999

Hallerbach, Dorothee: Vermögensverwaltende Personengesellschaft – wer erzielt die Einkünfte?, in: Festschrift für Jakob, Augsburg 2001, S. 101

Hegemann, Jürgen/Querbach Torsten: Nicht abzugsfähige, betrieblich veranlasste Schuldzinsen - § 4 Abs. 4a EStG i. d. F. des Steuerbereinigungsgesetz 1999, DStR 2000, S. 408

Hegemann, Jürgen/Querbach, Torsten: Betrieblicher Schuldzinsenabzug – Berechnungsrückbezug ab dem Veranlagungszeitraum 2001, Meinungen - Stellungnahmen NWB 6/2002, S. 351

Hegemann, Jürgen/Querbach, Torsten: Betrieblicher Schuldzinsenabzug, Aktuelles NWB 51/2001, S. 4285

Herrmann, Carl/Heuer, Gerhard/Raupach, Arndt: Steuerreform 1999/2000/2002 (Loseblatt) (zit.: Verfasser in: Herrmann/Heuer/Raupach Steuerreform 1999/2000/2002), Köln Stand Mai 2000

Herrmann, Carl/Heuer, Gerhard/Raupach, Arndt: Einkommensteuer- und Körperschaftsteuergesetz Kommentar (Loseblatt) (zit.: Verfasser in: Herrmann/Heuer/Raupach), 21. Aufl. Köln Stand Juni 2003

Herrmann, Joachim/Neufang, Bernd: Übertragung von einzelnen Wirtschaftsgütern zwischen Gesellschafterbetriebsvermögen und Mitunternehmerschaften, BB 2000, S. 2599

Horlemann, Heinz-Gerd: Das umgekehrte Mehrkontenmodell von § 4 Abs. 4a EStG?, FR 2001, S. 336

Hundsdoerfer, Jochen/Henning, Michael: Konzept und Praktikabilität einer eigenkapitalbezogenen Begrenzung des Schuldzinsenabzugs – zum neuen § 4 Abs. 4a EStG, BB 2000, S. 542

Jachmann, Monika: § 6b EStG – quo vadis? – Die gleichbleibende Ratio des § 6b EStG im wechselnden Kontext der §§ 6 III, V, und 16 III EStG, DStZ 2002, S. 203

Jakob, Wolfgang: Schuldzinsenabzug bei kreditfinanzierter Entnahme - § 4 Abs. 4a EStG i.d.F. des Steuerbereinigungsgesetz 1999, DStR 2000, S. 101

Jakob, Wolfgang: Einkommensteuer, 3. Aufl. München 2003

Jehner, Hansgeorg: Arbeitslosigkeit und Steuerreform – Steuerrechtliche Voraussetzungen zur Verbesserung des Arbeitsmarktes, BB 1984, Beilage 16, S. 1

Kanzler, Hans-Joachim: Einige Notizen zu landwirtschaftsbezogenen Fragen der Begrenzung des Schuldzinsenabzugs nach § 4 Abs. 4a EStG, INF 2000, S. 513

Keune, Peter/Oeldemann, Johannes: Neuregelung des Schuldzinsenabzugs nach § 4 Abs. 4a EStG i. d. F. des Steuerbereinigungsgesetzes 1999 – Darstellung, Prüfschema und Zweifelsfragen, Blickpunkt Steuern NWB 4/2000, S. 1461

Kirchhof, Paul: Kompakt Kommentar Einkommensteuergesetz (zit.: Verfasser in: Kirchhof), 3. Aufl. Heidelberg 2003

Kirchhof, Paul/Söhn, Hartmut: Einkommensteuergesetz Kommentar (Loseblatt) (zit.: Verfasser in; Kirchhof/Söhn), Heidelberg Stand Mai 2003

Kloster, Anja/Kloster, Lars: Steuersenkungsgesetz: Umstrukturierung von Mitunternehmerschaften, GmbHR 2000, S. 1129

Knobbe-Keuk, Brigitte: Bilanz- und Unternehmenssteuerrecht, 9. Aufl. Köln 1993

Kohlhaas, Karl-Friedrich: Betriebliche Veranlassung von Schuldzinsen und die Wechselwirkung von Gewinnerhöhung und Überentnahmen gem. § 4 Abs. 4a EStG, FR 2001, S. 561

Kohlhaas, Karl-Friedrich: Schuldzinsenabzug – Beratungsempfehlungen zur Anwendung des neuen § 4 Abs. 4a EStG, DStR 2000, S. 901

Kohlhaas, Karl-Friedrich: Die Neuregelung des Schuldzinsenabzugs gemäß § 4 Abs. 4a EStG, DStR 2002, S. 298

Korn, Klaus: Kommentar zum Einkommensteuergesetz, (Loseblatt) (zit.: Verfasser in: Korn) Bonn Stand Juli 2000

Korn, Klaus: Einschränkung des betrieblichen Schuldzinsenabzugs nach § 4 Abs. 4a EStG – Konsequenzen für die Praxis, KÖSDI 2000, S. 12548

Korn, Klaus: Monatliche Quintessenz mit Hinweisen und Empfehlungen, Blickpunkt Steuern NWB 1/2000, S. 135

Korn, Klaus: Auswirkung von Betriebsveräußerungen, -aufgabe und Umwandlungen auf das Schuldzinsenabzugsverbot nach § 4 Abs. 4a EStG, KÖSDI 2001, S. 12704

Korn, Klaus: Übertragung von Wirtschaftsgütern bei Mitunternehmerschaften: Buchwertfortführung oder Gewinnrealisierung?, in: Festschrift für Wolfgang Jakob, München 2001, S. 157

Korn, Klaus/Strahl, Martin: Steuern und steuerliche Gewinnermittlung zum Jahreswechsel 2000/2001, NWB Fach 2, S. 7443

Korn, Klaus/Strahl, Martin: Rückwirkende Neukonzeption des Schuldzinsenabzugs nach § 4 Abs. 4a EStG, KÖSDI 2000, S. 12281

Lademann, Fritz/Söffing, Günter/Brockhoff, Hedin: Kommentar zum Einkommensteuergesetz (Loseblatt) (zit.: Verfasser in: Lademann/Söffing/Brockhoff), Stuttgart Stand Oktober 2002

Ley, Ursula: Die Ermittlung von Über- und Unterentnahmen i. S. des § 4 Abs. 4a EStG bei Mitunternehmerschaften, DStR 2001, S. 1005

Ley, Ursula: Die nicht abziehbaren Schuldzinsen nach § 4 Abs. 4a EStG, NWB Fach 3, S. 11167

Ley, Ursula: Gesellschafterkonten der OHG und KG: Gesellschaftsrechtliche und steuerrechtliche Charakterisierung und Bedeutung, KÖSDI 1994, S. 9972

Ley, Ursula: Ergänzungsbilanzen beim Erwerb von Personengesellschaftsanteilen, bei Einbringungen nach § 24 UmwStG und bei Übertragungen nach § 6 Abs. 5 Satz 3 EStG, KÖSDI 2001, S. 12992

Ley, Ursula/Strahl, Martin: Steuerlicher Handlungsbedarf zum Jahreswechsel 2001/2002 DStR 2001, S. 1997

Lishaut, Ingo van: Steuersenkungsgesetz: Mitunternehmerische Einzelübertragung i. S. des § 6 Abs. 5 Satz 2 ff. EStG n. F., DB 2000, S. 1784

Lishaut, Ingo van: Einzelübertragung bei Mitunternehmerschaften, DB 2001, S. 1519

Littmann, Eberhard/Bitz, Horst/Pust, Hartmut: Kommentar zum Einkommensteuerrecht (Loseblatt) (zit.: Verfasser in: Littmann/Bitz/Pust), 15. Aufl. Stuttgart Stand Mai 2003

Meyer, Bernd/Ball, Jochen: Erste Beratungsempfehlungen zum Schuldzinsenabzug nach dem Steuerbereinigungsgesetz 1999, INF 2000, S. 76

Meyer, Bernd/Ball, Jochen: Beratungsempfehlungen zum Schuldzinsenabzug unter Berücksichtigung des BMF-Schreibens vom 22.5.2000, INF 2000, S. 459

Mitsch, Bernd/Grüter Gido: Steuerneutrale Übertragung von Einzelwirtschaftsgütern – Teil I, INF 2000, S. 651

Neufang, Bernd: Betrieblicher Schuldzinsenabzug im Lichte des § 4 Abs. 4a EStG, BB 2000, S. 1702

Neufang, Bernd: Die Neuregelung des Schuldzinsenabzugs durch das Steuerbereinigungsgesetz 1999, Stbg 2000, S. 104

Neumann, Steffen: Die Kürzung des Schuldzinsenabzugs, EStB 2000, S. 165

Obermeier, Arnold: Betrieblicher Schuldzinsenabzug, Meinungen – Stellungnahmen NWB 34/2000, S. 3110

Pasch, Helmut: Der „neue“ eingeschränkte Schuldzinsenabzug § 4 Abs. 4a EStG/StBereinG – Eine gelungene Nachbesserung auf der Grundlage eines Vorschlages des Deutschen Steuerberaterverbandes !?, DStZ 2000, S. 117

Paus, Bernhard: Die zweite gesetzliche Neuregelung des Schuldzinsenabzugs, StWa 2000, S. 57

Paus, Bernhard: Praxisfragen des betrieblichen Schuldzinsenabzugs, FR 2000, S. 957

Paus, Bernhard: Finanzierung von Anlagevermögen über Kontokorrent-Konten, DStZ 2001, S. 548

Pedack, Elke/Wieczorek, Marko: Das Steuerbereinigungsgesetz 1999 in der Anwendung, Stbg 2000, S. 49

Pfalzgraf, Heinrich/Meyer, Bernd: „Aus“ für das Zweikonten-Modell? – Anmerkungen und Klarstellungen zum Urteil des Finanzgerichts Bremen vom 18.8.1992, DStR 1993, S. 1501

Pfalzgraf, Heinrich/Meyer, Bernd: Schuldzinsenabzug im Einkommensteuerrecht, Bielefeld 1995

Prinz, Ulrich: Konzeptionsändernde Neufassung des § 4 Abs. 4a EStG (Schuldzinsenabzug) durch das StBereinG 1999 mit Rückwirkung – Erste Einschätzung, FR 2000, S. 134

Raupach, Arndt: Konsolidierte oder strukturierte Gesamtbilanz der Mitunternehmerschaft oder additive Ermittlung der Einkünfte aus Gewerbebetrieb der Mitunternehmer mit oder ohne korrespondierende Bilanzierung?, DStZ 1992, S. 692

Reiß, Wolfram: Die Revitalisierung des Mitunternehmererlasses – keine gesetzestechnische Meisterleistung, BB 2000, S. 1965

Reiß, Wolfram: Individualbesteuerung von Mitunternehmern nach dem Steuersenkungsgesetz, StuW 2000, S. 399

Rieger, Bernhard: Überlegungen zur Abzugsfähigkeit von Zinsen im betrieblichen Bereich, FR 1982, S. 181

Rödder, Thomas/Schumacher, Andreas: Unternehmenssteuerreform 2001: Wesentliche Änderungen des Steuersenkungsgesetzes gegenüber dem Regierungsentwurf und Regeln zu seiner erstmaligen Anwendung, DStR 2000, S. 1453

Rudolph, Karl: Privat veranlasste Schuldzinsen aus Kontokorrenten – Anmerkungen zum Beschluss des Großen Senats vom 4. Juli 1990, DStZ 1991, S. 199

Rudolph, Karl: Der Schuldzinsabzug bei selbständig Erwerbstätigen, DStZ 1988, S. 211

Schallmoser, Ulrich: Verfassungsrechtliche Bedenken gegen die Schuldzinsenabzugsregelung des § 4 Abs. 4a EStG, FR 2001, S. 509

Schmidt, Ludwig: Kommentar zum Einkommensteuerrecht (zit.: Verfasser in: Schmidt), 22. Aufl., München 2003

Schulze zur Wiesche, Dieter: Steuerliche Behandlung der durch Überentnahmen bedingten Schuldzinsen unter besonderer Berücksichtigung der Personengesellschaft, DB 2000, S. 2189

Schulze zur Wiesche, Dieter: Einbringung von Wirtschaftsgütern aus dem Privatvermögen in eine Personengesellschaft gegen Gewährung von Gesellschaftsrechten, DStZ 2001, S. 192

Siegel, Theodor: Ökonomische Analyse und steuerrechtliche Prüfung von Zwei- und Mehrkontenmodelle, DStR 1996, S. 1496

Siegel, Theodor: Eigen- oder Fremdfinanzierung und steuerlicher Schuldzinsenabzug – Zur Schuldzinsenzuordnung in der neueren Rechtsprechung des Bundesfinanzhofs, StuW 1985, S. 207

Söffing, Günter: Besteuerung der Mitunternehmer, 4. Aufl. Herne 1994

Söffing, Günter: Die neue Rechtsprechung zum Schuldzinsenabzug und ihre Auswirkung, FR 1984, S. 185

Söffing, Günter: Schuldzinsen bei einem gemischten Kontokorrentkonto mit Debetsaldo, DStR 1991, S. 665

Söffing, Günter: Zum Begriff der Entnahme im Sinne des § 4 Abs. 4a EStG i.d.F. des Steuerbereinigungsgesetzes 1999, DStZ 2000, S. 203

Spiegelberger, Sebastian/Wälzholz, Eckhard: Die Übertragung und Besteuerung stiller Reserven in der Mitunternehmerschaft, DStR 2001, S. 1093

Strahl, Martin: Die Übertragung gem. § 6b EStG in der Entwurfsfassung des Unternehmenssteuerfortentwicklungsgesetzes, FR 2001, S. 1154

Thiel, Jochen/Rödder, Thomas: Nutzung des Mitunternehmererlasses und der Betriebsaufspaltungsgrundsätze für Umstrukturierungsvorhaben, FR 1998, S. 401

Tipke, Klaus/Lang, Joachim: Steuerrecht, 16. Aufl. Köln 1998

Trimpop, Karl: Schuldzinsen für das betriebliche Girokonto als Betriebsausgaben, FR 1976, S. 578

Wacker, Roland: Zur Realteilung von Personengesellschaften nach dem StEntlG 1999/2000/2002, NWB Fach 3, S. 10797

Wagenknecht, Claus-Rainer: Schuldzinsenabzug nach dem Zwei- oder Mehrkonten-Modell – verschärfte Anforderung durch das BMF-Schreiben vom 10.11.1993, DStR 1994, S. 1679

Wendt, Michael: Mehrkontenmodelle – Zweiter Versuch einer gesetzlichen Regelung in § 4 Abs. 4a EStG, FR 2000, S. 417

Wieczorek, Marko: Neuregelung des Schuldzinsenabzugs – Darstellung des BMF-Schreibens vom 22. Mai 2000, Stbg 2000, S. 301

Abkürzungsverzeichnis

a.A.	anderer Ansicht
Abs.	Absatz
a.E.	am Ende
a.F.	alte Fassung
AfA	Absetzung für Abnutzung
Alt.	Alternative
AO	Abgabenordnung
Art.	Artikel
BB	Betriebs-Berater
BFH	Bundesfinanzhof
BGBl	Bundesgesetzblatt
BMF	Bundesministerium der Finanzen
BStBl	Bundessteuerblatt
BVerfG	Bundesverfassungsgericht
bzgl.	bezüglich
bzw.	beziehungsweise
DB	Der Betrieb
d.h.	das heißt
DK	Darlehenskonto
DStR	Deutsches Steuerrecht
DStZ	Deutsche Steuer-Zeitung
EK	Eigenkapital
EUR	Euro
EStB	Der Ertragsteuerberater
EStG	Einkommensteuergesetz
EStR	Einkommensteuerrichtlinien
f.	folgende
ff.	fortfolgende
FG	Finanzgericht
Fn.	Fußnote
FR	Finanz-Rundschau
GG	Grundgesetz
GmbHR	GmbH-Rundschau
GrS	Großer Senat

GStB	Gestaltende Steuerberatung
h.M.	herrschende Meinung
HS	Halbsatz
i.d.F.	in der Fassung
i.H.v.	in Höhe von
INF	Die Information über Steuer und Wirtschaft
InvZulG	Investitionszulagengesetz
i.S.	im Sinne
i.S.d.	im Sinne des
i.S.v.	im Sinne von
i.V.m.	in Verbindung mit
KÖSDI	Kölner Steuerdialog
Nr.	Nummer
NWB	Neue Wirtschafts-Briefe
OFD	Oberfinanzdirektion
OHG	offene Handelsgesellschaft
Rn.	Randnummer
S.	Seite
SBV	Sonderbetriebsvermögen
SK	Sonderkapital
s.o.	siehe oben
sog.	sogenannt(e)
StÄndG	Steueränderungsgesetz
StB	Der Steuerberater
StBereinG	Steuerbereinigungsgesetz
Stbg	Die Steuerberatung
StEntlG	Steuerentlastungsgesetz
StSenkG	Steuersenkungsgesetz
StuW	Steuer und Wirtschaft
s.u.	siehe unten
StWa	Steuer-Warte
TEUR	Tausend Euro
Tz.	Textziffer

u.a.	unter anderem
UmwStG	Umwandlungssteuergesetz
UntStFG	Unternehmenssteuerfortentwicklungsgesetz
UStG	Umsatzsteuergesetz
u.U.	unter Umständen
vgl.	vergleiche
v.H.	von Hundert
VZ	Veranlagungszeitraum
WG	Wirtschaftsgüter
Wj.	Wirtschaftsjahr
z.B.	zum Beispiel

Carmen Werner

Einkommensteuerrechtliche Zurechnungen bei mittelbaren Beteiligungen an Personengesellschaften

Frankfurt am Main, Berlin, Bern, Bruxelles, New York, Oxford, Wien, 2003.
161 S., 5 Abb.
Schriften zum Wirtschaftsrecht, Steuerrecht und Zivilprozeßrecht.
Herausgegeben von Jürgen Costede. Bd. 12
ISBN 3-631-51798-X · br. € 34.–*

Die Arbeit befasst sich mit einer für die Praxis bedeutsamen Thematik des Steuerrechts für verbundene Personengesellschaften. Die einkommensteuerrechtliche Behandlung im Fall mittelbarer Beteiligungen an Personengesellschaften ist lange Zeit kontrovers erörtert worden. Auch nach der gesetzlichen Regelung in § 15 Absatz 1 Satz 1 Nr. 2 Satz 2 EStG ist eine Fülle von Zweifelsfragen offen geblieben. Ausgehend von der gesetzlichen Grundlage werden unter Heranziehung von Beispielsfällen Zurechnungen von Wirtschaftsgütern und Sondervergütungen bei der Gewinnermittlung – insbesondere bei einer doppelstöckigen Personengesellschaft – diskutiert.

Aus dem Inhalt: Gesellschaftsformen von mittelbaren Beteiligungen · Einkommensteuerrechtliche Tatbestandsvoraussetzungen für Zurechnungen · Zurechnungen von Wirtschaftsgütern, Sondervergütungen, bei der Gewinnermittlung

www.ingramcontent.com/pod-product-compliance
Ingram Content Group UK Ltd.
Pitfield, Milton Keynes, MK11 3LW, UK
UKHW021234031026
15588UKWH00001B/75

9 783631 536759